Matthias von Hellfeld / Markus Dichmann / Meike Rosenplänter

History für Eilige

Matthias von Hellfeld / Markus Dichmann /
Meike Rosenplänter

History für Eilige

Alles, was man über
Geschichte wissen muss

HERDER

FREIBURG · BASEL · WIEN

MIX
Papier aus verantwor-
tungsvollen Quellen
FSC® C083411

2. Auflage 2021

© Verlag Herder GmbH, Freiburg im Breisgau 2020
Alle Rechte vorbehalten
www.herder.de

Satz: Arnold & Domnick, Leipzig
Herstellung: CPI books GmbH, Leck

Printed in Germany

ISBN Print 978-3-451-38962-7
ISBN E-Book 978-3-451-82182-0

INHALT

VORWORT

Die Feststellung, dass die Vergangenheit nicht vergehen will, löste 1986 den Historikerstreit aus, bei dem es um die Deutung des Nationalsozialismus und seiner Verbrechen ging. Auch heute erleben wir die Wiederkehr unserer jüngsten Vergangenheit durch rechtsextreme Gewalt, Anschläge auf Synagogen oder antisemitische Pöbeleien auf offener Straße. Entsetzt fragen sich viele Menschen, woher Rassismus und Antisemitismus kommen. Angriffe auf Flüchtlingsheime oder ausländerfeindliche Parolen skandierende Demonstranten lösen Fragen nach unserem Verhältnis zu Afrika und seinen Bewohnern aus. All das geschieht in Deutschland, obwohl die Deutschen wie kaum ein anderes Land in Europa die Beschäftigung mit der eigenen Geschichte auf die Agenda ihrer Bildungseinrichtungen gesetzt hat.

Heute besuchen so viele junge Menschen eine Universität wie noch nie zuvor. Sie sind ein Beleg dafür, dass Europa seit dem Ende des 12. Jahrhunderts ein Kontinent des Studierens und Wissens ist. Einst legte das den Grundstein für die große Prägekraft, die Europa auf dem eigenen Kontinent, aber auch in weiten Teilen der Welt hatte. Diese Hegemonie brachte große Taten und schwere Verbrechen hervor.

Europäische Intellektuelle und Wissenschaftler haben durch bahnbrechende Entdeckungen den Lauf der Dinge verändert und dadurch eine Kultur geschaffen, die in ihrer Vielfalt kaum zu übertreffen ist. Aber in der langen gemeinsamen Geschichte der europäischen Völker sind auch jede Menge Verbrechen geschehen, die unseren Alltag am Beginn des 21. Jahrhunderts immer noch beeinflussen. Polen reagiert mitunter allergisch auf politische Äußerungen aus Moskau oder Berlin, weil es in den vergangenen rund 250 Jahren mehrfach von diesen beiden Ländern besetzt und drangsaliert worden ist. Die Politik Russlands wiederum ist kaum nachvollziehbar, wenn man nicht auch das Ende des Kalten Krieges 1991 und den von vielen Russen als Schmach empfundenen Untergang der Sowjetunion denkt.

„Eine Stunde History" ist ein Podcast-Format von Deutschlandfunk Nova, das seit mehr als vier Jahren historische Ereignisse und Personen behandelt, die bis in unsere Tage Wirkung zeigen. Damit wird Geschichte als Vorläufer der Gegenwart in die Lebenswelt der Menschen von heute geholt. Aktuelle Fragen lassen sich natürlich nicht allein mit einem Verweis auf die Geschichte lösen. Aber die Kenntnis von historischen Zusammenhängen und Entwicklungen kann Verständnis wecken für politische Entscheidungen, die heute gefällt werden. Dabei geht es nicht um das Auswendiglernen von Daten, sondern um die Erkenntnis, dass Geschichte die Tagespolitik der Vergangenheit war und Politik die Geschichte von Morgen sein wird.

Deshalb steht neben der Geschichte auch das zivilgesellschaftliche Engagement im Vordergrund. Denn wenn unsere Politik durch die Geschichte unserer Vorfahren geprägt ist, dann wird die Politik der kommenden Generationen durch unser heutiges Handeln bestimmt sein. Also wird die Beschäftigung mit der eigenen Geschichte mit dem Aufruf verbunden, sich für die Politik von heute zu interessieren und sie aktiv mitzugestalten. Wie im Straßenverkehr der Blick in den Rückspiegel zeigt, ob man rechts oder links fahren kann, stellt die Beschäftigung mit Geschichte eine Vergewisserung für den Weg unserer modernen Gesellschaft dar. Wir sollten uns der Vergangenheit sicher sein, damit wir einen guten Weg in die Zukunft finden können.

Die Podcasts von „Eine Stunde History" basieren auf dieser Idee. In jeder Sendung wird deshalb der Zusammenhang hergestellt zwischen Vergangenheit, Gegenwart und Zukunft. Genauso in diesem Buch. Mehr als achtzig ausgewählte Sendungen, die sich alle mit Themen der europäischen Geschichte befassen, werde in der Reihenfolge ihrer Veröffentlichung kurz beschrieben, ein QR-Code ist auf den jeweiligen Podcast verlinkt. Dabei geht es in erster Linie um die Bedeutung für unser heutiges Leben: Gibt es historische Gründe für die katastrophale Lage Afrikas, woher kommt der Europäische Gerichtshof für Menschenrechte, wie ist die Idee einer Volksbefragung entstanden, warum hat Europa so viele Universitäten und warum hat sich der bis zum Genozid gesteigerte Judenhass in Europa 2000 Jahre gehalten?

Köln, im Sommer 2020

Matthias von Hellfeld   *Markus Dichmann*
          Meike Rosenplänter

DIE NÜRNBERGER PROZESSE – 1946
WIE DER EUROPÄISCHE GERICHTSHOF FÜR MENSCHENRECHTE ENTSTAND

Heute kommen Kriegsverbrecher vor Gericht. Der Einsatz von Massenvernichtungswaffen oder von Kindersoldaten, Massaker an der Zivilbevölkerung, Völkermord – wer sich dieser Verbrechen schuldig macht, muss sich vor dem Internationalen Strafgerichtshof in Den Haag verantworten. Dieser Gerichtshof ist eine unmittelbare Lehre aus den Verbrechen der Deutschen im 20. Jahrhundert.

Am Gründonnerstag 1946 sitzt Niklas Frank mit seiner Familie zu Hause vor dem Radio. Sie hören zu, wie sein Vater zum ersten Mal aussagt, von seiner Mitschuld an der Vernichtung der Juden spricht. Hans Frank war Generalgouverneur im von Deutschland besetzten Polen gewesen, wurde auch der „Schlächter von Polen" genannt und stand als einer von 24 führenden Nationalsozialisten vor dem alliierten Kriegsgericht in Nürnberg. Einige Monate später wird er zum Tode am Strang verurteilt. Sein Vater habe das Urteil verdient, denkt der damals siebenjährige Niklas. Es war eines von insgesamt zwölf Todesurteilen, die bei den heute weltberühmten und damals schon weltweit mitverfolgten Nürnberger Kriegsverbrecherprozessen ausgesprochen wurden.

Schon während des Zweiten Weltkriegs stellten sich die Alliierten eine Frage: Wie soll für den Fall einer deutschen Kapitulation mit den führenden Nationalsozialisten umgegangen werden? Wie kann man sie für das, was sie im Zweiten Weltkrieg angerichtet haben, vor ein Gericht stellen? Die Antwort fanden sie bis 1945 im Londoner Statut für den Internationalen Militärgerichtshof. Dieses Statut sollte die Grundlage bilden, auf der ab November 1945 in Nürnberg 218 Tage lang verhandelt wurde. Eine juristische Mission, die ihres gleichen suchte: In weniger als einem Jahr wurden 5000 Beweisdokumente gesichtet und 240 Zeugen verhört.

Neben Hans Frank wird in Nürnberg unter anderem auch Reichsminister Hermann Göring und Hitler-Stellvertreter Rudolf Heß der Prozess gemacht. Beide bekennen sich als im Sinne der Anklage unschuldig. Heß schnauzt gerade einmal ein lautes „Nein" in den Saal, nachdem ihm die Anklage verlesen worden war. Während der Verhandlung blättert er in Groschenromanen. Keiner der Angeklagten zeigt Einsicht oder Reue. Sie hätten von allem nichts gewusst. Sie hätten nur Befehle befolgt. Sie artikulieren auf eine Weise das, was damals noch viele Deutsche dachten: Die Alliierten kommen daher mit diesem Verfahren und ihren Urteilen, dabei hätten die Deutschen nur nach geltendem deutschen Recht gehandelt. Deutschland hatte erst vor einem halben Jahr kapituliert, die Menschen saßen auf den Trümmern der zerstörten Städte, und viele fühlten sich ungerecht behandelt, der Begriff der „Siegerjustiz" wurde in diesen Tagen geboren.

Aber im Zuge des Prozesses wurde die deutsche Öffentlichkeit mit den Verbrechen der Nazis, die letztlich auch ihre eigenen Verbrechen waren, konfrontiert. Im Gerichtssaal werden Aufnahmen von einem Bulldozer gezeigt, der im KZ Bergen-Belsen Leichenberge wegschaufelt. Das weckt bei den einen Scham, andere flüchten sich ins Leugnen der Realität. Während seine Geschwister den Vater immer noch als „Opfer der Siegerjustiz" verteidigen, beginnt Niklas Frank ein Gefühl für die Schuld des Vaters und der Familie zu entwickeln und zieht daraus seine Schlüsse für die Zukunft. Und auch wenn drei der angeklagten Nazis freigesprochen wurden, sehen Historiker wie Manfred Görtemaker in den Nürnberger Prozessen einen ganz wichtigen Schritt in der Entnazifizierung und der Umerziehung der Deutschen. Es sei wichtig gewesen, ein rechtsstaatliches Verfahren auf die Beine zu stellen, um nicht den Eindruck zu erwecken, hier sei nur Rache geübt worden.

Damit sollten die Nürnberger Prozesse auch ein Präzedenzfall werden und ein Beispiel dafür, wie mit einem Regime wie dem der Nationalsozialisten umgegangen werden kann. Es war das erste Mal, dass die internationale Gemeinschaft gemeinsam strafrechtliche Mittel angewendet hat, um Kriegsverbrecher und Völkermörder zu bestrafen.

Diese Idee lag allerdings in den Jahrzehnten nach Nürnberg, in Zeiten des Kalten Kriegs, brach. Erst in den Neunzigerjahren sollte sie im Jugoslawien-Tribunal wiederentdeckt werden.

1993 kam in Den Haag der Internationale Strafgerichtshof für das ehemalige Jugoslawien zusammen, um wegen der schweren Kriegsverbrechen in den Jugoslawienkriegen zu ermitteln. Und hier ist eine direkte Linie zu 1946 erkennbar, denn wie der Völkerrechtler Christoph Safferling feststellt, haben die Strafverfolger in Den Haag das Statut der Nürnberger Prozesse eigentlich eins zu eins kopiert.

Die Idee, dass Völkermord und Verbrechen gegen die Menschlichkeit, egal wo sie begangen werden, verfolgt und bestraft werden, erfuhr 2002 ihren vorläufigen Höhepunkt. In diesem Jahr nahm der Internationale Strafgerichtshof in Den Haag seine Arbeit auf. Seitdem hat er schon einige Erfolge vorzuweisen: Der kongolesische Milizenführer Thomas Lubanga wurde für die Rekrutierung von Kindersoldaten und wegen des Einsatzes sexueller Gewalt als Kriegswaffe zu lebenslanger Haft verurteilt. Gegen den sudanesischen Präsidenten Umar al-Bashir sprach Den Haag wegen seiner Kriegsverbrechen einen Haftbefehl aus, 2020 soll er ausgeliefert werden. Und das Jugoslawien-Tribunal verurteilte zum Beispiel den Kriegsverbrecher Ratko Mladić zu lebenslanger Haft.

Aber es gab auch Misserfolge: 2019 musste Laurent Gbagbo nach über sieben Jahren U-Haft und drei Jahren Verhandlungen aus Mangel an Beweisen freigesprochen werden. Dabei wurden ihm als ehemaliger Präsident der Elfenbeinküste Verbrechen gegen die Menschlichkeit zur Last gelegt. Viele Kriegsverbrechen kommen außerdem nie bis nach Den Haag, weil die Täter weiter an der Macht bleiben, sich in ihren Heimatstaaten verbarrikadieren oder aber weil Staaten wie die USA, Russland oder auch die Philippinen das Römische Statut des Internationalen Strafgerichtshofs nicht ratifiziert oder ihre Anerkennung wieder zurückgezogen haben.

Da kriegt er Sorgenfalten, sagt auch der Völkerrechtler Safferling, denn Den Haag funktioniere nicht so, wie man sich das wünscht. Aber man brauche Geduld und dürfe keine schnellen Erfolge erwarten. Immerhin würden wir auch bis heute noch KZ-Wärter verfolgen.

• •

LITERATURHINWEISE:

Annette Weinke: Die Nürnberger Prozesse. München 2006

Hans-Heiner Kühne, Robert Esser, Marc Gerding: Völkerstrafrecht. 12 Beiträge zum internationalen Strafrecht und Völkerstrafrecht. Osnabrück 2007

Niklas Frank: Dunkle Seele, feiges Maul. Wie absurd, komisch und skandalös sich die Deutschen beim Entnazifizieren reinwaschen. Bonn 2016

Hubert Seliger: Politische Anwälte? Die Verteidiger der Nürnberger Prozesse. Baden-Baden 2016

17

DAS SYKES-PICOT-ABKOMMEN – 1916
WIE EUROPÄISCHE KOLONIALMÄCHTE DIE ARABISCHE WELT AUFTEILTEN

Wenn man von den international anerkannten Staatsgrenzen ausgeht, dann treffen ganz im Norden, am See Genezareth, Israel, Syrien und Jordanien zusammen. Mit Jordanien hat Israel einen Friedensvertrag, aber mit seinen syrischen Nachbarn gibt es immer wieder Probleme, weil Israel die Golanhöhen besetzt hält, die eigentlich zu Syrien gehören. So zumindest hatte es das Sykes-Picot-Abkommen 1916 festgelegt.

Dieses geheime Abkommen wurde am 16. Mai 1916 zwischen den Regierungen von Großbritannien und Frankreich geschlossen. Darin legten beide fest, wie das geschwächte Osmanische Reich nach dem Ende des Ersten Weltkriegs aufgeteilt würde. Großbritannien und Frankreich gingen davon aus, den Krieg zu gewinnen und damit über das Gebiet des Osmanischen Reichs verfügen zu können.

Das Osmanische Reich erstreckte sich über das Gebiet der heutigen Türkei, Armenien, den Irak, Kuwait, Syrien, den Libanon, Israel und den zu Saudi-Arabien gehörenden Küstenstreifen des Roten Meeres. Seit Ende des 17. Jahrhunderts war das Osmanische Reich in einem wirtschaftlich schlechten Zustand. Das Wort vom „kranken Mann am Bosporus" machte die Runde, der abhängig geworden war von den europäischen Großmächten. Die Europäer brauchten das Osmanische Reich zur Kontrolle des Bosporus und der Dardanellen, um den Weg zum Mittelmeer für Russland zu blockieren und das Kräftegleichgewicht in Europa zu erhalten.

Nach dem Beginn des Ersten Weltkriegs unterzeichnete die Regierung des Osmanischen Reichs einen Bündnisvertrag mit dem Deutschen Reich. Zur Schwächung der von Deutschland geführten Mittelmächte versuchten die Briten, arabische Stämme zu einem Aufstand gegen die Osmanen zu bewegen. Ab 1915 verhandelten der britische Hochkommissar von Ägypten, Sir Henry McMahon, und Hussein ibn Ali, Großscherif von Mekka, über die Bedingungen einer arabischen Revolte gegen die Osmanen. Als Lohn für einen erfolgreichen Aufstand versprachen die Briten, die Errichtung eines „großarabischen" Staates zu unterstützen. Der britische Vormarsch nach Damaskus wurde durch die von Thomas Edward Lawrence, besser bekannt als Lawrence von Arabien, angeführte arabische Revolution, die im Juli 1916 begann, maßgeblich erleichtert. Im Hintergrund gab es allerdings andere Absprachen, denn im November 1915 hatten sich der französische Diplomat François Georges-Picot und sein britischer Kollege Mark Sykes getroffen, um im Geheimen die arabischen Provinzen des Osmanischen Reiches für die Zeit nach dem Ende des Ersten Weltkriegs in eine britische und eine französische Einflusssphäre aufzuteilen. Am Reißbrett zogen sie eine Linie von Kirkuk (im heutigen Irak) nach Haifa im damaligen Palästina – ungeachtet der Wünsche der Bevölkerung, ungeachtet aller ethnischen und konfessionellen Grenzen, quer durch zahlreiche Stammesgebiete. Nördlich der Linie sollte Frankreich das Sagen haben, südlich davon Großbritannien. Dementsprechend erhielten die Briten die irakischen Provinzen Bagdad, Basra und das heutige Kuwait, außerdem die Gebiete von Kirkuk über das heutige Jordanien bis an die ägyptische Grenze des Sinai. Frankreich dagegen sollte die Herrschaft über die Südost-Türkei, den heutigen Nordirak, Syrien und den Libanon übernehmen. Jedes Land konnte die Staatsgrenzen innerhalb seiner Einflusszone frei bestimmen, und beide Länder hatten das Recht, in ihren Einflussbereichen nach ihren Wünschen direkte oder indirekte Verwaltungen einzurichten.

Uneinig waren sich die beiden Parteien über die Zukunft Paläs-tinas. Auf dieses Gebiet erhob auch das russische Zarenreich Anspruch. Es sollte deshalb erst einmal unter internationale Verwaltung gestellt werden, bis sein endgültiges Schicksal entschieden sei. 1920 wurde es durch eine Entscheidung des Völkerbunds britisches Mandatsgebiet.

Nach dem Ende des Ersten Weltkriegs besetzten Frankreich und Großbritannien die Gebiete, die ihnen im Sykes-Picot-Ab-kommen zugeteilt worden waren. In der Folge kam es immer wieder zu Aufständen, die aber von den britischen und fran-zösischen Truppen niedergeschlagen wurden. Damit war der arabische Traum eines großen, geeinten und vor allem wirtschaftlich starken arabischen Staates dahin. Stattdessen organisierte der britische Diplomat Sykes die Balfour-Dekla-ration, in der 1917 festgelegt wurde, dass Großbritannien die Gründung eines jüdischen Staates in Palästina unterstützt. Pa-lästina war aber Teil des arabischen Großreichs, das dieselbe britische Regierung den arabischen Stämmen für die Unter-stützung beim Kampf gegen das Osmanische Reich verspro-chen hatte.

Zwar wurde der Staat Israel erst 1947 aus der Taufe gehoben, aber die Folgen des Sykes-Picot-Abkommens waren sofort zu erkennen, und sie bestimmen bis heute die politische Situa-tion im Nahen und Mittleren Osten. Die Briten gründeten aus den drei osmanischen Provinzen Bagdad, Mossul und Basra den Irak und fügten jordanische Beduinenstämme mit dem bri-tischen Mandatsgebiet Palästina zum neuen Staat Jordanien zusammen. Ähnlich agierte die französische Regierung, die 1920 den Libanon gründete und bis 1946 in Syrien herrschte.

Bei der Aufteilung der arabischen Welt zogen beide Kolonial-mächte nicht nur willkürliche Staatsgrenzen, sondern miss-achteten auch bestehende ethnische oder religiöse Unter-schiede. Deshalb leben noch heute Familien und ehemalige

Stämme auf verschiedene Länder verteilt – vom Libanon, über Syrien und Jordanien bis in den Irak und nach Saudi-Arabien. Die Bindungen sind über alle nationalstaatlichen Grenzen und alle Jahrzehnte hinweg bestehen geblieben. Das macht es Terrorgruppen wie al-Qaida und dem IS einfacher, über Staatsgrenzen hinweg zu agieren. 2014 hatte die Terrororganisation IS bekanntgegeben, ein Kalifat zu gründen, auf einem Gebiet im Nordwesten des Irak und im Osten Syriens, das sie zuvor militärisch erobert hatten. Auf Twitter verkündeten sie: „Wir zerschmettern Sykes-Picot."

. . . .

LITERATURHINWEISE:

Jeremy Wilson: Lawrence von Arabien. Die Biographie. Berlin 2004

Klaus Kreiser: Der Osmanische Staat 1300–1922. München 2008

Jörn Leonhard: Die Büchse der Pandora. Geschichte des Ersten Weltkrieges. München 2014

21

DIE KAROLINGISCHE MINUSKEL
WIE DIE EUROPÄER SCHREIBEN LERNTEN

Heute hacken wir ein paar Buchstaben ins Smartphone und haben sie schon verschickt, bevor wir überhaupt mit dem Gedanken fertig sind. Vor 1250 Jahren mussten wir uns erst einmal einigen, welche Buchstaben wir überhaupt verwenden. Wir brauchten die Karolingische Minuskel und einen Briten namens Alkuin.

Alkuin war ein Gelehrter, der zu seiner Zeit alles wusste und alles konnte, was man nur wissen und können konnte: Er sprach diverse Sprachen, befasste sich mit Jura, Philosophie und Religion, und viele nennen ihn das Universalgenie des frühen Mittelalters. Wir können ihn aber auch einen ziemlichen Nerd nennen, denn neben Texten über „das sorgfältige Schreiben", „das korrekte Sprechen" und „das vernünftige Stellen von Fragen" hinterließ er uns auch ein paar mathematische Scherzfragen. Echte Schenkelklopfer.

Dieser Alkuin stattet jedenfalls der italienischen Stadt Parma im Jahr 781 einen Besuch ab und lernt dort niemand Geringeren kennen als Karl den Großen. Karl ist König des Frankenreichs und gerade im Begriff, aus diesem Frankenreich den wichtigsten politischen Player in Europa zu machen – nicht zuletzt mit Waffengewalt. Als er und Alkuin sich kennenlernten, führte Karl gerade einen Feldzug gegen die Sachsen am östlichen Rand seines Reiches. Die Losung lautet: Tod oder Taufe. Konvertierung zum Christentum oder Kopf ab.

Das Reich, von dem Karl der Große träumte, war also ein christliches Reich. Es sollte aber auch ein römisches Reich sein. Und in dieser Vorstellung kamen er und Alkuin nun überein, denn beide teilten die Idee der vier großen Reiche: Es gab ein großes Babylonisches Reich, ein großes Persisches Reich, es gab das Reich Alexanders des Großen und das Römische Reich. Und wenn man wollte, konnte man eine Bibelpassage so auslegen, dass dieses vierte Römische Reich das letzte Reich und Reich Gottes auf Erden sein würde. Ginge dieses vierte Reich unter, ginge auch die Welt unter.

Karl und Alkuin entwickelten nun die Idee, dieses vierte Reich zu retten. Karl sollte die römische Herrschaft fortsetzen, indem er sich vom Papst nicht etwa zum Kaiser der Franken, sondern zum Kaiser des Heiligen Römischen Reichs krönen lassen sollte. Bei dieser Rettungstat kam Alkuin die Rolle des intellektuellen Bewahrers zu. Er sollte das Wissen der alten, antiken Welt sammeln, vor dem Vergessen retten und in die neue Zeit, also die damalige Gegenwart, bringen. Auf Einladung von Karl begleitete er diesen an seinen Hof und leitete schon nach kurzer Zeit die karolingische Hofschule in Aachen. Von dort entsandte er seine Schreiber und Archivare in die damals bekannte Welt, um wertvolle Texte, Schriften und auch Gesetzesbücher abschreiben zu lassen. Und dabei machte er weder vor politischen noch vor religiösen Grenzen halt. Alkuins Team ging bis nach Konstantinopel und noch weiter bis nach Bagdad, um die wertvollen Schätze zu bergen. Auch immer mehr „profane" Texte von „heidnischen Dichtern" sollten so für die Nachwelt gerettet werden: Vergil, Cicero, Horaz oder Ovid.

Wichtigste Aufgabe war nun aber, diese Texte zu konservieren und auch einem neuen Publikum verständlich zu machen. Und deshalb wurde an der Aachener Hofschule die karolingische Minuskel etabliert. Diese Schriftart war zum ersten Mal einige Jahre zuvor in Corbie, einem Königskloster im nordfranzösischen Tal der Somme aufgetaucht. Diese Handschrift kannte ausschließlich Kleinbuchstaben, die für die Schreiber zwar brutal umzusetzen war, weil aufwändig, die aber für die Leser viel besser lesbar war, weil eindeutiger. Und wenn man sich jetzt diese über tausend Jahre alten Manuskripte anschaut, dann sieht man: Das sind die gleichen Buchstaben, die wir heute noch verwenden. Die karolingische Minuskel hat über die Jahrhunderte hinweg natürlich eine Menge Reformen erfahren, aber sie ist die Grundlage unserer heutigen Schreibschrift. Und da wir ja beim Texten auf dem Smartphone auch mal gerne die Großbuchstaben weglassen, sehen auch unsere digitalen Nachrichten aus wie in einer frühmittelalterlichen Schreibstube.

Es gibt aber ein noch wichtigeres Erbe für unsere heutige Zeit, das uns Alkuin hinterlassen hat. Der Historiker Max Kerner nennt das Aufeinandertreffen von Karl dem Großen und Alkuin nämlich eine historische „Richtungsentscheidung". Karl der Große entschied sich durch die Begegnung mit Alkuin, seine politische Herrschaft an gelehrte Hilfe zu knüpfen. Er verband seine Politik mit den Ideen von Bildung und Fortschritt und förderte beides. Und weil dies auch in der Rückbesinnung auf die Tugenden und Errungenschaften der Antike geschah, wird diese Zeit auch die Zeit der „karolingischen Renaissance" genannt. Gute 700 Jahre bevor ein gewisser Leonardo Da Vinci auf die Idee kommt, eine gewisse Mona Lisa zu malen und damit das bekannteste Werk der Renaissance des 15. und 16. Jahrhunderts zu schaffen.

Aber zurück zum Frankenreich: Wer dort etwas werden wollte, musste die Schulbank drücken. Grammatik, Rhetorik und Mathematik waren Pflicht. Und weil die Texte durch die karolingische Minuskel für immer mehr Menschen lesbar wurden, kamen auch immer mehr Menschen in den Genuss von Bildung. Auch die für uns heute völlig selbstverständliche Idee, ein Buch aufzuschlagen und darin etwas zu lernen, also die Idee eines Lehrbuchs, stammt aus Alkuins Feder. Er soll solche Bücher für die Kinder von Karl dem Großen entwickelt haben. Für eine bis dahin weithin ungebildete Gesellschaft war das eine Revolution. So betrachtet, kann man Karl den Großen und seinen wissenschaftlichen Lehrer Alkuin als die ersten Bildungsreformer Europas bezeichnen.

Wir sollten allerdings auch nicht übertreiben. Bildung im 8. Jahrhundert bedeutete natürlich auch weiterhin nur Bildung für die Hofgesellschaft, für Priester, Juristen und Mediziner, nicht für die Leute in den Werkstätten und auf den Feldern, nicht für Bauern und Handwerker. Trotzdem kann man Alkuin als Erfinder dessen sehen, was wir heute Informations- oder Bildungsgesellschaft nennen. Denn Bildung und Wissen wurden ein ganz selbstverständlicher Teil des Lebenswegs. Max Kerner drückt es noch epochaler aus: Die karolingische Renaissance sei die geistige Grundsteinlegung Europas. Und nicht zuletzt könnte man sagen, dass die Archivierung und das Sammeln und das Bereitstellen von Wissen in Aachen, so etwas wie ein frühmittelalterliches Wikipedia war. Inklusive der mathematischen Scherzfragen.

● ●

LITERATURHINWEISE:

Ernst Tremp, Karl Schmuki, Theres Flury: Karl der Große und seine Gelehrten. Zum 1200. Todestag Alkuins. St. Gallen 2004

Max Kerner: Karl der Große. Eine Biographie. München 2006

Matthias Becher (u. a.): Das Reich Karls des Großen. Stuttgart 2011

Rudolf Schieffer: Die Karolinger. Stuttgart 2014

QR – CODE:

DER RHEINBUND – 1806

WIE NAPOLEON DEUTSCHLAND ORDNETE

Wenn die Fußballnationalmannschaften Frankreichs und Deutschlands aufeinandertreffen, spielen zwei Teams, die ursprünglich in einem großen Reich vereint waren, sich dann lange Zeit als Feinde gegenüberstanden und nun die treibenden Kräfte der Europäischen Union sind. Während die französischen Spieler vor dem Anpfiff voller Inbrunst die „Marseillaise" singen, verhalten sich die deutschen Spieler beim „Deutschlandlied" deutlich zurückhaltender. Bei der Suche nach dem Ursprung dieses erstaunlichen Unterschieds kann man mehr als 1200 Jahre zurückgehen.

Weihnachten 800 wurde der fränkische König Karl von Papst Leo III. deshalb zum römisch-deutschen Kaiser gekrönt, weil beide – biblischen Texten folgend – davon überzeugt waren, dass das Imperium Romanum nicht untergehen durfte. Indem der Papst die Würde eines römischen Kaisers auf den Frankenkönig übertrug, hatten sie symbolisch das schon 476 untergegangene Weströmische Reich wieder zum Leben erweckt und im Sinne der biblischen Weissagung die Welt vor dem Untergang bewahrt.

Karls Nachfolger teilten das Reich auf. Es entstanden ein west- und ein ostfränkisches Reich mit den ungefähren Umrissen Frankreichs und Deutschlands. Im „deutschen" Teil herrschte der Kaiser über ein großes Territorium, in dem eine Vielzahl von Stämmen und Völkern lebten. Da auch der Kirchenstaat dazu gehörte, war der Kaiser viel unterwegs und geradezu gezwungen, das Land dezentral zu regieren. Anders als im „französischen" Teil des alten Karlsreiches gab es im späteren Deutschland weder eine Hauptstadt noch den für Frankreich bis heute charakteristischen Zentralismus.

Im deutschen Teil des alten Frankenreichs waren die Kaiser auf die Mithilfe der Territorialfürsten angewiesen, wenn sie Heere aufstellen oder Gesetze verabschieden wollten. Diese frühe Form der politischen Partizipation der Landesherren sorgte dafür, dass sich Gemeinsamkeitsgefühle weniger mit der kaiserlichen Zentralmacht, als vielmehr mit den regionalen Fürstenhäusern oder Königtümern entwickelten. Die Landesteile und die Zentralmacht waren voneinander abhängig. Daraus entstand die dezentrale oder föderale Struktur des Heiligen Römischen Reichs Deutscher Nation. Am Beginn des 16. Jahrhunderts existierten etwa 350 eigenständige Territorien, die ihre Interessen auf Reichstagen gegenüber dem Kaiser vertraten und nach dem Westfälischen Frieden von 1648 sogar als Völkerrechtssubjekte anerkannt waren. Heute werden die Ausläufer dieser Entwicklung durch die Beteiligung der Bundesländer am Gesetzgebungsverfahren sichtbar.

Am Ende des 17. Jahrhunderts war der deutsche Flickenteppich in der Mitte Europas etwas übersichtlicher geworden, weil sich kleine Territorien zu größeren Einheiten zusammengeschlossen hatten. Nun waren sie aber eingeklemmt zwischen den mächtigen Nachbarn Frankreich, dem neu entstandenen Preußen und der österreichischen Habsburgermonarchie, die selbst mit einigen Ländereien dem Heiligen Römischen Reich Deutscher Nation angehörte. 1789 erschütterte die Französische Revolution das europäische Machtgefüge so stark, dass es zwischen 1792 und 1797 zum ersten Koalitionskrieg kam, in dem Preußen und Österreich gegen Frankreich kämpften. Im Verlauf dieses Krieges besetzten französische Truppen das linke Rheinufer und machten den Rhein zur Grenze zwischen Deutschland und Frankreich.

Damit verwirklichten die französischen Revolutionssoldaten einen langgehegten Traum, wonach die „natürliche Ostgrenze" Frankreichs der Rhein war. Diese Vorstellung soll schon

Mitte des 17. Jahrhunderts aufgetaucht sein. Als 1792 nach der Kanonade von Valmy der Sieg der französischen Revolutionstruppen über ein preußisches Heer feststand, sollten die Soldaten „über den Rhein" gejagt und das Gebiet annektiert werden. Wenige Monate später formulierte Justizminister Georges Danton: „Die Grenzen Frankreichs sind durch die Natur gegeben, wir erreichen sie (…) am Ufer des Rheins, an den Ufern des Ozeans, in den Pyrenäen und Alpen. Dort müssen die Grenzen unserer Republik vollendet werden."

Im Februar 1801 akzeptierte Preußen die neue Grenze zwischen Frankreich und den deutschen Ländern und nahm die mit der Besetzung des linken Rheinufers verbundenen eigenen Gebietsverluste in Kauf. Zwei Jahre später wurden Preußen und andere enteignete Fürsten zu Lasten der katholischen Kirche auf der rechten Seite des Rheins entschädigt. Diese Säkularisierung führte 1803 dazu, dass zwei Kurfürstentümer, neun Reichsbistümer, 44 Reichsabteien und 45 Reichsstädte aufgelöst wurden, nahezu 45 000 km² Land den Besitzer wechselten und etwa fünf Millionen Menschen neue Landesherren bekamen. Anschließend machte sich der französische Kaiser Napoleon an die Neuordnung Europas unter französischer Hegemonie. Wesentlicher Baustein dafür war ein französisches Protektorat auf der östlichen Rheinseite. Am 12. Juli 1806 ließ Napoleon deshalb den Rheinbund gründen. 39 deutsche Territorien traten bei und akzeptierten ihren Status als Protektorat. Mit dem Beginn des bis 1815 bestehenden Rheinbunds war gleichzeitig das Ende des Heiligen Römischen Reichs Deutscher Nation besiegelt, denn die neuen Mitglieder des Rheinbunds verließen im gleichen Moment das seit 800 bestehende Heilige Römische Reich deutscher Nation. Beim Wiener Kongress 1815 wurde der Rheinbund wieder aufgelöst und die deutschen Länder im Deutschen Bund zusammengefasst. Nachdem auch bei der deutschen Revolution von 1848 die

Gründung eines deutschen Einheitsstaates misslungen war, wurde der erste gemeinsame deutsche Staat mit der Reichsgründung im Spiegelsaal von Versailles am 17. Januar 1871 aus der Taufe gehoben.

. . . .

LITERATURHINWEISE:

Edgar Liebmann: Das Alte Reich und der napoleonische Rheinbund. In: Peter Brandt, Martin Kirsch, Arthur Schlegelmilch (Hrsg.): Handbuch der europäischen Verfassungsgeschichte. Institutionen und Rechtspraxis im gesellschaftlichen Wandel. Bonn 2006

Ingo Knecht: Der Reichsdeputationshauptschluß vom 25. Februar 1803. Rechtmäßigkeit, Rechtswirksamkeit und verfassungsgeschichtliche Bedeutung. Berlin 2007

Wolf D. Gruner: Der Deutsche Bund. 1815–1866. München 2010

Jürgen Wilhelm (Hrsg.): Napoleon am Rhein, Wirkung und Erinnerung einer Epoche. Köln 2012

Günter Müchler: Napoleon. Revolutionär auf dem Kaiserthron. Darmstadt 2019

QR – CODE:

DER ALLDEUTSCHE VERBAND – 1891
WIE RASSISMUS DIE GEHIRNE ZERFRASS

„Deutsche Leitkultur statt Multikulturalismus" – so heißt eine Überschrift aus dem Grundsatzprogramm der Alternative für Deutschland. Diese Leitkultur besteht laut der AfD aus den Werten des Christentums, aus unserer Sprache und unseren Traditionen. Multikulturalismus gefährdet alle diese Errungenschaften, behauptet jedenfalls die AfD.

Solche Aussagen sind nicht neu, es gab sie schon mehrfach in der deutschen Geschichte. Unter anderem vom Alldeutschen Verband, der im deutschen Kaiserreich gegründet wurde. Immer wieder hat der Alldeutsche Verband seine rassistischen und antisemitischen Ideen wie Nadelstiche unters Volk gebracht und so den Weg für die Ideologie des Nationalsozialismus bereitet.

Der Alldeutsche Verband war eine überparteiliche politische Organisation, die imperialistische, völkische und im Laufe der Jahre immer klarer formulierte antisemitische Positionen vertreten hat. Am 9. April 1891 war dieser rechtsextreme Verband als Allgemeiner Deutscher Verband (ADV) in Berlin gegründet und im Juli 1894 in Alldeutscher Verband (AV) umbenannt worden. Eines der Gründungsmitglieder war der Unternehmer Alfred Hugenberg. Er war ein deutscher Montan- und Rüstungsindustrieller, vor allem aber besaß er einen Verlag, mit dem er die Hälfte der deutschen Presse kontrollierte. Zu seinem Imperium gehörten auflagenstarke Tages- und Wochenzeitungen und Unternehmen der Filmbranche. 1927 übernahm er die UFA-Universum Film AG und sanierte sie mithilfe der Deutschen Bank. Hugenbergs Medienimperium trug durch die Veröffentlichung nationalistischer und antisemitischer Propaganda maßgeblich zum Aufstieg der rechten bzw. rechtsextremistischen Parteien in der Weimarer Republik bei. Er gilt deshalb als bedeutendster bürgerlicher Wegbereiter des Nationalsozialismus.

Anlass der Gründung des Alldeutschen Verbands war der am 1. Juli 1890 geschlossene Vertrag über die Kolonien und Helgoland zwischen Deutschland und dem Vereinigten Königreich, in dem die jeweiligen Gebietsansprüche in Afrika geregelt wurden. Dieser Vertrag regelte die Gebiets- und Hoheitsansprüche der beiden großen europäischen Mächte: Deutschland hatte die Schutzherrschaft über Witu im Norden des heutigen Kenia, über Pemba, einer Insel des ostafrikanischen Sansibar-Archipels, und über die Gewürzinsel Sansibar vor der ostafrikanischen Küste des heutigen Tansania aufgegeben, dafür aber die strategisch wichtige Nordseeinsel Helgoland bekommen.

Rechtsnationale Kreise schätzten diesen Tausch als nachteilig für Deutschland ein. Sie warfen der Regierung vor, die imperialen Interessen Deutschlands zu verraten. Kolonialenthusiasten stöhnten, man habe Königreiche für eine Badewanne hergegeben. Auch der erst drei Monate vorher entlassene ehemalige Reichskanzler Otto von Bismarck machte Stimmung gegen den sogenannten Helgoland-Sansibar-Vertrag. Man habe einen Rock gegeben und einen Knopf dafür bekommen, wurde er in der Presse zitiert.

Im Alldeutschen Verband sammelten sich Menschen vom rechtsextremen Rand der Gesellschaft des Deutschen Kaiserreichs. Sie propagierten ein Europa unter deutscher Hegemonie, wollten Juden aus dem Land treiben, weite Teile Osteuropas annektieren und überseeische Kolonien erwerben. Um diese Ziele zu erreichen, war ihnen jedes Mittel und jede radikale Propaganda recht. Einer ihrer Vorsitzenden war Heinrich Claß. Er formulierte Anfang des 20. Jahrhunderts den rassistischen Kurs seines Verbandes mit diesen Worten:

„Wo fängt das an und wo hört es auf, was uns zu-
gemutet werden soll, als zur Menschheit gehörig
zu lieben und in unser Streben einzuschließen?
Ist der verkommene oder halbtierische russische
Bauer des Mir, der Schwarze in Ostafrika, das
Halbblut Deutsch-Südwests oder der unerträgli-
che Jude Galiziens oder Rumäniens ein Glied die-
ser Menschheit?"

Der Alldeutsche Verband war keine große Organisation, aber
sein Einfluss reichte weit über die eigenen 52 000 Mitglieder
hinaus, die 1922 im Verband organisiert waren; vorher waren es sehr viel weniger. Aber selbst dieser kleine Verband
schaffte es immer wieder, seine Ideen in der Gesellschaft zu
verbreiten. Viele Mitglieder waren auch in anderen völkischen
Vereinen und Verbänden tätig. Durch diese Mehrfachmitglied-
schaften innerhalb der rechtsextremen Vereine und Gruppierungen wurden Informationen schneller ausgetauscht, und die
rechte Szene war bestens vernetzt. So konnte der Alldeutsche
Verband unter anderem Beziehungen zum Deutschen Flotten-
verein, zum Deutschbund und der Deutschen Vaterlandspartei
unterhalten. Überall verbreitete er seine völkische Ideologie,
die in abgemilderter Form in all diesen Gruppierungen auf-
tauchte. Zudem gab der Verband die sogenannten „Alldeutschen Blätter" heraus, die ebenfalls das Programm und die
ideologischen Ansichten des Verbandes beinhalteten.
Auch wenn der Alldeutsche Verband nie als Partei aufgetreten
ist, war er in seiner gesamten Konzeption eindeutig Vorläufer
und Wegbereiter des Nationalsozialismus. Expansion nach
Osten und die Eroberung von neuem Lebensraum für das
deutsche Volk waren keine Erfindung von Adolf Hitler – es waren Ziele, die der Alldeutsche Verband vorgegeben hatte. Und
so erhielt der Verband nach der Machtübernahme der NSDAP

1933 auch eine Sonderbehandlung und wurde nicht sofort gleichgeschaltet. Erst im Jahr 1939 löste ihn die Regierung auf mit der Begründung, die vom Alldeutschen Verband verfolgten Ziele seien jetzt erreicht worden und sein Weiterbestehen überflüssig.

• •

LITERATURHINWEISE:

Rainer Hering: Konstruierte Nation. Der Alldeutsche Verband 1890 bis 1939. Hamburg 2003

Peter Walkenhorst: Nation – Volk – Rasse. Radikaler Nationalismus im Deutschen Kaiserreich 1890–1914. Göttingen 2007

Mark Jones, Karl Heinz Siber: Am Anfang war Gewalt. Die deutsche Revolution 1918/19 und der Beginn der Weimarer Republik. Berlin 2017

Hans Mommsen: Die verspielte Freiheit. Aufstieg und Untergang der Weimarer Republik. Berlin 2018

QR – CODE:

33

DIE GRÜNDUNG PREUSSENS – 1701
WIE GEHORSAM UND TOLERANZ ZU MAXIMEN WURDEN

Heute werden sie auf dem Fußballplatz beschworen: Rennen Brandt, Gnabry und Gündoğan schnell genug den Platz hoch und runter, werfen sich füreinander in die Bresche und lassen dem Gegenspieler keinen Platz zum Atmen, dann sind Marcel Reif und Béla Réthy glücklich. Denn dann erfüllen die Jungs im Nationaltrikot die „deutschen Tugenden". Wobei, eigentlich sind es keine deutschen, auch keine bayerischen, badischen oder westfälischen Tugenden, sondern preußische Tugenden.

1701 war das schöne Land entlang der Ostsee bei Königsberg ein ziemliches Nichts. Kaum bewohnbar, kaum zu bewirtschaften und nach den verheerenden Kriegen des 17. Jahrhunderts auch ziemlich entvölkert. Ostpreußen hieß es, benannt nach den Prußen, einem baltischen Volksstamm, der einst hier gesiedelt hatte. Und dieses Ostpreußen gehörte dem Kurfürsten und Markgrafen von Brandenburg, Friedrich III. Der regierte und lebte allerdings lieber in Berlin, ließ in seiner Amtszeit prunkvolle Schlösser bauen und es sich in der Hauptstadt gut gehen. Im Winter 1700 jedoch zieht er mit einem Tross von 300 Wagen nach Königsberg, um sich dort selbst zum König zu krönen und 500 000 Taler für die dazu gehörigen Feierlichkeiten auf den Kopf zu hauen. Angeblich sollen sogar Orangen und Zitronen an den Bäumen gehangen haben, und der Wein soll aus den Brunnen gesprudelt sein.

Aber warum zog es Friedrich III. in das verlassene Preußen? Weil er sich in Brandenburg nicht hätte krönen dürfen. Brandenburg ist Teil des Heiligen Römischen Reiches Deutscher Nation, und das wird von einem Kaiser regiert. Nur mit Kaiser

Leopolds I. Erlaubnis und dann auch nur außerhalb des Kaiserreichs konnte sich Friedrich III. selbst die Krone aufsetzen. Dafür musste er natürlich auch was leisten: die Königlich-Preußische Armee stand dem Kaiser im Spanischen Erbfolgekrieg gegen Frankreich zur Seite.

Politisch und strategisch war das clever, denn Brandenburg war unter seinem Vater schon ein wichtiger Player in Europa geworden, und als König stand Friedrich jetzt auf Augenhöhe mit den anderen Größen des Kontinents. Und er fand es außerdem ziemlich gut, dass er nicht mehr nur die *Nummer drei*, sondern die *Nummer eins* war: Friedrich I. in Preußen. Wichtig: König *in*, und nicht König *von* Preußen, denn der westliche Teil Preußens gehörte noch zu Polen, und man will ja nicht gleich Streit anfangen. Der sollte ohnehin noch kommen.

Denn was folgte, war harter Ellenbogeneinsatz: Der Sohn, Friedrich Wilhelm I., auch bekannt als der Soldatenkönig, und dessen Sohn, Friedrich II., auch bekannt als Friedrich der Große, steckten bis zu drei Viertel des Staatsetats in den Ausbau des Militärs. Und wo der Soldatenkönig seinen Fokus eher auf die Innenpolitik lenkte, legte es sein Sohn Friedrich der Große auf Expansion in Europa an. Preußen führte viele Kriege und wurde letztlich der dominanteste aller deutschen Staaten. Da war der Ruf schnell ruiniert: „Andere Staaten besitzen eine Armee, Preußen ist eine Armee, die einen Staat besitzt", sagte zum Beispiel der französische Denker Gabriel de Riqueti Graf von Mirabeau. In Zahlen: Preußen hatte zu Beginn des 19. Jahrhunderts mit der zwölftgrößten Bevölkerung die viertgrößte Armee Europas.

Aber Preußen hatte trotzdem noch mehr zu bieten als Krieg. Der Soldatenkönig führte die Schulpflicht ein, um die Bevölkerung zu bilden. Friedrich der Große, der eigentlich ständig Krieg führt, war Anhänger der Aufklärung, pflegte eine Brieffreundschaft mit dem Philosophen Voltaire. Er schafft Folter und Inquisition ab und gewährte vollständige Glaubensfreiheit. Französische Hugenotten, deutsche Juden und polnische Katholiken, alle lebten gemeinsam in Preußen. Er holte die Kartoffel ins Land, um die Ernährung der Bevölkerung zu sichern. Und es entwickelte sich in Preußen ein Beamtentum, das zuverlässig seine Aufgaben erledigte. Friedrich verfolgte dabei einen aufgeklärten Absolutismus: Nach dem Motto „Jeder soll nach seiner Façon selig werden" hatte zwar jeder dem Staat zu dienen, aber im Gegenzug hatte der Staat seine Arbeit zu machen und sich in Privates nicht einzumischen.

Und da kommen die preußischen Tugenden ins Spiel. Ihren Ursprung haben sie unter anderem an der Universität Halle, wo im 17. Jahrhundert ein Staatsrechtler namens Christian Thomasius forschte und lehrte. Manche nennen in den Vater der deutschen Aufklärung, Friedrich der Große jedenfalls bewunderte ihn. So oder so kamen hier einige Ideen zusammen, wie ein Staat richtig zu führen ist: präzise, sparsam und ordentlich. Die Menschen in Preußen sollten sich darauf verlassen können, dass der Staat funktioniert; dass sie ihr Recht bekommen; dass der Staat nicht mehr Geld ausgibt als er hat; und dass kein Staatsdiener sich selbst bereichert. Für das 18. Jahrhundert war das enorm fortschrittlich. Gleichzeitig sollten sich die Untertanen auch an die Spielregeln halten, ihre Arbeit erledigen, ihren Pflichten nachkommen und vor allem kein verschwenderisches Leben führen. Friedrich der Große wusste wovon er redete, denn sein Vater hatte keinerlei Probleme damit, ihn bei Verstößen vor versammelter Mannschaft windelweich zu prügeln oder mit einer Gardinenschnur zu strangulieren. Es geht noch schlimmer: Als 1730 der Plan des jungen Friedrich aufflog, mit seinem Jugendfreund Hans Hermann von Katte vor dem prügelnden Vater nach England zu fliehen, verpasste der Vater dem Sohn das Trauma seines Lebens. Er ließ ihn verhaften, in den Kerker sperren, zum Tode verurteilen, wieder begnadigen und aus dem Gefängnisfenster zusehen, wie sein Freund enthauptet wurde.

Das frühe Preußen zeichnete sich aber eben nicht nur durch Kriege und brutale Umgangsformen aus, sondern auch durch religiöse Toleranz, einen aufgeklärten Staat und seine „Allgemeinwohlorientierung". Nur verkommt all das über die Jahre zur Karikatur. Spätestens im deutschen Kaiserreich, das 1871 unter preußischer Dominanz gegründet wurde, ging es nur noch um Schnauzbart, Uniform und Pickelhaube, um Härte, Pünktlichkeit und Gehorsam statt Fleiß, Toleranz und Gerechtigkeit. Das „klassische Preußen", sagt Historiker Uwe Oster, ist da schon lange tot. Bei den Nationalsozialisten fand es dann seine ultimative Perversion. Jemanden „mit zusammengebissenen Lippen" zu exekutieren, wie es Heinrich Himmler, der oberste SS-Mann und Chef der deutschen Polizei, formuliert hat, ist ein Beleg für diese Perversion der preußischen Tugenden in der NS-Zeit. Gehorsam und Pflichterfüllung, einst Grundpfeiler eines funktionierenden Staates, produzierten nun Leichenberge in Vernichtungslagern.

Die neuere Forschung ist sich aber einig: Preußen darf man weder auf das eine – den toleranten, aufgeklärten Staat und Vorboten der modernen Rechtsstaatlichkeit – noch auf das andere – einen kriegerischen Verbrecherstaat und eine Blaupause für den Nationalsozialismus – reduzieren. Stattdessen müssen wir uns ehrlich in die Augen schauen und fragen, wie viel Preußen noch im heutigen Deutschland steckt. Beim Fußball kriegt man jedenfalls einen ganz guten Eindruck.

LITERATURHINWEISE:

Christopher Clark: Preußen. Aufstieg und Niedergang 1600–1947. München 2007

Uwe A. Oster: Preußen. Geschichte eines Königreichs. Berlin 2010

Tillmann Bendikowski: Friedrich der Große. München 2011

Jürgen Kloosterhuis: Annäherungen an Friedrich Wilhelm I. Eine Lesestunde im Schloss Königs Wusterhausen. Berlin 2011

Christopher Schulze: Ein Dutzend Langer Kerls wäre mir lieber. Anekdoten über den Soldatenkönig. Berlin 2016

QR – CODE:

DIE GRÜNDUNG DER TÜRKISCHEN REPUBLIK – 1923

WIE DIE MODERNE TÜRKEI GEBOREN WURDE

Heute herrscht in der Türkei ein frommer Autokrat. Klar, Recep Tayyip Erdoğan ist rechtmäßig gewählter Präsident des Landes, aber er gestaltet den Staat nach seinen Vorstellungen um. Dazu gehört auch, dass die Türken bitte die Religion zu achten haben: Beamte dürfen während der Arbeit zum Freitagsgebet gehen, die gesetzliche Ehe darf auch vom Mufti geschlossen werden, und für die Frau habe der Islam die Rolle als Mutter vorgesehen, so Erdoğan. Mal abgesehen davon, dass die Türkei Islamisten im Ausland unterstützt, muss man die Frage stellen, ob die Türkei eigentlich noch ein laizistischer Staat ist, in dem die Trennung von Religion und Staat ein Grundprinzip ist?

„Das Kalifat ist ein Märchen der Vergangenheit, das in unserer Zeit keinen Platz mehr hat."

Das sagte Mustafa Kemal 1923, dem Jahr der Gründung der türkischen Republik. Beim ersten Teil sollte er jedenfalls Recht behalten, denn das erwähnte Kalifat war zu diesem Zeitpunkt gerade untergegangen. Als letzter Kalif hatte Mehmed V. den Anspruch erhoben, Oberhaupt aller Muslime zu sein – auch wenn nicht alle Muslime diesem Anspruch Folge leisteten. Und gleichzeitig war er Sultan, also weltlicher Herrscher des großen Osmanischen Reichs, das sich noch im 19. Jahrhundert vom Balkan über Istanbul bis ans Rote Meer und von dort bis nach Nordafrika erstreckte. Also geistlicher und weltlicher Herrscher in Personalunion. Dieser Mehmed V. hatte das Osmanische Reich 1914 in den Ersten Weltkrieg geführt.

Die Osmanen kämpften an der Seite der Mittelmächte, also in einer Allianz mit Deutschland und Österreich-Ungarn. Bekanntermaßen verloren die Mittelmächte den Krieg, und damit stand auch das Osmanische Reich auf der Seite der Verlierer. Mehmed V. sollte das allerdings nicht mehr erleben. Er starb kurz vor Kriegsende, und sein Halbbruder wurde nun zum wirklich allerletzten Kalifen Mehmed VI. Der konnte aber nur noch zusehen, wie das Osmanische Reich von den Siegermächten zusammengeschrumpft wurde, bis eigentlich nur noch Anatolien übrigblieb, das am Ende sogar noch von Frankreich, Großbritannien, Italien und Griechenland besetzt wurde.

Es betritt die Bühne: Mustafa Kemal. Ein Kind einfacher Leute, das die Militärschule besucht und sich in den letzten Jahren einen Namen als charismatischer und waschechter Nationalist gemacht hatte. Anfang der Zwanzigerjahre befand sich die Türkei in einem Kampf gegen die Besatzungsmächte. Schnell schaffte es Mustafa Kemal an die Spitze der türkischen Truppen. Und um eine lange Geschichte wirklich kurz zu fassen – die Türken gewinnen den Kampf. Eine neu berufene türkische Nationalversammlung verwies daraufhin Mehmed VI. des Landes und machte seinen Cousin Abdülmecid II. nun aber wirklich zum *aller*allerletzten Kalifen des Osmanischen Reichs. Am 29. Oktober 1923 war es mit dem großen Osmanischen Reich zu Ende, denn an diesem Tag rief Mustafa Kemal die Republik Türkei aus und wurde ihr erster Präsident. Vier Monate später schaffte die türkische Nationalversammlung das Kalifat komplett ab, und die gesamte osmanische Dynastie musste die Türkei schleunigst verlassen.

Alles neu in der Türkei. Neue Verfassung, neues Parlament, neuer Staat und neuer Präsident: Mustafa Kemal oder Atatürk, wie er jetzt auch genannt wird, der „Vater der Türken". Und in dieser neuen Türkei sollte natürlich auch alles anders werden. Zunächst mal sollte sie eine Türkei für Türken sein. Ungefähr

1,5 Millionen Griechen, die noch im Osmanischen Reich gelebt hatten, wurden ausgesiedelt. Viele andere Minderheiten verließen ebenfalls das Land. Ungefähr eine Million Türken, die in Griechenland gelebt hatte, kehrte in die Türkei zurück. Vor allem aber wurde die Türkei laizistisch. Das heißt: strenge Trennung von Religion und Staat. Der Islam flog aus der Verfassung, religiöse Gerichte wurden geschlossen, neue Kleiderordnungen verboten den Frauen den Schleier und den Männern den Fes, die traditionelle Kopfbedeckung. Mädchen und Jungs gingen gemeinsam zur Schule, Frauen bekamen das Wahlrecht, die bislang benutzte arabische Schrift wurde durch die lateinische ersetzt, und sogar die islamische Zeitrechnung musste dem westlichen, gregorianischen Kalender weichen. Ungefähr das Einzige, was Atatürk nicht gelang, war es, auch in den Moscheen nur noch auf Türkisch und nicht länger auf Arabisch beten zu lassen. Die Türkei war innerhalb weniger Jahre zu einem krassen Gegenentwurf der vorherigen Jahrhunderte des Kalifats geworden.

Seitdem ist die Türkei auf dem Papier ein laizistischer Staat geblieben, aber das Verhältnis von Religion und Staat ist immer mal wieder wie in Wellenbewegungen ausgeschlagen. Kaum war Atatürk 1938 gestorben, stieg die Zahl der Koranschulen wieder sprunghaft an, es wurden mehr Moscheen als noch im Osmanischen Reich gebaut. Es kam auch eine Regierung an die Macht, die dem Islam mehr Freiheiten einräumte, bis sie allerdings – um erneut eine lange Geschichte kurz zu fassen – 1960 vom Militär weg geputscht wurde. 1971 und 1980 folgten weitere Putsche durch das Militär. Tausende Menschen wurden in Gefängnisse gesteckt oder sogar gefoltert, hunderte kamen ums Leben. Und die inzwischen demokratische Türkei sollte nicht zur Ruhe kommen, weil sich viele Gräben durch die Bevölkerung ziehen, nicht nur zwischen Republikanern und Religiösen.

Springen wir in die Neunzigerjahre zu Necmettin Erbakan: Er war ein zu diesem Zeitpunkt schon berühmt-berüchtigter Politiker, war mehrfach stellvertretender Ministerpräsident, war 1980 beim Militärputsch inhaftiert worden und musste anschließend ein zehnjähriges Politikverbot ertragen. 1996 aber wurde er zum türkischen Ministerpräsidenten gewählt und begann sofort, den Staat zu islamisieren. Erbakan ist einer der Mitbegründer der sogenannten Millî-Görüş-Bewegung und hatte schon lange ein Programm des politischen Islam entwickelt, das er nun umsetzen wollte – gemeinsam mit seinem politischen Ziehsohn Recep Tayyip Erdoğan, der kurz zuvor Bürgermeister von Istanbul geworden war. Aber nur ein Jahr später, als in der Öffentlichkeit immer mehr über den Laizismus diskutiert wurde, setzte ihm das Militär die Pistole auf die Brust: Rücktritt oder Putsch. Erbakan trat zurück.

Heute sagen viele, dass sein Ziehsohn Erdoğan aus dieser Episode gelernt hat. 1998 drohte er noch: „Die Moscheen sind unsere Kasernen, die Minarette unsere Bajonette, die Kuppeln unsere Helme und die Gläubigen unsere Soldaten." Dafür ging er vier Monate ins Gefängnis. Aber als er 2003 türkischer Ministerpräsident wurde, zeichnete er sich erst mal durch einen demokratischen und liberalen Politikstil aus. Danach aber brachte er sich langsam in die Position, in der er heute ist: Präsident der Türkei in einem vom Präsidenten allein geführten Staat. 2017 gelang ihm per Referendum die Umformung der Türkei von einem parlamentarischen zu einem präsidentiellen System. Und den großen Rückhalt in der Bevölkerung hat er nicht zuletzt, weil er 2016 einen versuchten Militärputsch überstehen konnte – um den es bis heute noch viele Unklarheiten gibt. Teile des Militärs fuhren mit Panzern über die Bosporus-Brücke und flogen mit Kampfjets über Istanbul, aber Erdogans Anhänger verhinderten den Putsch. Es folgten ein Ausnahmezustand mit tausenden Verhaftungen und Entlassungen bei Militär, Polizei und Gerichten, und eben das Referendum, das Präsident Erdoğan beinahe zum Alleinherrscher machte. Unterm Strich entstehe dabei eine republikanische Diktatur, sagt der Turkologe Christoph Neumann, in der viel über Religion geredet und viel Religion vorgezeigt wird, in der es aber eine völlig unreligiöse Art und Weise gebe, die Gesellschaft zu lenken.

• •

LITERATURHINWEISE:

Christoph Neumann: Eine kleine Geschichte der Türkei. Stuttgart 2009

Suraiya Faroqhi: Geschichte des Osmanischen Reiches. München 2014

Klaus Kreiser: Atatürk. Eine Biographie. München 2014

Çiğdem Akyol: Generation Erdogan. Die Türkei – ein zerrissenes Land im 21. Jahrhundert. Wien 2015

DER ZWEI-PLUS-VIER-VERTRAG – 1990
WIE AUS ZWEI DEUTSCHLÄNDERN EINES WURDE

Hin und wieder hört man, Deutschland sei noch immer ein besetztes Land, weil es keinen Friedensvertrag gibt. Tatsächlich wurde weder 1945 nach dem Ende des Zweiten Weltkriegs ein Friedensvertrag geschlossen, noch 1990 anlässlich der deutschen Einheit. Die alliierten Sieger des Zweiten Weltkriegs wollten 1945 mit dem besiegten NS-Staat keinen Vertrag schließen, sondern setzten darauf, die nationalsozialistische Staatsgewalt vollständig zu beseitigen, um dann eine Neugestaltung Deutschlands in Angriff nehmen zu können. Aber sie entzweiten sich und waren schon nach kurzer Zeit zu einer gemeinsamen Deutschlandpolitik nicht mehr in der Lage. Als sich die beiden deutschen Staaten 1990 zusammenschlossen, hätte ein Friedensvertrag Mammutverhandlungen mit über hundert Kriegsgegnern des Deutschen Reichs ausgelöst, die viele Jahre gedauert hätten. Stattdessen wurde der Zwei-plus-Vier-Vertrag ausgehandelt, der einen Friedensvertrag ersetzte. Kritiker meinen, der Vertrag gehe „zulasten Dritter", deren Reparationsansprüche gegenüber der Bundesrepublik damit nicht geregelt seien.

Der Vertrag vom 12. September 1990 ist ein Statusvertrag und regelt außenpolitische Fragen, die sich durch die Öffnung der Grenzen zwischen Ost- und Westdeutschland sowie durch den Wunsch nach einer Wiedervereinigung ergeben hatten. Denn obwohl die Außenminister der ehemaligen alliierten Kriegsgegner einem vereinten Deutschland positiv gegenüberstanden, mussten grundsätzliche Fragen geklärt werden. Wie groß sollte eine gesamtdeutsche Armee sein, und durfte sie weiterhin Mitglied der NATO sein? Außerdem bedeutete das Ende der DDR als „sozialistischer Bruderstaat" nicht nur eine

Verschiebung der Kräfteverhältnisse innerhalb des Ostblocks, sondern auch eine Veränderung der europäischen Ordnung. Erste Gespräche über einen Zwei-plus-Vier-Vertrag fanden Anfang Februar 1990 auf einer KSZE-Konferenz in Ottawa statt. Weitere Verhandlungen wurden in Bonn, Ost-Berlin und Paris geführt. Am 12. September 1990 trafen sich die Delegationen noch einmal in Moskau, um letzte Details zu klären und in einer kleinen Zeremonie im Hotel President zu unterschreiben. Unterzeichnet wurde der Vertrag von Außenminister Hans-Dietrich Genscher für die Bundesrepublik, Ministerpräsident Lothar de Maizière hat die DDR vertreten, Roland Dumas unterzeichnete für Frankreich, Eduard Schewardnadse für die UdSSR, Douglas Hurd für Großbritannien und James Baker für die USA.

In dem Vertrag verzichteten die ehemaligen Besatzungsmächte auf ihre mit dem Zweiten Weltkrieg verbundenen Rechte und Verantwortlichkeiten in Berlin und in Deutschland als Ganzes. Die Staatsgrenzen des vereinten Deutschlands wurden festgelegt auf die 1990 bestehenden Grenzen, die als endgültig festgeschrieben wurden. Dieser Passus war vor allem für Polen von großer Bedeutung, weil Deutschland damit die Oder-Neiße-Linie als Ostgrenze offiziell anerkannte. Die Anerkennung dieser Grenze hatte zuvor in der westdeutschen Bundesrepublik jahrelang für innenpolitische Auseinandersetzungen gesorgt. Außerdem wurde in dem Vertrag festgeschrieben, dass das vereinte Deutschland auf atomare, biologische und chemische Waffen verzichtet und seine Armee von mehr als 500 000 auf 370 000 Mann reduziert. Gleichzeitig erlangte Deutschland dadurch die volle innere und äußere Souveränität und das Recht der freien Bündniswahl – so konnte Deutschland auch nach der Wiedervereinigung in der NATO bleiben.

Ratifiziert wurde der Zwei-plus-Vier-Vertrag erst 1991 durch alle Vertragsstaaten. Das vereinte Deutschland und die drei

Westmächte erkannten den Vertrag zügig an, nur die UdSSR ließ sich Zeit. Erst am 4. März 1991 stimmte auch der Oberste Sowjet der UdSSR zu. Dort hatte es kontroverse Debatten gegeben, weil der Vertrag umstritten war. Auch der Nachfolgestaat der UdSSR – Russland – hat mit den Spätfolgen des Vertrags zu kämpfen. 1990 war nicht absehbar, dass sich innerhalb eines Jahres die UdSSR und mit ihr der gesamte Ostblock auflösen würden. Statt einen Ring sozialistischer Staaten um sich versammelt zu haben, war die russische Staatsführung damit konfrontiert, dass viele ehemalige Ostblockstaaten dem Beispiel der DDR folgten und sich dem westlichen Bündnis NATO anschlossen. Seither fühlt sich Russland von NATO-Staaten umringt: von Norwegen über die baltischen Staaten, Polen, die Slowakei, Ungarn und Rumänien bis Bulgarien.

Der Zwei-plus-Vier-Vertrag markiert nicht nur die politisch geforderte und rechtlich notwendige Friedensregelung mit Deutschland, sondern auch das Ende der Nachkriegszeit. Er ersetzte somit einen Friedensvertrag zwischen den Parteien des Zweiten Weltkriegs. Das war unter anderem deshalb wichtig, um Reparationszahlungen aus etwa fünfzig Ländern zu vermeiden. Denn bei der Londoner Schuldenkonferenz war 1953 vereinbart worden, dass Reparationsforderungen an Deutschland erst nach Abschluss eines Friedensvertrags geregelt werden könnten. Ein Friedensvertrag hätte außerdem nicht nur mit den vier Alliierten, sondern mit weiteren 100 Staaten ausgehandelt werden müssen, mit denen sich Deutschland 1945 im Krieg befand. Um diese Staaten dennoch mit einzubeziehen, wurde der Vertrag nach seiner Ratifizierung den Staaten der KSZE vorgelegt, die ihn „mit großer Genugtuung zur Kenntnis" nahmen.

Der Zwei-plus-Vier-Vertrag gilt als ein maßgeblicher diplomatischer Beitrag zum Frieden in Europa. Er wurde 2011 von der UNESCO in das Programm „Memory of the World" aufgenommen. Damit zählt er zum Weltdokumentenerbe.

LITERATURHINWEISE:

Günther Hellmann (Hrsg.): Alliierte Präsenz und deutsche Einheit. Die politischen Folgen militärischer Macht. Baden-Baden, 1994

Aleksandr Galkin, Anatolij Tschernjajew (Hrsg.): Michail Gorbatschow und die deutsche Frage. Sowjetische Dokumente 1986–1991. München 2011

Horst Möller, Ilse Dorothee Pausch, Gregor Schöllgen, Hermann Wentker, Andreas Wirsching: Die Einheit. Das Auswärtige Amt, das DDR-Außenministerium und der Zwei-plus-Vier-Prozess. Bonn 2015

Hannes Bahrmann, Christoph Links: Finale: Das letzte Jahr der DDR. Berlin 2019

QR – CODE:

DIE BASELER-REDE VON WINSTON CHURCHILL – 1946

WIE EINE REDE EINE FRIEDENSVISION BESCHRIEB

Die Europäische Union ist nicht perfekt. Es gibt zu viel Büro-kratie, bei entscheidenden Fragen finden Politiker keine Lö-sungen, und die Risiken einer gemeinsamen Währung sind schwer abzuschätzen. Aber Europa hat uns etwas gebracht, was es viele Jahrhunderte in dieser Region der Erde nicht gab: Frieden. Ein Miteinander der Länder, unabhängig von Kultur, Sprache und Nationalität, kein Gegeneinander. Das haben wir unter anderem ausgerechnet dem Briten Winston Churchill zu verdanken.

Churchill war zweimal Premierminister von Großbritannien: das erste Mal von 1940 bis 1945 und dann noch einmal von 1951 bis 1955. Er hat also das Grauen des Zweiten Weltkriegs selbst miterlebt, war der entscheidende große Gegner Adolf Hitlers und hat bei den Konferenzen von Jalta und Potsdam im Feb-ruar und August 1945 die Zukunft Deutschlands entscheidend mitbestimmt. In den Jahren zwischen seinen Ämtern, also von 1945 bis 1951, war er Oppositionsführer im britischen Unter-haus und nutzte diese Zeit, um als weltweit geachteter Staats-mann und Vortragsredner auf aktuelle Chancen und Gefahren aufmerksam zu machen.

Eine der großen Chancen, die er sah, war die Gründung der „Vereinigten Staaten von Europa". Vor allem in zwei Reden hat er dieses Ziel erläutert: vor der akademischen Jugend in Zürich 1946 und beim Europarat in Straßburg 1949. Nur ein Jahr nach Kriegsende verkündete Churchill an der Universität Zürich sei-ne Idee von einem Wiederaufleben Europas, mit Frankreich und Deutschland als Verbündete. Er erklärte, Europa könne es sich nicht leisten, an Hass und Rachsucht festzuhalten, die von den Verletzungen der Vergangenheit herrührten. Deshalb müsse in einem ersten Schritt die „Europäische Familie" der Gerechtigkeit, Nachsicht und Freiheit wiederhergestellt werden.

Dabei nahm er Deutschland nicht in Schutz. Er gab Deutschland die Schuld an beiden Weltkriegen und sagte, Deutschland müsse bestraft werden. Außerdem dürfe das Land nicht wieder aufrüsten und müsse daran gehindert werden, einen neuen Angriffskrieg zu entfesseln. Aber wenn das sichergestellt sei, müsse die Vergeltung ein Ende haben. Seine Ansprache beendete er mit dem emotionalen Aufruf „Let Europe arise!" – „Lasst Europa auferstehen!" Grundsätzlich war diese Forderung nach der Gründung der Vereinigten Staaten von Europa nicht neu. Eine der frühesten Erwähnungen findet sich bei dem französischen Schriftsteller Victor Hugo 1849. Nach dem Ersten Weltkrieg kam die Forderung wieder auf und ist unter anderem im Parteiprogramm der SPD von 1925 zu finden.

Interessanterweise sah Churchill Großbritannien nicht als Teil dieser Vereinigten Staaten von Europa an. Sein Land sollte gemeinsam mit dem britischen Commonwealth, dem mächtigen Amerika und – so seine Hoffnung – der Sowjetunion Freund und Förderer des neuen Europa sein. Auch wenn die Rede im Nachgang auf begeisterte Resonanz stieß und auch wenn der spätere französische Präsident Charles de Gaulle selbst ein großer Anhänger eines vereinten Europa war, so war Frankreich noch nicht so weit, mit Deutschland zusammenzuarbeiten. De Gaulle stellte klare Bedingungen: Deutschland dürfe nicht wieder so stark wie vor den zwei Weltkriegen werden und Frankreich dürfe kein bloßes Anhängsel Deutschlands sein.

Churchill blieb auch die folgenden Jahre aktiv in seinem Bestreben, ein vereinigtes Europa zu schaffen. Ein erster Schritt sollte in seinen Augen die Bildung eines Europarats sein. Und er setzte sich durch: Im Mai 1948 organisierte die Europäische

Bewegung einen Kongress in Den Haag, an dem über 700 Abgeordnete aus allen europäischen Ländern teilnahmen, auch Vertreter aus den westdeutschen Zonen. Winston Churchill war Ehrenpräsident und Schirmherr der Veranstaltung. Knapp ein Jahr danach, am 5. Mai 1949, wurde der Europarat gegründet: von Belgien, Dänemark, Frankreich, Irland, Italien, Luxemburg, den Niederlanden, Norwegen, Schweden und dem Vereinigten Königreich. Auch hier war Churchill bei den ersten Sitzungen in Straßburg dabei. An einem Europarat, der lediglich über „allgemeine europäische Fragen" debattierte, konnte Großbritannien teilnehmen, aber fester Bestandteil einer institutionellen Vereinigung der europäischen Länder wollte es nicht werden.

Aber das änderte sich, denn am 1. Januar 1973 trat neben Dänemark und der Republik Irland auch das Vereinigte Königreich der Europäischen Wirtschaftsgemeinschaft bei. Gut vierzig Jahre später aber, am 23. Juni 2016, stimmte eine Mehrheit Großbritanniens für einen Austritt aus der EU, der Anfang 2021 Realität werden soll. Danach soll das Königreich wieder das sein, was schon Winston Churchill 1946 in Zürich für sein Land reklamiert hatte: ein enger Freund und Förderer Europas.

Nach dem Brexit sind noch 27 europäischen Staaten in der EU. Sie ist der größte Güterproduzent und die größte Handelsmacht der Welt. Auch wenn es innerhalb des Staatenverbunds deutliche Unterschiede zwischen den Ländern gibt: Die Mitgliedstaaten haben einen der höchsten Lebensstandards weltweit. Und: Im Jahre 2012 wurde die EU mit dem Friedensnobelpreis ausgezeichnet. Denn die europäische Idee hat neben wachsendem Wohlstand ihrer Einwohner trotz Ost-West-Konflikt, trotz geteiltem Deutschland, trotz vieler Krisen vor allem eines gebracht: mehr als sieben Jahrzehnte Frieden auf dem europäischen Kontinent.

LITERATURHINWEISE:

Sebastian Haffner: Winston Churchill. Reinbek 2002

Frank-Walter Steinmeier: Europa ist die Lösung. Churchills Vermächtnis. Salzburg 2016

Heribert Prantl: Trotz alledem! Europa muss man einfach lieben. Berlin 2016

Thomas Kielinger: Winston Churchill. Der späte Held. Eine Biografie. München 2020

QR – CODE:

DER ANGLO-IRISCHE VERTRAG – 1921
WIE EINE INSEL GETEILT WURDE

Es hat lange gedauert, bis mit dem Karfreitagsabkommen im April 1998 der Bürgerkrieg in Nordirland beendet werden konnte. Der protestantische Norden gehört seitdem weiterhin zu Großbritannien, während der katholische Süden als Republik Irland ein eigener Staat ist. Nach dem Austritt Großbritanniens aus der EU ist die irische Insel zweigeteilt: Der Norden bleibt Teil des britischen Königreichs, der Süden hingegen gehört wie bisher zur EU. Damit wird die innerirische Grenze zu einer EU-Außengrenze.

Seit Jahrhunderten verbindet die beiden Inseln Großbritannien und Irland eine enge und selten krisenfreie Beziehung. Mit der Eroberung Irlands durch die Normannen, die von englischen und walisischen Truppen unterstützt wurden, begann die Zeit der englischen Dominanz über Irland. Englische Siedler kamen auf die Nachbarinsel, konfiszierten Land und vertrieben einheimische Bauern in weniger fruchtbare Gebiete Irlands. Bald darauf schickte die englische Krone protestantische Siedler nach Irland, deren Anwesenheit den Grundstein für den Jahrhunderte schwelenden religiösen Konflikt auf der Insel legte.

Mitte des 19. Jahrhunderts erreichte Irland eine Katastrophe, als eine falsche Agrarpolitik der englischen Siedler und die vier Jahre wütende Kartoffelfäule eine Hungersnot ungeahnten Ausmaßes verursachten. Mehr als 1,5 Millionen Iren verhungerten, genauso viele wanderten nach Amerika aus, wo sie bis heute eine große Bevölkerungsgruppe stellen. Vor allem die Tatsache, dass auch während der Hungersnot die englischen Bauern und Siedler in Irland einen großen Teil ihrer landwirtschaftlichen Produkte exportierten, anstatt sie zur Linderung der Hungersnot zu verwenden, schürte antienglische Ressentiments in der irischen Bevölkerung.

Anfang des 20. Jahrhunderts eskalierte der Konflikt zwischen der katholischen Mehrheit und der protestantischen, englischen Minderheit des Landes. Im Mai 1914 hatte das britische Parlament noch ein Gesetz diskutiert, das Irland Selbstverwaltung und eine eigene Verfassung zugestand. Lokale Aufstände und der Beginn des Ersten Weltkriegs verhinderten jedoch die Ratifizierung. Aber trotz der Kriegswirren, die den europäischen Kontinent bis 1918 in Atem hielten, wollten militante irische Republikaner die Unabhängigkeit von Großbritannien erzwingen. Der Osteraufstand scheiterte im April 1916, die britische Regierung statuierte mit den schnell durchgeführten Hinrichtungen von fünfzehn Anführern ein brutales Exempel.

Zu einer Befriedung der Insel trugen die Ereignisse des Jahres 1916 nicht bei. Im Gegenteil: In den folgenden Monaten entwickelte sich ein regelrechter Guerillakrieg für die Unabhängigkeit Irlands von Großbritannien. 1918 gewann Sinn Féin bei den britischen Unterhauswahlen nahezu achtzig Prozent der irischen Mandate. Gestärkt durch dieses Wahlergebnis organisierte Sinn Féin ein eigenes irisches Parlament und betrieb den Aufbau von Regierungs- und Verwaltungsorganen. Als die britische Regierung in London das Parlament für illegal erklärten, begann der irische Unabhängigkeitskrieg, der bis 1921 dauerte.

Das Ergebnis dieses Unabhängigkeitskriegs, der mit einem Patt endete, weil beide Seiten einerseits kriegsmüde waren und andererseits keine Aussicht auf einen eigenen Erfolg mehr hatten, war der anglo-irische Vertrag vom 6. Dezember 1921. Er sah eine Teilung der Insel vor. Während der mehrheitlich katholische Süden als irischer Freistaat eigenständig wurde und Teil des British Empire wie Kanada oder Australien blieb, konnte der mehrheitlich protestantische Norden innerhalb eines

Monats entscheiden, ob er Teil Großbritanniens bleiben und auf seine staatliche Eigenständigkeit verzichten wollten. Nachdem die nordirische Bevölkerung für den Verbleib im Vereinigten Königreich plädiert hatte, wurde von einer Kommission eine Grenze zwischen den beiden Teilen Irlands gezogen.

Aber der anglo-irische Vertrag löste den grundlegenden Konflikt in Irland nicht. Immer wieder kam es zwischen den ethnischen und religiösen Gruppierungen zu schweren Ausschreitungen, die ihren Höhepunkt im sogenannten Nordirlandkonflikt zwischen 1969 und 1998 hatten. In dieser Zeit wurde aus einem religiösen Konflikt ein Streit zwischen gegensätzlichen politischen Geisteshaltungen, der mehr als 3500 Menschen, von denen die Hälfte Zivilisten waren, das Leben kostete. Erst mit dem Karfreitagsabkommen vom 10. April 1998 konnte der Konflikt so weit entschärft werden, dass der bewaffnete Kampf eingestellt wurde. Die Regierung in Dublin verzichtete fortan auf ihre Forderung nach einer Wiedervereinigung Irlands. Sie sollte nur dann erfolgen können, wenn sich eine Mehrheit der Nordiren für einen gesamtirischen Staat aussprechen sollte. Die paramilitärischen Truppen beider Seiten stimmten einer Entwaffnung zu, und die Behörden auf beiden Seiten der inneririschen Grenzen arbeiteten fortan eng zusammen. Am 23. Juni 2016 stimmte eine Mehrheit für den Austritt des Vereinigten Königreichs aus der Europäischen Union. Die Mehrheit der nordirischen Wähler stimmte mit nein, weil sie die Vorteile einer europäischen Binnengrenze zwischen den beiden Landesteilen Irlands nicht aufs Spiel setzen wollte.

LITERATURHINWEISE:

Danny Morrison: Aus dem Labyrinth. Schriften auf dem Weg zum Frieden in Nordirland. Münster 1999

Jürgen Elvert: Geschichte Irlands. München 2003

Frank Otto: Der Nordirlandkonflikt. Ursprung, Verlauf, Perspektiven. München 2014

Roland Sturm: Das politische System Großbritanniens. Wiesbaden 2017

QR – CODE:

55

DER RÜCKTRITT MICHAIL GORBAT-SCHOWS – 1991

WIE EIN RÜCKTRITT EINE ÄRA BEENDETE

Das Verhältnis der EU zu Russland ist seit einigen Jahren gestört. Das Misstrauen ist größer als die Zuversicht, eine gemeinsame Sicherheitspolitik betreiben zu können. Nervös betrachten die EU- und NATO-Strategen die Politik Wladimir Putins in der Ukraine, auf der Krim oder im Mittleren Osten. Das Wort von einem neuen Kalten Krieg macht die Runde, der eigentlich schon überwunden schien. Denn in der Amtszeit des sowjetischen Staats- und Parteichefs Michail Gorbatschow hatte eine Entspannungsphase zwischen den Ostblockstaaten und denen des Westens begonnen. Diese Phase endete, als Michail Gorbatschow am Abend des ersten Weihnachtstags 1991 vor die Kameras des sowjetischen Staatsfernsehens trat und mit versteinerter Miene seinen Rücktritt als Staatspräsident bekanntgab.

Seine Amtzeit hatte im März 1985 mit vielen Hoffnungen begonnen. Endlich war ein Mann an die Spitze der östlichen Supermacht gekommen, der bei seinem Amtsantritt nicht schon vom Tod gezeichnet war, wie seine Vorgänger. Endlich kam jemand, der die marode sowjetische Wirtschaft wieder ankurbeln und die Gesellschaft der UdSSR reformieren wollte. „Glasnost und Perestroika" hießen die Schlagworte, die bald in der ganzen Welt bekannt waren. „Offenheit und Umbau" elektrisierten aber auch die Menschen in den Ostblockstaaten. Sie forderten tiefgreifende Reformen und vor allem Freiheiten, die ihnen bis dahin vorenthalten worden waren.

Neben dem inneren Umbau betrieb Michail Gorbatschow eine neue Außenpolitik, indem er dem Westen weitreichende Abrüstungsvorschläge unterbreitete. Das internationale Wettrüsten sollte beendet, die Staatshaushalte entlastet und die Gefahr eines atomaren Overkills eingedämmt werden. Als am 8. Dezember 1987 ein Abrüstungsvertrag zwischen den USA und der UdSSR unterzeichnet wurde, begann eine Phase, in der einerseits Abrüstungsverhandlungen geführt wurden und man andererseits über eine gemeinsame Sicherheitsarchitektur für Europa verhandelte. Weltweit wuchs das Ansehen Michail Gorbatschows, überall bereiteten ihm jubelnde Menschen einen begeisterten Empfang. Binnen weniger Jahre waren aus den Erzfeinden Vertragspartner geworden, die sich nicht mehr gegenseitig umbringen, sondern den Frieden in der Welt wahren wollten.

Aber so sehr sein Ansehen in der Welt auch wuchs, blieben die Probleme in den Staaten des Ostblocks ungelöst. Das über Jahrzehnte gewachsene politische System war widerstandsfähiger als angenommen und verzögerte den Reformprozess. Konservative Hartliner versuchten, Gorbatschow abzusetzen, gleichzeitig traten Oppositionelle in den sozialistischen Bruderstaaten immer offensiver auf und setzten ihre Regierungen unter Druck. Zuerst war die freie Gewerkschaftsbewegung Solidarność in Polen nicht mehr zu unterdrücken, dann forderten Bürgerrechtler in der DDR radikale Reformen und skandierten bei ihren Demonstrationen den Namen Gorbatschows, auf den sich ihre Hoffnungen richteten. Aber auch in der Sowjetunion unterlief Michail Gorbatschow eine folgenschwere Fehleinschätzung. Der Osteuropa-Experte Manfred Hildermeier weist auf die von Gorbatschow unterschätzte Nationalitätenfrage hin. Entgegen der sowjetischen Propaganda der Sechziger- und Siebzigerjahre gab es kein einheitliches Sowjetvolk. Sobald der Deckel der staatlichen Kontrolle gelockert und freie Meinungsäußerung zugelassen wurde, zeigte sich in den Republiken der UdSSR die Sprengkraft des Nationalismus. Bei den ersten freien Wahlen seit 1917 erwies sich im

März 1989, dass sowohl im Baltikum als auch in den kaukasischen Republiken starke nationale Kräfte am Werk waren, die ein Ziel gemeinsam hatten – nämlich die Union der Sozialistischen Sowjetrepubliken zu verlassen.

Als Gorbatschow auch die Oppositionellen in der DDR, in Polen, der ČSSR oder Rumänien gewähren ließ, war das Ende des Ostblocks nicht mehr zu verhindern. Zudem hatten Menschen in der Sowjetunion das Gefühl, ihr Land habe zwar den Zweiten Weltkrieg gewonnen, den danach folgenden Kalten Krieg aber verloren. Sie projizierten ihren Zorn auf Gorbatschow, den sie für die zunehmende politische Bedeutungslosigkeit ihres Landes verantwortlich machten. Im Sommer 1991 organisierten Militärs einen Putsch gegen ihn, der aber durch das mutige Eingreifen von Boris Jelzin nach wenigen Tagen beendet wurde. Nach den Unabhängigkeitserklärungen einiger Teilrepubliken und der am 8. Dezember 1991 gegründeten Gemeinschaft Unabhängiger Staaten war die UdSSR nur noch eine leere Hülle und Gorbatschows Rücktritt am 26. Dezember 1991 eine unausweichliche Konsequenz. Danach geriet die Russische Föderation, wie sich die ehemalige Russische Sozialistische Föderative Sowjetrepublik nun nannte, immer mehr in eine politische und ökonomische Schieflage. Korruption, mangelnde Effektivität und eine Clique von Oligarchen, die sich Macht und jede Menge Geld sicherten, waren Ursache und Begleiterscheinungen zugleich. Der russische Präsident Boris Jelzin übergab im Mai 1999 sein Amt an Wladimir Putin, der nunmehr seit über zwanzig Jahren als russischer Präsident oder russischer Ministerpräsident die Geschicke des größten Landes der Erde bestimmt.

LITERATURHINWEISE:

Michail Gorbatschow: Erinnerungen. Berlin 1995

Tanja Wagensohn: Russland nach dem Ende der Sowjetunion. Regensburg 2001

Michail Gorbatschow: Was jetzt auf dem Spiel steht. Mein Aufruf für Frieden und Freiheit. München 2019

William Taubman: Gorbatschow. Der Mann und seine Zeit. Eine Biographie. München 2018

Horst Teltschik: Russisches Roulette. Vom Kalten Krieg zum Kalten Frieden. München 2019

QR - CODE:

DIE WANNSEEKONFERENZ – 1942

WIE EINE KONFERENZ DEN HOLOCAUST BEFAHL

Das Grundgesetz der Bundesrepublik Deutschland beginnt mit Paragrafen, die festlegen, welche Grundrechte die Menschen in Deutschland haben. „Die Würde des Menschen ist unantastbar", steht da zum Beispiel in Artikel 1. Und weiter: „Sie zu achten und zu schützen ist Verpflichtung aller staatlichen Gewalt." Oder Artikel 3: „Alle Menschen sind vor dem Gesetz gleich. (...) Niemand darf wegen seines Geschlechtes, seiner Abstammung, seiner Rasse, seiner Sprache, seiner Heimat und Herkunft, seines Glaubens, seiner religiösen oder politischen Anschauungen benachteiligt oder bevorzugt werden. Niemand darf wegen seiner Behinderung benachteiligt werden." Diese Grundrechte gelten für jeden Menschen, der sich im Geltungsbereich des Grundgesetzes aufhält. Sie stehen bewusst ganz vorne, weil vor wenigen Jahrzehnten diese Menschenrechte im nationalsozialistischen Deutschland keinerlei Bedeutung hatten.

Millionen Menschen wurden während der Herrschaft der Nationalsozialisten in Deutschland in Ghettos und Konzentrationslagern ermordet: Kommunisten, Sozialisten, Homosexuelle, Sinti und Roma, Menschen mit geistiger Behinderung und Juden. Die genaue Zahl ist bis heute unklar. Holocaustforscher gehen aber mittlerweile davon aus, dass allein schon 5,6 bis 6,3 Millionen Juden ermordet wurden. Der Antisemitismus war im nationalsozialistischen Deutschland von Beginn an allgegenwärtig. Es gab Ausschreitungen gegen Juden, Boykotte gegen jüdische Geschäfte, gesetzliche Einschränkungen der Bewegungsfreiheit. Es gab Berufsverbote und die Nürnberger Rassengesetze, mit denen die Eheschließung, aber auch der Geschlechtsverkehr zwischen Juden und Nichtjuden unter

Strafe gestellt wurden. Insgesamt gab es über 2000 Gesetze, die sich gegen die Juden in Deutschland richteten.

Der systematische und industrialisierte Genozid an den Juden begann im Rücken der seit Sommer 1939 nach Osteuropa vorrückenden deutschen Wehrmacht. Zunächst wurden Juden vor allem in Massenerschießungen getötet. Das war aber nach Ansicht der Nationalsozialisten kein angemessenes Mittel, weil es nicht schnell genug ging und einen zunehmend negativen Einfluss auf die ausführenden Soldaten hatte. Deshalb wurde ein effizienterer und vor allem schnellerer Weg gesucht, um möglichst viele Menschen gleichzeitig umzubringen. Der Holocaust-Experte Peter Longerich weist auf den Umstand hin, dass der Massenmord, der auf der Wannseekonferenz organisatorisch vorbereitet wurde, bereits Monate vorher begonnen hatte. Mindestens eine halbe Million europäischer Juden, so schätzt Longerich, waren Anfang 1942 schon umgebracht worden.

Dennoch trafen sich am 20. Januar 1942 – ziemlich genau neun Jahre nach der Machtübertragung an Adolf Hitler und die NSDAP – in einer Villa am Großen Wannsee in Berlin fünfzehn hochrangige Vertreter der nationalsozialistischen Reichsregierung und der SS-Behörden. Sie nahmen sich neunzig Minuten Zeit, um den systematischen Massenmord zu planen. Den Vorsitz hatte SS-Obergruppenführer Reinhard Heydrich inne, der schon am 31. Juli 1941 von Reichsmarschall Hermann Göring mit der „Endlösung der Judenfrage" beauftragt worden war. Auch mit dabei war Adolf Eichmann, Leiter des Judenreferats im Reichssicherheitshauptamt, der das vorher angefertigte Ergebnisprotokoll zu dem Dokument ausformulierte, das heute noch erhalten ist.

Thema der Konferenz war die Koordinierung der Zusammenarbeit aller Dienststellen, die an der „Endlösung" beteiligt sein sollten. Es wurden Zuständigkeiten für die Deportations- und

Vernichtungsaktionen geklärt, die Maßnahmen zu ihrer Umsetzung koordiniert und ihr räumlicher und zeitlicher Ablauf festgelegt. Und es wurden die Gruppen derjenigen Juden definiert, die zur Deportation und damit zur Vernichtung bestimmt waren. Dieser Tagesordnungspunkt war unter den Teilnehmern umstritten, vor allem die Frage, wie man mit „Mischehen" umgehen sollte. Sie wurde auf eine der Folgekonferenzen vertagt.

Einwände gegen die Vorschläge, wie man die europäischen Juden aus dem Leben befördern sollte, hatte laut dem Protokoll keiner der Teilnehmer – ganz im Gegenteil: Sie überboten sich gegenseitig mit Vorschlägen und versuchten, die Zuständigkeiten im Interesse ihrer Behörden zu erweitern.

Alle Absprachen und Vereinbarungen wurden detailliert festgehalten. Dadurch sind die wesentlichen Ziele und Ergebnisse der Konferenz überliefert: Die Teilnehmer wussten, dass mit dem euphemistischen Begriff „Endlösung" der Mord an elf Millionen europäischer Juden gemeint war. Allen Anwesenden und allen, die das Protokoll später gelesen hatten, war klar, dass fortan unter der Federführung des Reichsführers der SS Heinrich Himmler und des Chefs des Reichssicherheitshauptamtes Reinhard Heydrich alle Juden, derer man im Verlaufe des Zweiten Weltkriegs habhaft werden würde, ohne Ausnahme ermordet werden sollten. Um dieses perverse Ziel zu erreichen, arbeiteten alle Behörden, Ministerien und Parteidienststellen Hand in Hand. Die Anzahl der Vernichtungslager wurde erhöht, unter anderem wurden im Konzentrationslager Auschwitz-Birkenau die Gaskammern errichtet. Bald darauf trafen die ersten Transporte mit Juden dort ein.

Von der Abschrift des Protokolls der Wannseekonferenz gab es ursprünglich dreißig Exemplare, die mit dem Stempel „Geheime Reichssache" versehen waren. Nur eines davon wurde nach dem Krieg unbeschadet aufgefunden, es gilt heute als Schlüsseldokument für die Organisation des Völkermordes der Nationalsozialisten und wurde unter anderem als Beweismaterial während der Nürnberger Prozesse verwendet.

• •

LITERATURHINWEISE:

Norbert Kampe, Peter Klein (Hrsg.): Die Wannsee-Konferenz am 20. Januar 1942. Dokumente Forschungsstand Kontroversen. Wien/Köln 2013

Peter Longerich: Wannseekonferenz. Der Weg zur „Endlösung". München 2016

Hans-Christian Jasch, Christoph Kreutzmüller (Hrsg.): Die Teilnehmer. Die Männer der Wannsee-Konferenz. Berlin 2017

Götz Aly: „Endlösung". Völkerverschiebung und der Mord an den europäischen Juden. Frankfurt a. M. 2017

Bettina Stangneth: Lügen lesen. Reinbek 2017

63

ACT OF UNION – 1707

*WIE ENGLAND UND SCHOTTLAND ZU GROSSBRITAN-
NIEN WURDEN*

Heute haben die Schotten die Nase voll. Im Brexit-Referendum
hat ein Großteil der Schotten für einen Verbleib Großbritanniens in der Europäischen Union gestimmt, während die Nachbarn in England lieber raus wollten. Und jetzt sind sie natürlich
wieder da, die Trennungsgedanken. Denn auch die Union von
Engländern und Schotten steht auf eher wackligen Beinen.
16. Februar 1707 – 110 Stimmen dafür, 69 Stimmen dagegen.
Nicht unbedingt eine eindeutige Liebeserklärung, aber die
Papiere lagen schon bereit, England und Schottland wurden
eins. Der Act of Union wurde vom schottischen Parlament
in Edinburgh angenommen, das sich damit übrigens gleich
selbst auflöste, denn ab Mai 1707 sollen England und Schottland dann von einem gemeinsamen Parlament regiert werden – und das steht natürlich in London.
Es war ein langer Weg bis zu dieser Abstimmung, denn es hat
sicher schon bessere Nachbarschaftsbeziehungen gegeben
als die zwischen Engländern und Schotten. Wie so oft geht
der Ärger schon bei den alten Römern los. Kein Geringerer als
Caesar führte erste Feldzüge auf die britische Insel durch, im
ersten Jahrhundert sollte sich Rom die Provinz Britannien dann
aneignen. Ganz Britannien? Nein! Denn die Ureinwohner im
Norden der Insel erwiesen sich als ziemlich standhaft, und als
es dem römischen Kaiser Hadrian zu bunt wurde, ließ er 122
damit beginnen, eine nach ihm benannte Grenzbefestigung –
den Hadrianswall – zu bauen, um diese aufmüpfigen Schotten
im Norden unter Kontrolle zu halten. Das besiegelte früh die
kulturellen und ethnischen Unterschiede zwischen Engländern
und Schotten. Der englische Süden entwickelte sich unter rö-

mischen Einfluss weiter. Im Norden siedelten Pikten, Germanen und Kelten und gründeten einige kleinere Königreiche. Als die Wikinger von außen Druck machen und die Küsten im Norden der Insel angreifen, schließen sich letztendlich einige dieser Königreiche zusammen. Eines war das Reich der keltischen Skoten – daher der Name Schottland.

Die Schotten waren schon damals ziemlich interessiert am Rest der Welt und trieben Handel mit Flandern und Frankreich. Und auch mit England war man in Kontakt. Allerdings folgten über die Jahrhunderte viele schwere Kriege mit den Nachbarn wegen der gemeinsamen Grenze, wegen religiöser Fragen und wegen Erbfolgestreitigkeiten. Mal waren die Schotten obenauf, unabhängig und als Königreich gefestigt, mal standen sie unter der Herrschaft der Engländer.

Ende des 17. Jahrhundert ist es den Schotten ein Dorn im Auge, dass die Seefahrernation England immer mächtiger wird und das britische Empire mit seinen Kolonien immer reicher. Da will man mitspielen. Es wird die Company of Scotland gegründet, um eine Kolonie im heutigen Panama zu errichten: New Edinburgh. Das Geld dafür hatte man beim schottischen Adel und der schottischen Krone eingesammelt. Aber das Stück Land in Mittelamerika war malariaverseucht, und die Siedler wurden von der spanischen Konkurrenz bedroht. Um einen Krieg mit Spanien zu vermeiden, wurden Kolonie und Siedler aufgegeben, 2000 von ihnen kamen ums Leben, und das Geld für die Unternehmung war futsch. Anschließend war Schottland finanziell ruiniert, und es gab keine andere Lösung mehr, als mit den Engländern gemeinsame Sache zu machen. Ein Deal mit den reichen englischen Nachbarn musste her. Und dieser Deal sah vor, dass die Schotten ihre Schulden auf die englische Krone abwälzen konnten und obendrein noch Zugang zum englischen Markt bekamen. Die Engländer fanden den Deal auch interessant. So konnten sie nämlich die Schotten, die immer wieder damit kokettiert hatten, mit dem englischen Erzfeind Frankreich gemeinsame Sache zu machen, an sich binden. Die schottische Bevölkerung randalierte auf den Straßen gegen den Vertrag. Hätte es damals schon so etwas wie Referenden gegeben, hätten sich die Schotten gegen den Act of Union entschieden, meint der Historiker Michael Maurer. Aber das schottische Parlament verhängte das Kriegsrecht und ließ den Widerstand niederknüppeln.

In den Jahrzehnten nach der Unterzeichnung des Act of Union kam es weiter zu Kämpfen zwischen Schotten und Engländern. Aber es entwickelte sich trotzdem das Gefühl eines gemeinsamen Königreichs: Großbritannien. Besonders im 19. und 20. Jahrhundert nahm dieses britische Gefühl Fahrt auf. Engländer und Schotten arbeiteten gemeinsam für das Empire und in der britischen Marine kamen einige der größten Generäle aus Schottland. Und spätestens die beiden Weltkriege des 20. Jahrhunderts haben Engländer und Schotten als Briten zusammengeschweißt. Eine nationale Bewegung kam in Schottland erst wieder auf, als vor sechzig Jahren Öl an der Küste gefunden wurde.

Seitdem steht Schottland wirtschaftlich wieder auf eigenen Beinen, braucht England vielleicht nicht mehr – denkt zumindest der ein oder andere Nationalist. Inzwischen ist die Scottish National Party (SNP) die größte und erfolgreichste Partei des Landes. Im Jahr 2014 gab es zwar bei einem Referendum über die eigene Unabhängigkeit eine knappe Mehrheit von 55 Prozent für den Verbleib im Vereinigten Königreich. Aber der Brexit hat der Unabhängigkeitsbewegung neuen Aufwind verliehen. Seit 2018 gehen regelmäßig Hunderttausende in Glasgow und Edinburgh auf die Straßen, um für die Unabhängigkeit Schottlands zu demonstrieren. Nachdem Schotten und Engländer im 18. Jahrhundert einen Act of Union ohne Begeisterung vollzogen und dann im Laufe der Zeit gemeinsam zu Briten wurden, folgt im 21. Jahrhundert vielleicht das End of Union – und wir haben es wieder häufiger mit Schotten und Engländern, statt mit Briten zu tun.

• •

LITERATURHINWEISE:

Heiner Haan, Gottfried Niedhart: Geschichte Englands vom 16. bis zum 18. Jahrhundert. München 2002

Michael Maurer: Kleine Geschichte Englands. Stuttgart 2002

Helmut Weber: Unterdrückte Nation oder Profiteur der Union? Schottlands Rolle im Vereinigten Königreich. Ein Vortrag. Berlin 2003

Michael Maurer: Geschichte Schottlands. Stuttgart 2011

QR – CODE:

DIE STRASSBURGER EIDE – 842

WIE FRANKREICH UND DEUTSCHLAND ENTSTANDEN

Heute sind Frankreich und Deutschland nicht nur befreundete EU-Mitglieder, sondern auch die ökonomischen und politischen Schwergewichte in Europa. Ihre Freundschaft war viele Jahrhunderte überlagert von Feindseligkeiten und tiefem Misstrauen. Die Geschichte der beiden Staaten begann 842 an einem kalten Februarmorgen, als die Bürger Straßburgs zwei Heere auf ihre Stadt zukommen sahen. Viele waren verängstigt, auch weil ein Komet am nächtlichen Himmel zu beobachten war und niemand erklären konnte, was es damit auf sich hatte. Das Frankenreich war zudem von einem erbitterten Familienstreit gezeichnet, den die Enkel des Reichsgründers Karl ausfochten. Es ging um das Erbe Karls, dessen Sohn Ludwig der Fromme war zwar bis zu seinem Tod im Juni 840 auf dem Thron gesessen, hatte sich aber gegen die Machtgelüste seiner Söhne kaum zur Wehr setzen können.

Karl der Große war am Weihnachtstag 800 von Papst Leo III. zum römisch-deutschen Kaiser gekrönt worden. Das Frankenreich trat damit die Nachfolge des untergegangenen Weströmischen Reichs an. Mit dem Heiligen Römischen Reich endete das vom antiken Rom hinterlassene Machtvakuum, und es begann eine neue historische Epoche für Europa. Karl war Herrscher über einen Flächenstaat, der sich von Saragossa und Pamplona im Norden des heutigen Spaniens bis südlich von Rom erstreckte. Kärnten und Teile des heutigen Ungarn gehörten ebenso dazu wie Gebiete der Slowaken, Böhmen und Mähren. Von dort verlief die Reichsgrenze im Nordosten bis Magdeburg und führte schließlich nach Haithabu einem kleinen Handelsplatz im hohen Norden. In diesem Reich, das fortan das europäische Kerngebiet sein sollte, lebten Franzosen, Italiener, Holländer, Belgier, Luxemburger, Böhmen, Österreicher und Deutsche.

Bevor Karl im Januar 814 starb, hatte er seinen Sohn Ludwig den Frommen zum Nachfolger bestimmt. Ludwig sorgte schon drei Jahre später mit einer Reichsteilung dafür, dass sein Sohn Lothar neben ihm zum Mitkaiser des Gesamtreiches und seine übrigen Söhne Ludwig der Deutsche und Pippin Könige über Teilreiche wurden. So weit, so gut, aber der Ärger begann, als Kaiser Ludwig der Fromme einen weiteren Sohn mit einem Erbteil bedachte. Karl der Kahle war 823 aus Ludwigs zweiter Ehe mit der Welfin Judith zur Welt gekommen. Nach dem Willen seines Vaters bekam Karl der Kahle einen kleinen Teil des heutigen nördlichen Frankreich, Ludwig der Deutsche regierte dort, wo wir heute ungefähr Deutschland finden, und der dritte Sohn Pippin herrschte in Aquitanien, im französischen Südwesten. Diese innerfamiliäre Gemengelage mündete immer wieder in Streitigkeiten, die zur Absetzung des Kaisers und Allianzen der Brüder gegen ihren Vater oder einen anderen Bruder führten. 842 sollte der Streit wenigstens zwischen Ludwig dem Deutschen und Karl dem Kahlen beendet werden.

Ihre Heere begaben sich nach Straßburg, um dabei zu sein, wenn ihre Könige einen Eid leisteten, mit dem sie sich gegenseitig Treue und Beistand gegen ihren nun allein regierenden Bruder, Kaiser Lothar I., schworen. Als die Heere mitten in Straßburg angetreten waren, lasen die beiden Brüder die Eidesformel in der Sprache des jeweils anderen: Der eine in der „Lingua Romana", woraus die französische Sprache entstand, und der andere in „Lingua Teudisca", der späteren deutschen Sprache.

„Für die Liebe Gottes und des christlichen Volkes und unser aller Erlösung...", so begannen beide ihre Eidesformel. Bei Ludwig dem Deutschen klang das so: „Pro Deo amur et pro christian poblo et nostro commun salvament ..." Und bei Karl dem Kahlen: „In godes minna ind in thes christanes folches ind unser bedhero gehaltnissi ..." Die Menschen im Osten und Westen des Reichs hatten sich also auseinanderentwickelt, denn sie sprachen unterschiedliche Sprachen, und die Soldaten konnten einander nicht mehr verstehen. Deshalb leisteten die beiden Könige den Eid in der Sprache des anderen, damit die jeweiligen Heere die Ernsthaftigkeit des brüderlichen Eides „aus erster Hand" mitbekamen. Zudem notierte ein Geschichtsschreiber, dies sei „der Eid der Völker" gewesen. Man könnte also diesen 14. Februar 842 als die Geburtsstunde Deutschlands und Frankreichs ausmachen. Es war ein brüderlicher Beistandspakt, der diese beiden europäischen Nationen hervorbrachte. Heute sind Frankreich und Deutschland wieder an den Anfang ihrer Geschichte zurückgekehrt, indem sie mit der so oft beschworenen deutsch-französischen Partnerschaft zum Motor für die europäische Entwicklung geworden sind.

Aber der Weg zu dieser Partnerschaft war lang und über Jahrhunderte von gegenseitiger Feindschaft geprägt. Lange Zeit kämpfte die französische Königsdynastie mit den Habsburgern um die Vorherrschaft in Europa. Deutsche und Franzosen stritten sich um Elsass-Lothringen und das Saarland und beanspruchten Territorien des jeweils anderen. Die gegenseitige bis zum Hass gesteigerte Ablehnung endete erst nach der Katastrophe des Zweiten Weltkriegs. Es ist Nachkriegspolitikern wie dem deutschen Bundeskanzler Konrad Adenauer oder dem französischen Außenminister Robert Schuman zu verdanken, dass aus den ehemaligen Feinden Freunde wurden. Frankreich, Deutschland, Italien und die Benelux-Länder gründeten 1951 die Montanunion, 1957 die Europäische Wirtschaftsgemeinschaft und waren 1992 maßgeblich an der Gründung der Europäischen Union beteiligt.

LITERATURHINWEISE:

Franz-Reiner Erkens (Hrsg.): Karl der Große und das Erbe der Kulturen. Berlin 2001

Wilfried Hartmann: Ludwig der Deutsche. Darmstadt 2002

Jörg W. Busch: Die Herrschaften der Karolinger 714–911. München 2011

Rudolf Schieffer: Die Karolinger. Stuttgart 2014

Maria Schäpers: Lothar I. (795–855) und das Frankenreich (= Rheinisches Archiv. Bd. 159). Köln 2018

QR – CODE:

DIE RÖMISCHEN VERTRÄGE – 1957

WIE EIN VERTRAGSWERK EUROPA VEREINTE

Heute bestimmt die Europäische Union große Teile der Politik ihrer Mitgliedsstaaten. Die EU-Kommission sorgt für die Einhaltung juristischer und sozialer Standards, schließt Verträge mit Drittstaaten ab, schützt die Rechte Einzelner und versucht, die Lebensverhältnisse aller Europäer anzugleichen. Was heute selbstverständlich ist, war am Ende des Zweiten Weltkriegs nicht vorstellbar. Aber innerhalb von zwölf Jahren wurden aus erbitterten Feinden gleichberechtigte Mitglieder eines europäischen Staatenverbunds, der den Frieden für die kommenden Jahrzehnte sicherte.

Am 8. Mai 1945 schwiegen die Waffen, das Deutsche Reich kapitulierte, wurde von den alliierten Siegern in vier Zonen aufgeteilt und besetzt. Die Alliierten diktierten in den von ihnen kontrollierten Zonen eine Nachkriegsordnung, die den Deutschen zunächst wenig Rechte einräumte. Mitte 1948 wurde in den drei westlichen Zonen, die von Frankreich, Großbritannien und den USA verwaltet wurden, eine neue Währung eingeführt. Ein Jahr später erfolgten die Gründungen der Bundesrepublik Deutschland in den Westzonen und der Deutschen Demokratischen Republik in der sowjetischen Ostzone. Während die östliche Zone in das sozialistische Wirtschafts- und Gesellschaftskonzept integriert wurde, hatten die westlichen Alliierten für die Bundesrepublik eine andere Strategie.

Die westdeutsche Bundesrepublik lag an der Schnittstelle zwischen dem kapitalistischen und dem sozialistischen Wirtschaftssystem. Es kam also auf die Westdeutschen und deren wirtschaftliche und politische Entwicklung an: Sollte es ihnen schlecht gehen, würden sie vielleicht den Verlockungen eines „gerechten und friedlichen Sozialismus" erliegen. Ging es ihnen gut, würden sie sich dem Westen und damit auch der kapitalistischen Wirtschaftsordnung verbunden fühlen. Bald wurde klar, dass die ökonomische Gesundung der Bundesrepublik nicht nur durch die wirtschaftliche Unterstützung der Alliierten gelingen würde. Das Europäische Wiederaufbau-Programm der USA (Marshallplan) hatte zwar seit 1948 in ganz Europa einen kräftigen Schub ausgelöst. In der Bundesrepublik aber lag die einst florierende Metall- und Stahlindustrie brach, weil Frankreich und andere europäische Staaten das Ruhrgebiet als „Stahlschmiede des deutschen Militarismus" lahmgelegt hatten. Um die wirtschaftliche Erholung in Westdeutschland und Europa zu befördern, sollte sich das ändern.

Der französische Außenminister Robert Schuman entwickelte Anfang der 1950er Jahre den Plan einer Montanunion (Europäische Gemeinschaft für Kohle und Stahl), in der Belgien, die Bundesrepublik Deutschland, Frankreich, Italien, Luxemburg und die Niederlande eine gemeinsame Kontrolle der Montanindustrie der Mitgliedstaaten ausübten und auf Zölle verzichteten. Schumans hauptsächliches Ziel war nicht nur die Ankurbelung der Nachkriegswirtschaft in den teilnehmenden Ländern, sondern auch die Sicherung des europäischen Friedens durch die „Vergemeinschaftung" jener Güter, die den Zweiten Weltkrieg über sechs Jahre ermöglicht hatten: Kohle und Stahl. Dadurch, dass mit der 1951 gegründeten Montanunion diese kriegswichtigen Güter einer gegenseitigen Kontrolle unterlagen, war einerseits die Kriegsgefahr reduziert und andererseits ein Motor für den wirtschaftlichen Wiederaufbau Europas nach dem Zweiten Weltkrieg gefunden.

Das Ruhrgebiet wurde wieder zu einer deutschen Industriezone, die unter der Kontrolle der Montanunion produzieren konnte. Damit bekam die Bundesrepublik ein Stück Souveränität zurück und gab sie im gleichen Moment an die Hohe Behörde, die die exekutive Gewalt ausübte und 1967 in der Europäischen Kommission aufging, wieder ab. Die Bundesrepublik konnte am weltweiten Stahlboom teilhaben, der unter anderem durch den 1950 im Fernen Osten beginnenden Koreakrieg ausgelöst wurde. Für Westdeutschland war die Montanunion das Schwungrad des schnellen Aufschwungs, der überall als Wirtschaftswunder bekannt wurde. Gleichzeitig bekam Frankreich Zugang zu den reichsten Kohlevorkommen Europas und konnte den eigenen Wiederaufbau beschleunigen. In den kommenden Jahren zeigten sich die positiven Auswirkungen der Montanunion, in den Mitgliedstaaten entwickelten sich Wohlstand und wirtschaftlicher Aufschwung. Die Westintegration der Bundesrepublik fand mit dem Beitritt zur NATO im Mai 1955 und der damit einhergehenden Wiederbewaffnung Westdeutschlands seine Fortsetzung.

Die Verhandlungen zur Gründung einer Europäischen Wirtschaftsgemeinschaft waren trotz der Erfolgsgeschichte der Montanunion von 1951 nicht einfach, führten aber Anfang 1957 zum Erfolg. Mit den im römischen Konservatorenpalast unterzeichneten Römischen Verträgen gründeten Belgien, die Bundesrepublik Deutschland, Frankreich, Italien, Luxemburg und die Niederlande die Europäische Wirtschaftsgemeinschaft (EWG) und die Europäische Atomgemeinschaft (EURATOM) und legten fest, dass es ein europäisches Parlament, einen gemeinsamen Gerichtshof und einen Wirtschafts- und Sozialausschuss geben soll. Fortan sollte die Kernenergie gemeinschaftlich für friedliche Zwecke genutzt werden. Ein gemeinsamer Binnenmarkt hob die Zölle nicht nur für die Stahl- und Kohlebranche auf, Handels-, Landwirtschafts- und Verkehrspolitik wurde gemeinsam betrieben, es galt fortan der freie Personen-, Dienstleistungs-, Kapital- und Warenverkehr und zwischen den Staaten sollten in Zukunft „enge Beziehungen" den Frieden und die Freiheit in Europa stabilisieren.

Die mit den Römischen Verträgen gegründete Europäische Wirtschaftsgemeinschaft war nicht nur ein Garant für den Frieden auf dem Kontinent, sondern auch der Rahmen eines Wohlstandsprozesses, der sich in den Mitgliedsstaaten schnell bemerkbar machte. Die Anziehungskraft der Europäischen Gemeinschaft war groß: 1973 traten Dänemark, Irland und Großbritannien bei, 1981 folgte Griechenland und 1986 wurden Portugal und Spanien EG-Mitglieder. Die Erweiterung zur Europäischen Union erfolgte nach der Überwindung der europäischen Spaltung 1992 mit dem Vertrag von Maastricht.

• •

LITERATURHINWEISE:

Nikolaus Bayer: Wurzeln der Europäischen Union. Visionäre Realpolitik bei Gründung der Montanunion. Sankt Ingbert 2002

Manfred Rasch, Kurt Düwell (Hrsg.): Anfänge und Auswirkungen der Montanunion auf Europa. Die Stahlindustrie in Politik und Wirtschaft. Essen 2007

Wilfried Loth: Europas Einigung. Eine unvollendete Geschichte. Frankfurt a. M. 2014

Michel Gehler: Europa. Ideen – Institutionen – Vereinigung – Zusammenhalt. München 2017

DAS EDIKT VON ALHAMBRA – 1492

WIE MUSLIME UND JUDEN AUS SPANIEN VERTRIEBEN WURDEN

Bis heute gibt es drei große ethno-religiöse Gruppen im Judentum. Die jüdische Bevölkerungsgruppe, die vor allem aus arabischsprachigen Ländern sowie Asien und Afrika stammt, wird Misrachim genannt. Die größte Gruppe im heutigen Judentum bilden die Aschkenasim, so nennen sich mittel-, nord- und osteuropäische Juden und ihre Nachfahren. Und dann gibt es noch die Sephardim – das sind jene Juden und ihre Nachfahren, die bis zu ihrer Vertreibung 1492 in Spanien gelebt haben. Sie mussten ihre Heimat verlassen, weil die katholischen Könige Ferdinand II. von Aragón und Isabella I. von Kastilien das Edikt von Alhambra erlassen hatten. Aber die Schlüssel zu ihren damaligen Häusern werden teilweise bis heute in den Familien weitergegeben.

Auf der iberischen Halbinsel lebten schon seit der Antike Juden. Sie wurden geduldet, bis sich ihre Situation zwischen 400 und 700 dramatisch verschlechterte. Insgesamt achtzehn Kirchenversammlungen beschlossen in diesen Jahrhunderten restriktive Maßnahmen gegen die jüdische Bevölkerung Spaniens. Jüdisches Leben fand nur noch im Privaten statt, Juden durften keine christlichen Frauen mehr heiraten und wurden später sogar gezwungen, sich taufen zu lassen. Eine Verbesserung begann erst mit der Eroberung Spaniens durch muslimische Heere. Unter der Führung des Feldherrn Tariq ibn Ziyad setzten 711 muslimische Truppen an der Meerenge von Gibraltar von Marokko nach Spanien über, besiegten die dort lebenden Westgoten und eroberten das Land bis an den Rand der Pyrenäen. In Al-Andalus, wie Spanien bis 1492 hieß, begegneten die muslimischen Herrscher den andersgläubigen

Minderheiten zunächst mit Toleranz und ordneten ihnen den rechtlichen Status von Schutzbefohlenen zu. Sie mussten also genau wie die Christen eine Kopfsteuer zahlen, konnten ihren Glauben aber frei leben – anders als im restlichen Europa dieser Zeit. Deshalb zogen immer mehr Juden nach Spanien.

Die Wiedereroberung Spaniens durch katholische Könige während der Reconquista begann 722 mit der Schlacht von Covadonga in Asturien im Nordwesten des Landes. In den nächsten 770 Jahren kämpften christliche und muslimische Heere um die Vorherrschaft, wobei die Muslime immer weiter in den Süden gedrängt wurden. Zuletzt hielten sie nur noch ein kleines Gebiet rund um Granada, das schließlich ebenfalls von ihren christlichen Widersachern erobert wurde. Allein dieser letzte Krieg dauerte zehn Jahre und war extrem kostspielig. Finanziert wurde er unter anderem durch zwei jüdische Finanziers und Berater der spanischen Königsfamilie, Isaak Abravanel und Abraham Senior.

Am 2. Januar 1492 kapitulierte der letzte arabische Herrscher Mohammed XII. Boabdil vor den Heeren der katholischen Könige Ferdinand II. von Aragón und Isabella I. von Kastilien und übergab ihnen den Schlüssel zur Stadt Granada. Dem spanischen Königspaar ging es aber nicht nur um die Verdrängung der Muslime, sondern vor allem um den Aufbau einer christlichen Herrschaft: Etwa drei Monate nach der Eroberung Granadas erließen sie das Alhambra-Edikt. Damit wurde angeordnet, dass Juden zum 31. Juli 1492 aus allen Territorien der spanischen Krone vertrieben wurden, wenn sie bis dahin nicht zum Christentum übergetreten waren. Der Wortlaut des Edikts erinnert an die im September 1935 verkündeten Nürnberger Rassengesetze, die im nationalsozialistischen Deutschland Grundlage für Diskriminierung, Ausgrenzung und Vertreibung von Juden waren. Wenige Jahre später wurde auch den im Land verbliebenen Muslimen ein Ultimatum gestellt. Ab 1501 mussten sie entweder zum Christentum konvertieren oder das Land verlassen.

Wie viele jüdische Männer, Frauen und Kinder angesichts des Alhambra-Edikts ihr Hab und Gut verkauft und das Land verlassen haben, ist nicht genau bekannt. Nach neuesten Erkenntnissen waren es vermutlich 150 000 bei einer jüdischen Gesamtbevölkerung von etwa 850 000. Bekannt ist, dass auch die beiden Geldgeber der Könige, Abravanel und Senior, von dem Edikt betroffen waren. Trotz Intervention bei der Königsfamilie wurden auch sie vor die Wahl gestellt. Abravanel weigerte sich zu konvertieren und verließ Spanien. Er fand eine neue Heimat in Italien und wurde Berater des Königs von Neapel und der Dogen von Venedig. Senior aber fügte sich und ließ sich am 31. März 1492 zusammen mit seinem Sohn taufen, der König und die Königin waren Taufpaten.

Wie viele Juden insgesamt konvertierten, ist unklar. Aber sie wurden als „Conversos" kritisch beobachtet. Oft standen sie unter dem Verdacht, als Kryptojuden ihre alte Religion weiterhin auszuüben. Diese Spannungen führten dazu, dass zum Ende des Mittelalters auch die Conversos durch die Spanische Inquisition verfolgt wurden. Wer in Spanien vom 15. bis ins 19. Jahrhundert ein angesehenes Amt bekleiden, eine Universität besuchen oder einem Orden beitreten wollte, musste nachweisen, dass es weder Juden noch Muslime unter seinen Vorfahren gab.

1968 wurde das Alhambra-Edikt unter dem Franco-Regime für unwirksam erklärt, aber erst am 500. Jahrestag der Verkündung durch König Juan Carlos I. am 1. April 1992 juristisch außer Kraft gesetzt. Seitdem können die Nachfahren der sephardischen Juden, die am Ende des 15. Jahrhunderts aus Spanien vertrieben wurden, spanische und damit europäische Staatsbürger werden. Sie müssen nur nachweisen können, Mitglied einer jüdisch-sephardischen Gemeinde zu sein. In einigen Fällen belegen die jüdischen Nachfahren das mit den Hausschlüsseln ihrer einst von christlichen Eiferern vertriebenen Vorfahren.

• •

LITERATURHINWEISE:

Tariq Ali: Im Schatten des Granatapfelbaums. Ein Roman aus dem maurischen Spanien. München 1994

Georg Bossong: Die Sepharden. Geschichte und Kultur der spanischen Juden. München 2016

Brian A. Catlos: al-Andalus. Geschichte des islamischen Spanien. München 2019

Nikolaus Jaspert: Die Reconquista. München 2019

QR – CODE:

DIE GRÜNDUNG DER UNABHÄNGIGEN SOZIALDEMOKRATEN – 1917

WIE SICH DIE SPD ZUM ERSTEN MAL SPALTETE

Heute sitzen drei linke Parteien im Bundestag – wobei die Vorstellungen von „links" sehr weit auseinandergehen. In diesem Fall gemeint sind SPD, Linke und Grüne. Genossen, Sozis und Ökos. Die politische Linke in Deutschland ist gespalten, und das hat Geschichte.

Frühling 1917 und 143 Genossen auf einem Haufen: 143 Sozialdemokraten sind im thüringischen Gotha zusammengekommen, um über den Kurs der Sozialdemokratischen Partei Deutschlands zu beratschlagen. Diese im Jahr 1917 so große und mächtige SPD: Nachdem die Sozialdemokratie in Deutschland am Ende des 19. Jahrhundert noch verfolgt und zensiert worden war, ist sie mit ihrem sozialen Programm für Arbeiterinnen und Arbeiter die inzwischen stärkste politische Kraft im Land. Aber es brodelt unter den Genossen, und der Grund ist der Erste Weltkrieg.

Nachdem Deutschland im August 1914 diesen Krieg vom Zaun gebrochen hatte, sollte das deutsche Parlament, der Reichstag, jede Menge Kriegskredite bewilligen. Die stärkste Fraktion im Reichstag stellte die SPD. Angesteckt von der deutschen Kriegseuphorie votierten die SPD-Parlamentarier im Sommer 1914 bei der ersten Abstimmung geschlossen mit ja. Auch wenn es intern Zweifel gab, traute sich niemand dem ungeschriebenen Gesetz der Fraktionsdisziplin zu widersprechen. Die Zustimmung des Reichstags zu den Kriegskrediten musste allerdings regelmäßig erneuert werden, und im Jahr 1915 hatten zwanzig SPDler ihren Mut gefunden. Sie wollten den Krieg, der brutal und ohne erkennbaren Fortschritt verlief, nicht verlängern, sondern im Gegenteil den von Anfang an festgefahrenen Stellungskrieg an der Westfront mit vielen Toten auf allen Seiten so schnell es ging beenden. Also stimmten sie mit nein. Dafür wurden sie zunächst aus der Fraktion, dann auch aus der Partei ausgeschlossen.

Unter ihnen war Hugo Haase, bekennender Pazifist, der auch 1917 in Gotha dabei war. Die alte Partei sei moralisch zusammengebrochen, sagte er vor denjenigen, die mit ihm gegen die Kriegskredite gestimmt hatten. Nach drei Tagen hitziger Debatten entschieden sie sich, eine neue Partei zu gründen: die Unabhängige Sozialdemokratische Partei Deutschlands, die USPD. Es war das erste Mal, dass sich die Sozialdemokratie in Deutschland teilte. Diese neue Partei gewann innerhalb kürzester Zeit enorm an Beliebtheit und hatte 1920 fast 900 000 Mitglieder. Zum Vergleich: 2020 hat die CDU als größte deutsche Volkspartei rund 400 000 Mitglieder.

Die USPD selbst verschwand aber beinahe so schnell wieder von Bildfläche, wie sie auf ihr erschienen war. Nach Ende des Ersten Weltkriegs stritten sich die Deutschen über ihre Zukunft: Sollte Deutschland eine parlamentarische Demokratie oder eine Räterepublik nach sowjetischem Vorbild werden? Bei dieser Debatte traten SPD und USPD wieder gemeinsam und geschlossen auf, nachdem sie sich beim Reichsrätekongress im Dezember 1918 mehrheitlich für eine parlamentarische Demokratie entschieden hatten. Das zersetzte die USPD, über eine halbe Million Mitglieder verließen die Partei. Manche gingen wieder zurück zur SPD, viele andere aber traten der inzwischen gegründeten Kommunistischen Partei Deutschlands um Karl Liebknecht und Rosa Luxemburg bei.

Was blieb, war eine Rivalität zwischen SPD und KPD, die die gesamte Weimarer Republik prägte. Während der NS-Zeit waren beide Parteien verboten, ihre Mitglieder wurden verfolgt und in Konzentrationslager gesperrt, die viele von ihnen nicht überlebten. Nach dem Zweiten Weltkrieg aber kehrte die

Sozialdemokratie zurück, und die SPD erhob den Anspruch, alleinige Vertreterin aller Sozialdemokraten in der Bundesrepublik zu sein. Sie holte bei den ersten Bundestagswahlen 1949 ein starkes Ergebnis, rang aber intern lange mit sich, ob sie sich eher Richtung Westen, Marktwirtschaft und NATO oder doch lieber gen Osten, Sozialismus und gegen die Wiederbewaffnung positionieren sollte. Der Streit entschied sich mit dem Godesberger Programm 1959. Darin bekennt sich die SPD zur Integration in den Westen und lässt ab vom sogenannten Deutschlandplan, der die Wiedervereinigung mit der DDR und ein politisch neutrales Deutschland priorisiert hatte. Die SPD wurde anschließend ziemlich schnell mainstream- und mehrheitsfähig, und ist 1966 das erste Mal an einer Regierung beteiligt – allerdings nicht ohne einen hohen Preis dafür zu zahlen.

1961 schmiss die SPD ihren eigenen Studentenverband raus, den Sozialistischen Deutschen Studentenbund (SDS), weil die Studierenden ziemlich lautstark gegen das Godesberger Programm protestierten. Da war ihnen viel zu wenig Marxismus und viel zu viel Wiederbewaffnung drin. Jener SDS bildet den Kern dessen, was später als 68er-Bewegung auf den Straßen Deutschlands protestieren sollte. Manche von ihnen radikalisieren sich für den „bewaffneten Kampf gegen das System" und tauchen in den Untergrund ab. Aus der „Restmasse der 68er", wie Historiker Ralf Hoffrogge sagt, gehen dann in den Siebziger- und Achtzigerjahren die Grünen hervor. Die Entstehung der Grünen sei also das Produkt einer zweiten sozialdemokratischen Spaltung.

Und die SPD sollte sich noch einmal häuten, als 1998 wieder ein SPDler zum Bundeskanzler gewählt wurde. Gerhard Schröder nutzte seine Amtszeit – übrigens in Koalition mit den Grünen – für eine „neoliberale Standortpolitik", wie es Ralf Hoffrogge ausdrückt, und die Einführung neuer Arbeitsmarktgesetze unter dem Schlagwort Hartz IV. Dazu kamen die von der rot-grünen Regierung bewilligten Einsätze der Bundeswehr im Kosovo und Afghanistan. Das brachte so viele Sozialdemokraten auf die Palme, dass sie die Wahlalternative Arbeit und soziale Gerechtigkeit gründeten, die WASG. Und nach ersten Erfolgen strebte man schnell eine Fusion mit der PDS an, die seit der Wiedervereinigung recht erfolgreich Politik in den neuen Bundesländern machte. Die Partei des Demokratischen Sozialismus war die Nachfolgepartei der SED, der diktatorischen Staatspartei der DDR. Und diese SED war 1946 im sowjetisch besetzten Ostdeutschland aus der Zwangsvereinigung von SPD und KPD hervorgegangen. Und schon sind wir fast wieder im Jahr 1920 angekommen.

Unter dem Strich leidet die Sozialdemokratie in Deutschland gerne an sich selbst, wie es der Parteienforscher Karl Rudolf Korte ausdrückt. Sie spaltet sich immer wieder entlang ihres Anspruchs: Volkspartei, Mainstream und im Kompromiss für jeden wählbar? Oder im klassischen Sinne Arbeiterpartei, weit links und eher Opposition als Regierung? Fragen, denen sich in den letzten Jahren aber auch die einstigen „Abspalter" bei Grünen und Linken stellen mussten. Doch das alles sei kein Grund für linken Kummer, meint Korte, sondern vielmehr Ausdruck eines vitalen und dynamischen Parteiensystems.

LITERATURHINWEISE:

Anja Kruke, Meik Woyke: Deutsche Sozialdemokratie in Bewegung 1848 – 1863 – 2013. Bonn 2012

Ralf Hoffrogge: Sozialismus und Arbeiterbewegung in Deutschland und Österreich. Von den Anfängen bis 1914. Stuttgart 2017

Andreas Braune, Mario Hesselbarth, Stefan Müller: Die USPD zwischen Sozialdemokratie und Kommunismus 1917–1922. Neue Wege zu Frieden, Demokratie und Sozialismus? Stuttgart 2018

Uli Schöler, Thilo Scholle: Weltkrieg, Spaltung, Revolution. Sozialdemokratie 1916–1922. Bonn 2018

QR – CODE:

DAS ENDE DES PARAGRAPHEN 175 – 1994
WIE HOMOSEXUALITÄT IN DEUTSCHLAND ENTKRIMINALISIERT WURDE

Heute gehört die Regenbogenfahne zu jeder Demo und zu jedem Festival. Keine Metropole, in der nicht jährlich Pride-Paraden gefeiert werden. Zwar ist Homosexualität nicht flächendeckend von jeder und jedem in diesem Land akzeptiert, aber selbstverständlich ist sie legal. Das war aber nicht immer so.

„Wenn Mann mit Mann und Frau mit Frau Unzucht treiben, haben sie das Leben verwirkt, und man soll sie nach allgemeiner Gewohnheit mit dem Feuer vom Leben zum Tode richten."

So steht es in der Constitutio Criminalis Carolina, die heute als erstes allgemeines deutsches Strafgesetzbuch gilt – erlassen 1532 von Kaiser Karl V. Damit stand Homosexualität das erste Mal unter Strafe, und so sollte es für die kommenden Jahrhunderte auch bleiben. Dieser Absatz findet sich sinngemäß in allen folgenden deutschen Strafgesetzbüchern. Erstmals im Jahr 1794 wurde in Preußen aus der Todesstrafe eine Gefängnisstrafe. Im westlichen Rheinland war Homosexualität kurzzeitig unter napoleonischer Besetzung sogar straffrei.
Aber 1871/72 dann die Rolle rückwärts: Das gerade frisch gegründete Deutsche Reich schreibt in sein ebenso frisch gedrucktes Reichsstrafgesetzbuch den Paragrafen 175. „Die widernatürliche Unzucht, welche zwischen Personen männlichen Geschlechts oder von Menschen mit Tieren begangen wird, ist mit Gefängnis zu bestrafen; auch kann auf Verlust der bürgerlichen Ehrenrechte erkannt werden." Der damalige Reichskanzler Otto von Bismarck sagte dazu, er könne Handlungen nicht

für straffrei erklären, wenn diese in der öffentlichen Meinung als „strafwürdig" gelten würden. Soll heißen, die Deutschen hätten ein Problem mit Homosexualität, und deshalb gehöre sie verboten.

Aber auch schon Ende des 19. Jahrhunderts gab es gegen den Paragrafen 175 zumindest Widerworte. Als 1895 der weltberühmte Schriftsteller Oscar Wilde wegen Homosexualität zu zwei Jahren Zuchthaus verurteilt wurde, entstand auch in Deutschland eine erste Homosexuellenbewegung. Das Wissenschaftlich-humanitäre Komitee setzte sich öffentlich für eine Abschaffung des Paragrafen 175 ein, zwischen 1902 und 1907 gab es vermehrt Vorlesungen und Diskussionen zum Thema und ab 1916 Hinweise auf erste Homosexuellen-Clubs in Köln. Aber natürlich lief vieles im Heimlichen ab, denn neben dem Straftatbestand, wurde Homosexualität auch sozial geächtet.

Und auch in der Weimarer Republik sah es nicht viel besser aus. Zwar haben Weimar und die goldenen Zwanziger den Ruf, mit Homosexualität locker und liberal umgegangen zu sein. Aber Berichte über Partys und Exzesse seien Mythen, meint der Historiker Erwin In het Panhuis. Diese Erzählungen seien für einige wenige reiche Berliner wahr. Ansonsten sei ein Großteil der Deutschen auch zu dieser Zeit homophob gewesen, und wir würden bis heute der Nazi-Propaganda auf den Leim gehen, wenn wir der Legende der „goldenen Zwanziger" Glauben schenkten. Die Nationalsozialisten haben sich nämlich redlich bemüht, die Weimarer Republik als unmoralisch und sittenlos darzustellen.

Der Paragraf 175 hatte natürlich auch im NS-Staat Bestand, er wurde sogar noch erweitert. Es reichte nun schon ein „lüsterner Blick", um der Homosexualität strafbar zu sein. Homosexualität galt als Seuche und als Verrat, Schwule und Lesben seien Schädlinge und würden den Volkskörper schwächen, über Verführung würden sie andere anstecken. Sie seien obendrein völlig nutzlos, da sie keine Kinder zeugten und damit dem Staat den notwendigen Nachschub an Soldaten und gebärwilligen Frauen verweigerten. Im Dritten Reich wurden etwa 50 000 Verurteilungen nach Paragraf 175 ausgesprochen, 10 000 bis 15 000 Homosexuelle wurden in Konzentrationslager geschickt, die viele von ihnen nicht überlebten.

Der Paragraf 175 findet sich dann ab 1949 in einer Linie vom Kaiserreich, über das Dritte Reich auch im Strafgesetzbuch der Bundesrepublik Deutschland wieder. Beschwerden gegen den „Schwulenparagrafen" wurden vom Bundesverfassungsgericht abgelehnt. Dem Gesetz liege kein nationalsozialistisches Gedankengut zugrunde, sondern es schütze das gesunde Volksempfinden. Und während Richter und Gerichte mitunter schon in den Fünfzigerjahren damit hadern, nach diesem Paragrafen zu urteilen, gibt es andernorts regelrechte Prozesswellen. Bis 1969 wurden mehr als 100 000 Ermittlungsverfahren nach Paragraf 175 eingeleitet.

Doch der Zeitgeist ändert sich, und 1969 kommt es zur ersten Entschärfung des Paragrafen 175: Sex unter Männern ist nun „nur" noch strafbar, wenn einer jünger als 21 ist. 1973 wird das Strafbarkeitsalter auf unter achtzehn gelegt. Für viele Aktivistinnen und Aktivisten und Bürgerrechtler der Zeit gelten 1969 und 1973 deshalb als Schlüsseljahre. Und 1994 nutzt man dann das unerwartete Schlupfloch der Wende, um den Paragrafen 175 ganz loszuwerden. Der Bundestag muss entscheiden, ob der Paragraf auch auf die neuen Bundesländer ausgeweitet werden soll. Die DDR hatte nämlich schon 1988 in einem Strafänderungsgesetz die Homosexualität als „Variante des Sexualverhaltens" bezeichnet, die nicht „außerhalb der sozialistischen Gemeinschaft" stehe. Und anstatt das jetzt wieder rückgängig zu machen, landete der Paragraf im Zuge der deutschen Wiedervereinigung endlich auf dem Müllhaufen der Geschichte.

Doch damit hat die Geschichte nicht ihr Ende. 2017 entschied der Bundestag, die in der Bundesrepublik verhängten Urteile aufzuheben und den Verurteilten Entschädigung zu zahlen; 3000 Euro pro aufgehobenem Urteil, weitere 1500 Euro pro abgesessenem Jahr im Knast. Außerdem gehen jedes Jahr 500 000 Euro an die Magnus-Hirschfeld-Stiftung, die sich gegen die Diskriminierung von Lesben, Schwulen, Bisexuellen, Transsexuellen, trans- und intergeschlechtlichen und queeren Personen einsetzt. Magnus Hirschfeld war übrigens einer der Gründer des Wissenschaftlich-humanitären Komitees, die sich schon im Kaiserreich für die Abschaffung des Paragrafen 175 einsetzten.

Dabei sollten wir nicht vergessen: Fast zwanzig Prozent der Deutschen halten Homosexualität für unnatürlich, fast vierzig Prozent finden es unangenehm, wenn sie sehen, wie sich zwei Männer küssen – so hat es eine Umfrage der Antidiskriminierungsstelle des Bundes 2017 herausgefunden. Und auch rechtlich gibt es immer noch viele Fragen in Sachen Gleichberechtigung. Aber immerhin steht in keinem Gesetz mehr, dass Homosexualität „widernatürliche Unzucht" sei und ins Gefängnis gehöre.

LITERATURHINWEISE:

Erwin In het Panhuis: Anders als die Andern. Schwule und Lesben in Köln und Umgebung 1895–1918. Köln 2006.

Volkmar Sigusch: Geschichte der Sexualwissenschaft. Frankfurt 2009

Manfred Herzer: Magnus Hirschfeld und seine Zeit. Berlin/Boston 2017

Alexander Zinn: „Aus dem Volkskörper entfernt"? Homosexuelle Männer im Nationalsozialismus. Frankfurt 2018

QR – CODE:

DER AUSCHWITZPROZESS – 1963

WIE DIE VERGANGENHEIT DIE GEGENWART EINHOLT

Hashtags wie #NieWieder oder #NeverAgain erinnern daran, dass der Holocaust und die Ermordung von Millionen Menschen nie vergessen werden dürfen. Aber direkt nach dem Zweiten Weltkrieg wollten die Deutschen genau das: Vergessen, was in den Jahren zuvor passiert ist. Acht Jahre lang wurde über Antisemitismus, Hitler-Deutschland und die Schuld der ehemaligen NS-Mitglieder kaum gesprochen.

Natürlich hatten sich die alliierten Siegermächte auf der Potsdamer Konferenz im Sommer 1945 darauf verständigt, eine Entnazifizierung der deutschen Gesellschaft zu betreiben. Allerdings wurde von den ungefähr 182 000 Personen, die in den drei westlichen Besatzungsmächten verhaftet wurden, knapp die Hälfte bis zum 1. Januar 1947 wieder entlassen. Von denen, die sich vor einer mit Laienrichtern besetzten Spruchkammer verantworten mussten, wurde nur etwas mehr als ein Prozent schuldig gesprochen.

Diese Verfahren und die Nürnberger Prozesse, die zwischen dem 20. November 1945 und dem 14. April 1949 vor einem Internationalen Militärgericht stattfanden, empfanden viele Deutsche als die Rache der Sieger. Das Wort von der „Siegerjustiz" machte die Runde. Eine Aufarbeitung der nationalsozialistischen Vergangenheit fand in den Köpfen der Deutschen in den ersten Nachkriegsjahren dadurch nicht statt. Außerdem wurde 1952 ein Überleitungsvertrag zwischen der Bundesrepublik und den Westalliierten geschlossen, der regelte, wie es nach der Aufhebung des Besatzungsstatuts im Mai 1955 weitergehen würde. Darin stand, dass Rechtsvorschriften, Verwaltungsmaßnahmen und Urteile der alliierten Besatzungsbehörden auch weiter gelten. Damit war für die Mehrheit der

Deutschen die „Bewältigung der Vergangenheit" erledigt: Man wollte das Vergangene ruhen lassen.

Dass das nicht funktionierte, zeigte sich in den folgenden Jahren. Immer wieder gab es Berichte von Massenverbrechen, die außerhalb der deutschen Grenzen passiert waren. Aber die Urheber und Verantwortlichen der Taten konnten unbehelligt und unerkannt in der Bundesrepublik leben. Deshalb wurde Ende 1958 die Zentrale Stelle der Landesjustizverwaltungen zur Aufklärung nationalsozialistischer Verbrechen in Ludwigsburg mit der Aufgabe gegründet, nationalsozialistische Verbrechen an Zivilpersonen außerhalb des Bundesgebietes aufzuklären. Allerdings durfte diese Ludwigsburger Stelle nur Vorermittlungen führen. Für die Anklageerhebung und das eigentliche Verfahren mussten die Ermittlungsergebnisse an die zuständige Staatsanwaltschaft abgegeben werden.

Vor allem zwei Männer arbeiteten eng mit der Zentralen Stelle zusammen: Hermann Langbein, der Generalsekretär des Internationalen Auschwitzkomitees in Wien, und der hessische Generalstaatsanwalt Fritz Bauer. Langbein war Kommunist und österreichischer Widerstandskämpfer. Als Lagerinsasse des Vernichtungslagers Auschwitz-Birkenau war er zum SS-Standortarzt Eduard Wirths als Häftlingsschreiber im Krankenrevier abkommandiert worden. Nach dem Krieg versorgte Langbein die Justiz mit Informationen. Fritz Bauer war Sohn jüdischer Eltern, selbst nicht gläubig und schon als Student politisch aktiv. 1931 trat er in die SPD ein und kam nach einem Generalstreik 1933, der gegen die Machtübergabe der Nationalsozialisten gerichtet war, für acht Monate in Haft. Anschließend floh er nach Dänemark und Schweden. 1949 kehrte er in die Bundesrepublik zurück und engagierte sich als entschiedener Kämpfer gegen das Vergessen. Fortan war die Aufarbeitung der nationalsozialistischen Vergangenheit seine Lebensaufgabe.

1963 hatten es Langbein und Bauer erreicht, dass der Auschwitzprozess in einem einzigen Verfahren verhandelt wurde und nicht in vielen kleinen, was der damaligen Justiz und Staatsanwaltschaft lieber gewesen wäre. So konnte die Rolle der einzelnen Angeklagten im Räderwerk der Vernichtungsmaschinerie deutlicher werden. Vor dem Landgericht Frankfurt am Main waren 22 ehemalige SS-Angehörige angeklagt, außerdem ein Funktionshäftling. So wurden jene Häftlinge genannt, denen die SS bestimmte Aufgaben in der sogenannten Häftlingsselbstverwaltung zugewiesen hatte. Hauptangeklagter sollte Richard Baer sein, der dritte und letzte Kommandant von Auschwitz. Aber er starb in Untersuchungshaft. Auch zwei weitere Anklagen schieden wegen Erkrankungen während der Hauptverhandlung aus.

Der Prozess dauerte zwanzig Monate, und es wurden 360 Zeugen vernommen. 211 Überlebende von Auschwitz kamen für ihre Aussagen nach Frankfurt. Nach zwanzig Jahren standen sie wieder ihren Peinigern gegenüber und durchlebten die traumatischen Ereignisse noch einmal. Und auch ehemalige SS-Mitglieder wurden befragt, ebenso hohe SS-Offiziere. Sie vermieden es in ihren Aussagen, die Angeklagten direkt zu belasten, berichteten aber über die Verhältnisse in Auschwitz. Sechs Angeklagte wurden als Mörder zu lebenslangen Zuchthausstrafen verurteilt, ein Angeklagter zu zehn Jahren Jugendstrafe, weil er zur Tatzeit erst neunzehn Jahre alt war. Zehn Angeklagte wurden nicht als Täter bzw. Mittäter bestraft, sondern als Gehilfen und bekamen Haftstrafen zwischen vierzehn Jahren und drei Jahren und drei Monaten. Drei Angeklagte wurden aus Mangel an Beweisen freigesprochen.

Der Auschwitzprozess war kein politischer Prozess und schon gar kein Schauprozess. Zum ersten Mal in der Geschichte der Bundesrepublik wurde von einem deutschen Gericht festgestellt, wie das Konzentrations- und Vernichtungslager Auschwitz funktionierte. Anhand von Zeugenaussagen, Dokumenten und zeitgeschichtlichen Gutachten wurde deutlich, zu welchen Gräueltaten die Menschen im NS-Regime fähig gewesen waren – und dass sie danach zunächst unbeschadet ins bürgerliche Leben zurückkehren konnten. Anhand ihrer Lebensgeschichten wurde der Holocaust für die Deutschen begreifbar – auch als ihre eigene Geschichte.

· ·

LITERATURHINWEISE:

Irmtrud Wojak, Fritz Bauer Institut (Hrsg.): „Gerichtstag halten über uns selbst..." Geschichte und Wirkung des ersten Frankfurter Auschwitz-Prozesses. Frankfurt a. M. 2001

Raphael Gross u. Werner Renz (Hrsg.): Der Auschwitz-Prozess (1963–1965). Kommentierte Quellenedition. Frankfurt a. M. 2013

Nikolaus Wachsmann: KL. Die Geschichte der nationalsozialistischen Konzentrationslager. München 2018

Inge Deutschkron: Auschwitz war nur ein Wort. Berichte über den Frankfurter Auschwitz-Prozess 1963–1965. Berlin 2018

QR – CODE:

DAS HAMBACHER FEST – 1832

WIE EIN BÜRGERFEST GRUNDLAGEN DER DEMOKRATIE MANIFESTIERTE

Deutschland und seine Flagge, das ist eine schwierige Beziehung. Meistens sieht man Deutschlandfahnen lediglich vor öffentlichen Gebäuden oder Touristenattraktionen – nur wenige Privatpersonen hängen eine schwarz-rot-goldene Fahne in ihr Fenster. Einzig während der Fußball-Weltmeisterschaft 2006 haben viele mit den Nationalfarben ihre Autos, ihre Häuser und ihre Körper geschmückt. Dabei soll Schwarz-Rot-Gold uns vor allem daran erinnern, dass wir eine nationale Einheit haben, dass wir in Freiheit leben und in unserer Demokratie Mitbestimmungsrechte haben. Zum ersten Mal wurde diese Flagge beim Hambacher Fest geschwenkt, das vom 27. Mai bis zum 1. Juni 1832 stattgefunden hat, auf Schloss Hambach im heutigen Neustadt an der Weinstraße.

Damals war Deutschland nicht geeint. 1813 hatten russische, österreichische, preußische und schwedische Armeen Napoleon in der Völkerschlacht bei Leipzig besiegt und die französische Besatzung beendet. Deutschland bestand aus 35 souveränen Fürstentümern und vier freien Städten. Die Pfalz, in der Hambach liegt, wurde erst Österreich, dann etwas später dem bayerischen Königreich zugeschlagen.

Um zumindest formal eine Einheit herzustellen, wurden die Fürstentümer und Städte 1815 beim Wiener Kongress zum Deutschen Bund zusammengeschlossen. Allerdings hatte dieser Staatenbund keine große Wirkungsmöglichkeit: Es gab weder ein Staatsoberhaupt noch eine Hauptstadt, eine Regierung oder eine Volksvertretung. Einziges Bundesorgan war die Bundesversammlung in Frankfurt am Main, in der Österreich den Vorsitz hatte. In diesem Bundesrat saßen aber keine Volksvertreter, sondern nur die Gesandten der jeweiligen Regierungen. Die Macht lag deshalb weiterhin bei den Fürsten und Königen der einzelnen Mitgliedstaaten. In vielen dieser deutschen Kleinstaaten wurden liberale, nationale und demokratische Ideen mit polizeilichen Mitteln bekämpft, eine politische Opposition mit ihrer Forderung nach Einheit und Freiheit durch einschränkende Gesetze unterdrückt.

In der Pfalz blieb zwar das französische Zivilrecht, der Code civil, in Kraft – so etwas wie das Bürgerliche Gesetzbuch heute. Das hieß, die Pfälzer besaßen das Recht auf Freiheit der Person, des Eigentums und des Gewerbes, die Richter waren unabhängig und die Gerichtsverfahren öffentlich. Die praktische Umsetzung sah aber anders aus: Die Freiheitsrechte der Bürger wurden oft erheblich eingeschränkt, und hohe Zölle und Steuern belasteten die Wirtschaft. Gleichzeitig wurde das gesamte Land – nicht nur die Pfalz – mit der sogenannten Restaurationspolitik überzogen. Das waren polizeistaatliche Maßnahmen mit Rasterfahndung, Pressezensur, Berufsverboten und allerlei Willkürakten zur Wiederherstellung des politischen Zustands aus der Zeit vor der Französischen Revolution von 1789. Die Revolution hatte das monarchische Gefüge Europas durcheinandergewirbelt und die Regenten in Angst und Schrecken versetzt. Sie wollten auf alle Fälle eine Wiederholung einer solchen Revolution verhindern.

Gegen die Repressionen wandten sich vor allem Angehörige der bürgerlichen Mittelschicht. An den Universitäten schlossen sich freiheitlich denkende Studenten und Professoren in Burschenschaften zusammen, die seit 1815 überall entstanden waren. Als 1830 nach der Julirevolution in Frankreich der König verjagt wurde, konnten die Deutschen erleben, dass und vor allem wie man sich einer Monarchie entledigen konnte. Der neue französische König wurde vom Volk, also vom Parlament, eingesetzt und hieß entsprechend Bürgerkönig. Auch in Griechenland und Belgien hatte es erfolgreich Revolutionen und Aufstände gegeben, die den Anhängern der Einheits- und Freiheitsbewegung in Deutschland Mut machten.

Die neue Bewegung gipfelte im Hambacher Fest, zu dem die Publizisten Philipp Jakob Siebenpfeiffer und Johann Georg August Wirth geladen hatten. Dem Aufruf folgten am 27. Mai 1832 etwa 20 000 bis 30 000 Menschen – für damalige Verhältnisse eine gewaltige Zahl. Sie kamen aus der Pfalz und anderen deutschen Kleinstaaten, außerdem waren Delegationen aus Frankreich und Polen dabei. Die Veranstalter hatten schwarz-rot-goldene Kokarden, kreisförmige Abzeichen, produzieren lassen, die an die ausgegeben wurden, die Geld für das Nationalfest gespendet hatten.

An dem Protestzug nahmen nicht nur Studenten und Professoren teil, sondern auch Handwerker, Tagelöhner, Kaufleute und viele Frauen, die explizit zu dieser politischen Feier eingeladen waren – damals nicht selbstverständlich. Im Protestzug trugen Studenten eine schwarz-rot-goldene Fahne mit der Aufschrift „Deutschlands Wiedergeburt". Während des Festes auf dem Schloss wurden etwa zwanzig Reden gehalten, in denen vor allem nationale Einheit, Freiheit und Volkssouveränität gefordert wurde.

Als Reaktion auf das Hambacher Fest wurden politische Versammlungen und Vereine verboten. Die Initiatoren des Festes, Siebenpfeiffer, Wirth und elf weitere Personen, wurden vor Gericht gestellt. Die Verfahren endeten zwar zur Überraschung der Regierung mit Freisprüchen, in einem späteren Prozess wurden Wirth und Siebenpfeiffer aber wegen Beamtenbeleidigung verurteilt und flohen nach Frankreich und in die Schweiz. Auch wenn dieser Aufstand nicht erfolgreich war: Nur sechzehn Jahre später, zwischen März 1848 und Juli 1849, kam es zur Revolution in Deutschland, in der viele der in Hambach geäußerten Ideen wieder aufgegriffen wurden. Und heute gilt das

Hambacher Fest als eines der bedeutendsten Ereignisse der deutschen Demokratiegeschichte.

. . . .

LITERATURHINWEISE:

Joachim Kermann, Gerhard Nestler, Dieter Schiffmann (Hrsg.): Freiheit, Einheit und Europa. Das Hambacher Fest von 1832 – Ursachen, Ziele und Wirkungen. Ludwigshafen 2006

Wilhelm Kreutz: Das Hambacher Fest 1832. Das deutsche Freiheitsfest und Vorbote des europäischen Völkerfrühlings. Mainz 2007

Hans-Werner Hahn, Helmut Berding: Handbuch der Deutschen Geschichte. Band 14. Reformen, Restauration und Revolution 1806–1848/49. Stuttgart 2009

Hans Fenske: Auf dem Weg zur Demokratie. Das Streben nach deutscher Einheit 1792–1871. München 2018

Johann Braun: Hambacher Feste. Nationale Einheit und Freiheit gestern und heute. E-book 2019

QR - CODE:

DAS VERBOT DER SOZIALISTISCHEN REICHSPARTEI – 1952

WIE EINE NAZI-PARTEI IN DER BUNDESREPUBLIK VERBOTEN WURDE

Heute gibt es in Deutschland rechtsextreme Parteien wie die NPD oder Die Rechte. Und sogar Teile der Bundestagspartei Alternative für Deutschland (AfD) werden vom Verfassungsschutz als rechtsextrem bezeichnet und beobachtet. Der Rechtsextremismus hält sich also mal mehr, mal weniger erfolgreich im politischen Geschäft. Denn er wurde auch nach 1945 am Leben gehalten.

> „Wer seine Heimat liebt, das Reich will und es ablehnt, deutsches Blut für andere zu opfern, der wählt trotz Lüge, Terror und Verbotsgeschrei: Sozialistische Reichspartei."

Ein Wahlslogan aus dem Jahr 1951, als die SRP, die Sozialistische Reichspartei, bei den Landtagswahlen in Niedersachsen auf elf Prozent der Stimmen kam. In manchen Wahlkreisen waren es über zwanzig oder sogar dreißig Prozent. Auch bei den Bremer Bürgerschaftswahlen waren es 7,7 Prozent. Sogar im Bundestag saßen zwei SRP-Mitglieder, auch wenn sie ursprünglich auf dem Ticket einer anderen nationalistischen, rechtskonservativen Partei ins Parlament eingezogen sind und erst danach das Parteibuch gewechselt haben. Und all das gelingt einer Partei, die das Ende des Zweiten Weltkriegs als schmachvolle Niederlage bezeichnet; die Deutschland aus den Händen der Alliierten befreien will; die sich nach einem Reich in den Grenzen von 1937 oder sogar inklusive Österreichs sehnt; und die Israel als Feind ausmacht und den Holocaust leugnet.

Gegründet wurde die SRP 1949. Sie hatte in Spitzenzeiten knapp 40 000 Mitglieder, und bis in die Chefetage hinein tummelten sich unter ihrem Dach ehemalige NSDAP-Mitglieder, SS-Kader und Wehrmachtsoffiziere. Einer ihrer Gründer, Otto Ernst Remer, war im Dritten Reich Generalmajor und an der Niederschlagung des Umsturzversuches gegen Hitler am 20. Juli 1944 beteiligt. Einer ihrer beiden Bundestagsvertreter nannte sich Dr. Franz Richter. In Wahrheit hieß er aber Fritz Rößler und war bis 1945 in der Reichspropagandaleitung tätig. Unter falscher Identität hatte er sich in die neue Bundesrepublik gerettet. Im Bundestag schwang er wilde Reden und bezeichnete andere Parlamentarier als „Kollaborateure mit dem Feind". Seine Hasstiraden machten die Neonazi-Partei auch über Deutschland hinaus bekannt. In der ausländischen Presse wurde vom „wiedererstarkenden Nazismus" in Deutschland geschrieben. Das ging der Bundesregierung zu weit, der Imageschaden wurde zu groß. Immerhin versuchte man, sich in den Westen und die NATO zu integrieren – mit den ehemaligen Kriegsgegnern jetzt ein Bündnis einzugehen. Der damalige Bundesinnenminister Robert Lehr erklärte die SRP dann zur Chefsache, als SRP-Frontmann Remer eine Rede hielt, in der er die Widerstandskämpfer im Dritten Reich als „Volksverräter" bezeichnete. Lehr war selbst im Widerstand. Er kündigte einen „sofortigen Zugriff" gegen die SRP an und sagte: „Die SRP erweist sich als eine Nachfolgeorganisation der NSDAP." Noch 1951 begann das Verbotsverfahren, 1952 folgte das endgültige Verbot. Es war das erste Parteiverbot überhaupt, das in der Bundesrepublik ausgesprochen wurde.

Damit war der Nationalsozialismus aber natürlich nicht beseitigt. Zwar war in Nürnberg den überlebenden Spitzen des Nazi-Regimes der Prozess gemacht worden. Aber das Dritte

Reich funktionierte nicht allein durch Göring, Heß und Ribbentrop. Dahinter standen Nazis der zweiten oder dritten Reihe, Beamte, Funktionäre und Offiziere, und beide deutschen Staaten, auch die DDR, versuchten diese zu integrieren. Sie produzierten dabei regelrechte „Mitläuferfabriken", wie Marcus Funck vom Berliner Zentrum für Antisemitismusforschung sagt. Die guten Wahlergebnisse der SRP zeigten obendrein, dass das Nazi-Gedankengut auch in der Bevölkerung nicht einfach von heute auf morgen verschwunden war. Und so überlebten auch im Nachkriegsdeutschland nationalsozialistische Gruppen, Kameradschaften und Netzwerke wie zum Beispiel der Naumann-Kreis, der Anfang der Fünfzigerjahre versuchte, die FDP zu unterwandern und von innen zu einer Neonazi-Partei umzuformen.

Aber es waren nicht nur Parteien oder Verbände, die das nationalsozialistische Gedankengut in die Bundesrepublik transportierten. Auch die Familien und das, was sich Familien so gegenseitig weitererzählen, hat die Forschung in den letzten Jahren immer mehr in den Fokus gerückt. Und sie ist fündig geworden: In den Blick geriet die subjektive und über die Generationen einstudierte Wahrnehmung von Geschichte, in der sich auch rechtsextreme Ideen verstecken. Und so hat es eine Ideologie wie der Nationalsozialismus bis ins Heute geschafft – auch in Form von Parteien. Der Extremismusforscher Andreas Kemper benennt zum Beispiel die NPD, Die Rechte und auch den III. Weg als ideologische Nachfolger der Nazis und auch der SRP. Die NPD wäre sogar in Sachen Parteiverbot beinahe in die Fußstapfen der SRP getreten. Aber gleich zwei Verbotsanträge wurden vom Bundesverfassungsgericht abgelehnt, zuletzt 2017. Das Urteil lautete: Ja, verfassungsfeindlich ist die NPD, der Verbotsantrag ist zulässig. Aber nein, kein Verbot, denn der NPD fehle es an Gewicht, eine Bedrohung für die freiheitlich-demokratische Grundordnung zu werden. In

Wählerstimmen heißt das 2019: 0,5 Prozent bei den Landtagswahlen in Thüringen und 0,6 Prozent bei den Landtagswahlen in Sachsen.

In den letzten Jahren ist aber durch die Alternative für Deutschland am politisch rechten Rand neue Bewegung entstanden. Bei den erwähnten Landtagswahlen hat die AfD 23,4 Prozent (Thüringen) und 27,5 Prozent (Sachsen) geholt. Zumindest ein Teil der Partei wird vom Verfassungsschutz beobachtet, und seine Vordenker werden als rechtsextrem bezeichnet. Gemeint ist „Der Flügel" um den Thüringer AfD-Landeschef Björn Höcke. Extremismusforscher Kemper spricht bei dieser Gruppe schon nicht mehr nur von rechtsextrem, sondern von faschistisch – ausgestattet mit einer völkischen Ideologie, die direkt aus dem Nationalsozialismus bis heute fortbestehe. Auch der Wortschatz kommt bekannt vor: Höcke hat einen politischen Gegner – den damaligen SPD-Vorsitzenden Sigmar Gabriel – als „Volksverräter" bezeichnet, genau wie es Otto Remer 1951 getan hat. In einem Gutachten des Verfassungsschutzes heißt es, dass „Der Flügel" auf die Ausgrenzung, Verächtlichmachung und weitgehende Rechtlosstellung von Ausländern, Migranten und politisch Andersdenkenden gerichtet sei und dass diese Politik die Menschenwürdegarantie sowie das Demokratie- und das Rechtsstaatsprinzip verletzte. Sehr Ähnliches steht im Urteil des Bundesverfassungsgerichts über die NPD, die eben als verfassungsfeindlich und damit als zulässig für ein Parteienverbot eingestuft wurde.

Der erwähnte „Flügel" soll sich inzwischen aufgelöst haben. Der „Geist des Flügels", so Höcke, werde „aber natürlich in der Partei bleiben". Und so bleibt auch der Rechtsextremismus in der deutschen Politik am Leben.

LITERATURHINWEISE:

Norbert Frei: Vergangenheitspolitik. Die Anfänge der Bundesrepublik und die NS-Vergangenheit. München 2012

Andreas Kemper: „... Die neurotische Phase überwinden, in der wir uns seit siebzig Jahren befinden". Zur Differenz von Konservativismus und Faschismus am Beispiel der „historischen Mission" Björn Höckes (AfD). Erfurt 2016

Martin Will: Ephorale Verfassung. Das Parteiverbot der rechtsextremen SRP von 1952. Tübingen 2017

Melanie Amann: Angst für Deutschland. Die Wahrheit über die AfD: wo sie herkommt, wer sie führt, wohin sie steuert. München 2018

QR – CODE:

DIE AUSWANDERUNG MOHAMMEDS – 622

WIE EINE VERTREIBUNG EINE RELIGION GROSS MACHTE

Heute spielen die beiden Religionsstifter Jesus von Nazareth und Mohammed eine bedeutende Rolle in Europa. Jesus legte das christliche Fundament des Abendlandes, Mohammed schuf die religiöse Grundlage des Morgenlandes. Beide beriefen sich auf „den einen Gott". Der eine nannte ihn „Gott, den Vater", der andere „Allah". Jesus und Mohammed gerieten in jungen Jahren in schwere Konflikte mit der Gesellschaft, in der sie lebten – der eine in Palästina mit den Römern und der orthodoxen jüdischen Gemeinde, der andere in Mekka mit der feudalen arabischen Gesellschaft. Obwohl beide an den „einen Gott" glaubten, schickten christliche und muslimische Anführer im Namen Gottes und Allahs später unzählige Menschen gegeneinander in den Krieg und damit in den Tod. Die Gotteskrieger des Abendlandes und die Dschihadisten des Morgenlandes verwüsteten Europa, den Mittleren und Nahen Osten und sorgten für eine tiefe Spaltung, die Orient und Okzident scheinbar unüberwindlich voneinander trennt.

Mohammed wurde um 570 in Mekka im Westen des heutigen Saudi-Arabien geboren. Die Stadt war von Händlern geprägt, die in der arabischen Welt ein erfolgreiches Handelsbündnis aufgebaut hatten und mit ihren Karawanen die Gegend prägten. Nach dem frühen Tod seiner Mutter wuchs Mohammed erst bei seinem Großvater, später bei einem Onkel auf. 595 heiratete er und bekam neben anderen Kindern eine Tochter namens Fatima. Sie hatte als einzige seiner Nachkommen selbst Kinder, weshalb alle Nachkommen Mohammeds von ihr abstammen. Zweimal nahm er an Reisen einer Handelskarawane teil, bei denen er fromme Juden und Christen kennenlernte. Ihn faszinierte deren Spiritualität und religiöse Hingabe und er war beeindruckt, dass beide Religionen nur einen Gott kannten und verehrten.

Mohammed lebte noch einige Jahre nach den Bräuchen und rituellen Vorschriften des altarabischen Heidentums, bis ihm nach der Prophetenbiografie des Ibn Ishaq um 610 der Erzengel Gabriel göttliche Weisungen übermittelt haben soll. Diese Offenbarungen durch den auch in der jüdischen und der christlichen Religion bedeutenden Erzengel musste er auswendig lernen, da er, so wird es zumindest überliefert, weder schreiben noch lesen konnte. Der durch Gabriel übermittelte Koran stellt die wörtliche Offenbarung Gottes dar, und in ihm gründen die „fünf Säulen des Islam": das Bekenntnis zu Allah und seinem Propheten Mohammed, tägliche Gebete, die Zahlung der Almosensteuer, der Fastenmonat Ramadan und die Pilgerfahrt nach Mekka.

Mohammeds Botschaft war für die Araber, die in Stammesgesellschaften lebten, sehr attraktiv, denn sie propagierte die Gleichheit aller Menschen. Der Erlanger Islamwissenschaftler Mohammed Nekroumi sieht darin Parallelen zu Jesus oder Moses und Abraham und führt den raschen Erfolg des Islam auf dieses Gleichheitspostulat zurück. Aber es gibt noch mehr Übereinstimmungen zwischen den Religionen, denn wie im Juden- und im Christentum gibt es im Islam nur einen Gott. Im Judentum gilt „die Einzigkeit" Gottes, während Jesus nur einer von vielen jüdischen Wanderpredigern in der römischen Provinz Judäa war. Die Christenheit hatte sich dagegen beim Konzil von Nicäa 325 auf die Trinität Gottes geeinigt – Gott ist „Vater, Sohn und Heiliger Geist" in einem. Im Islam gilt die Einheit Gottes. Die Trinität wird vom Islam und dem Judentum verneint.

Mohammeds Verkündung des Korans wurde von Christen und Juden als Anmaßung empfunden, weil er sich dabei in eine

Reihe mit dem Stammvater Abraham und den Propheten Moses und Jesus stellte. Spott und Hohn waren ihm gewiss. Wie Jesus mit strenggläubigen jüdischen Gemeinden zu kämpfen hatte, geriet Mohammed in Konflikt mit der feudalen arabischen Oberschicht. Er kritisierte sie wegen der prekären Lage von Viehhändlern und Handwerkern und prangerte die feudale Struktur der arabischen Welt an. 622 führte das zur Vertreibung Mohammeds aus Mekka und seiner Auswanderung nach Medina, wo er 632 auch gestorben ist.

Mohammed wollte den Islam von der christlichen und der jüdischen Religion unterscheidbar machen, indem er eine Legende nutzte, um den Islam direkt auf Abraham beziehen zu können. Angeblich habe Abraham einen Sohn mit einer Konkubine gehabt, die nach Mekka vertrieben worden sei. Seine Besuche in Mekka hätten nicht nur privaten Dingen gegolten, sondern auch einem göttlichen Auftrag. Er sollte, so die Legende, die Kaaba für diejenigen säubern, die in diesem Haus beten wollten. 630 erklärte Mohammed die Kaaba, die heute im Innenhof der Heiligen Moschee in Mekka steht, zum Heiligtum und forderte die gläubigen Muslime auf, sich beim Gebet nicht nach Jerusalem, wie die Juden, sondern nach Mekka zu verneigen. Das war die demonstrative Abkehr von den beiden anderen Religionen.

Indem Abraham, der vor der Verkündung der Thora und des Neuen Testaments gelebt hatte, zum Stammvater des Islam erhoben wurde, war der Islam die erste und einzige direkt mit Gott verbundene Religion. Daraus leiten viele Muslime ab, dass ihre Religion über den anderen Religionen stehe, auch wenn sich alle auf den einen und eben auch den gleichen Gott beziehen.

LITERATURHINWEISE:

Ibn Ishaq: Das Leben des Propheten. Aus dem Arabischen von Gernot Rotter. Kandern 2004

Gudrun Krämer: Geschichte des Islam. München 2005

Adel Th. Khoury: Muhammad: Der Prophet und seine Botschaft. Freiburg 2008

Alfred Schlicht: Geschichte der arabischen Welt. Stuttgart 2013

Glen Bowersock: Die Wiege des Islam. Mohammed, der Koran und die antiken Kulturen. München 2019

QR – CODE:

DAS ATTENTAT VON MÜNCHEN – 1972
WIE DER TERROR NACH DEUTSCHLAND KAM

Heute ist Terror Alltag. Anschläge und Attentate sind für uns nichts Neues. Und wir haben uns dran gewöhnt, dass bei Großveranstaltungen Wellenbrecher aufgestellt und unsere Taschen kontrolliert werden. 1972 sah das noch anders aus.

Zwar ist das olympische Dorf mit einem Zaun abgeriegelt, aber rein und raus zu kommen, fällt nicht schwer. Polizisten sind unbewaffnet und tragen eigens geschneiderte, luftige, hellblaue Uniformen. Die Klamotten sollten zu den „heiteren" Spielen passen, die München geplant hat. Olympia 1972: Zum ersten Mal nach dem Zweiten Weltkrieg durfte Deutschland Gastgeber bei einem sportlichen Großevent sein. Und die Spiele sind tatsächlich heiter: eine irre und bunte Auftaktfeier, die von der ausländischen Presse als der „Geist eines neu erstandenen Deutschland" gefeiert wurde, gelungene erste Wettkampftage und viele Medaillen für deutsche Sportlerinnen und Sportler.

Dann aber der 5. September 1972: Um vier Uhr morgens klettern acht Männer in Trainingsanzügen über den Zaun ins olympische Dorf. Sie werden auch gesehen, aber wegen ihrer Anzüge hält man sie für Sportler – nur normalerweise sind Sportler nicht mit Kalaschnikows bewaffnet. Sie dringen ohne Mühe in das Appartement der israelischen Olympiamannschaft ein, die Türen sind nicht abgeschlossen. Und sie nehmen elf israelische Sportler als Geiseln. Der Gewichtheber Josef Romano wird beim Versuch, einen der Attentäter zu entwaffnen, angeschossen und erliegt zwei Stunden später seinen Verletzungen. Der Ringer Mosche Weinberg wird beim Fluchtversuch erschossen.

Im Haus gegenüber sitzt Heide Ecker-Rosendahl in den Quartieren der deutschen Mannschaft. Sie ist zu diesem Zeitpunkt das Gesicht der Spiele, hat schon Gold und Silber für Deutschland geholt. Sie und die anderen deutschen Sportler beobachten geschockt die vermummten Männer mit ihren Maschinengewehren, die Scharfschützen, die auf den Dächern in Position gehen. Sie schauen auch immer wieder auf den Fernseher, um zu begreifen, was da passiert. „Wenn wir heute hören, ein Bus fährt in Menschen rein oder ein Attentäter sprengt sich in die Luft, dann sind das so komplexe Dinge, die man gleich abruft, die man schon mal gesehen hat. Das war 1972 nicht der Fall. Der Begriff ‚Terroranschlag' hatte überhaupt gar keine Bedeutung", erinnert sich Ecker-Rosendahl heute.

Die Geiselnehmer gehören zur palästinensischen Terrororganisation „Schwarzer September." Sie stellen Ultimatum nach Ultimatum und versuchen, Palästinenser, die in israelischer Gefangenschaft sitzen, freizupressen. Der damalige Bundesinnenminister Hans-Dietrich Genscher bietet sich sogar als Austauschgeisel an. „Israelische Sportler ausgerechnet hier in Deutschland in Lebensgefahr... Das war ein unerträglicher Gedanke", sagte Genscher später. Nach einem langen Tag, gegen 21 Uhr, kommt es zu einer Einigung. Die Terroristen sollen mitsamt den Geiseln vom kleinen Flughafen Fürstenfeldbruck nach Kairo ausreisen. Eine gute Stunde später besteigen sie zwei Hubschrauber, die sie vom olympischen Dorf zum Flughafen bringen. Dort wartet tatsächlich eine startbereite Boeing 727 – allerdings mit beinahe leerem Tank. Die Sicherheitskräfte wollen die Terroristen gar nicht erst einsteigen lassen, sondern an Ort und Stelle ausschalten. Das misslingt katastrophal. Die Details sind vielfach analysiert worden, aber unterm Strich muss man sagen, dass die deutsche Polizei und Politik überfordert waren. Um Mitternacht sagt der Sprecher der Bundesregierung, die Aktion sei glücklich und gut verlaufen. Dabei fällt erst gegen halb zwei in der Nacht der letzte Schuss. Drei Terroristen werden gefangen genommen, fünf sind bereits tot.

Ein deutscher Polizist stirbt durch eine verirrte Kugel. Und kein einziger der Israelis überlebt die Nacht.

Am Tag danach diskutierte die ganze Welt, was eigentlich geschehen war. Und sie diskutierte, ob die heiteren Spiele in München fortgesetzt werden sollten. „Nach dem Schock kam der Kampfgeist: Das lassen wir uns nicht gefallen!", sagt Heide Ecker-Rosendahl. „Die Spiele abzubrechen wäre eine Ohnmachtserklärung gewesen, dass die Angreifer Recht haben." Und tatsächlich entscheidet das Internationale Olympische Komitee, die Spiele fortzusetzen. „The games must go on." Allerdings kommt es vorher noch zum Eklat. Vor Wiederaufnahme der Spiele wird im Münchener Olympiastadion eine Trauerfeier veranstaltet. Alle teilnehmenden Nationen lassen ihre Fahnen auf Halbmast wehen im Gedenken an die Verstorbenen. Nur zehn arabische Staaten machen nicht mit. Währenddessen werden die Leichen der Attentäter nach Libyen ausgeflogen, wo sie eine Heldenbestattung erhalten.

Mit dem Attentat von München endete die Unbesorgtheit und die Aufbruchsstimmung der Sechzigerjahre, meint der Sicherheitsexperte Matthias Dahlke. Der Anschlag habe sich ins kollektive Bewusstsein gebrannt und es habe mit den Siebzigerjahren ein Jahrzehnt der Verunsicherung begonnen. Politisch gab es zwar nur wenige bis gar keine Konsequenzen, aber es geschah trotzdem etwas Wegweisendes: Nur drei Wochen nach dem Desaster in Fürstenfeldbruck wird die GSG9 gegründet. Deutschland hat seine erste eigene Antiterroreinheit, die bis heute operiert. Und auch die Sicherheitsmaßnahmen bei Großveranstaltungen werden über die Jahrzehnte sukzessive hochgefahren. Am Beispiel von Olympischen Spielen: Als sich Hamburg für Olympia 2024 bewarb, sickerte das Sicherheitskonzept der Spiele durch. Zehntausend Beamte sollten täglich im Schichtdienst zur Stelle sein, zusätzlich zu den Hamburger Polizisten; dazu weitere 4000 private Sicherheitskräfte, lückenlose Videoüberwachung, Zäune, Absperrungen, Streifen- und Einsatzboote im Hamburger Hafen und drei Hubschrauber zur ständigen Verfügung. Es waren die Ausmaße und auch die Kosten dieses Sicherheitskonzeptes, die unter anderem dazu führten, dass sich die Hamburger in einem Volksentscheid 2015 gegen Olympia aussprachen.

Aber wir müssen nicht bloß an Olympia denken. Jede Bahnhofshalle, jedes Festival und jeder Weihnachtsmarkt sehen heute anders aus als die „heiteren Spiele" von München 1972. Neue Sicherheitskonzepte müssen von den Veranstaltern oder Behörden eingehalten werden. Denn spätestens seit 1972 wissen wir auch in Deutschland, was Terror ist.

. . . .

LITERATURHINWEISE:

Simon Reeve: Ein Tag im September. Hintergrundbericht zum 21-stündigen Geiseldrama in München 1972. München 2006

Matthias Dahlke: Der Anschlag auf Olympia '72. Die politischen Reaktionen auf den internationalen Terrorismus in Deutschland. München 2006

Matthias Dahlke: Demokratischer Staat und transnationaler Terrorismus. München 2011

Sherko Fatah: Schwarzer September. Roman. München 2019

DIE ERSTE TEILUNG POLENS – 1772

WIE EIN LAND EIN TRAUMA BEKAM

Polen ist Mitglied der Europäischen Union. Dreiviertel der polnischen Bevölkerung identifizieren sich mit Europa, und die Hälfte spricht sich für eine „Vertiefung der europäischen Integration" aus. Und dennoch wählen sie mehrheitlich mit der euroskeptischen Partei Recht und Gerechtigkeit (PIS) eine Partei in die Regierung, die offen gegen die EU agiert. Die polnische Regierung verabschiedet Gesetze, die gegen EU-Grundsätze verstoßen, und verweigert der Europäischen Union bei der Aufnahme von Flüchtlingen jedwede Unterstützung.

Die Ursache dieser auf Eigenständigkeit beharrenden Politik liegt etwa 250 Jahre zurück. 1764 wurde Stanislaus II. August Poniatowski polnischer König. Preußen und Russland hatten sich vorher in die Wahl eingemischt, weil sie einen König im benachbarten Polen haben wollten, der ihren Interessen nicht entgegenstand. Russland wollte den Einfluss auf Polen behalten, während Preußen eine territoriale Verbindung zwischen den beiden getrennten Landesteilen Pommern und Ostpreußen schaffen und „Polnisch-Preußen" annektieren wollte. Aber Stanislaus II. hatte eigene politische Vorstellungen und versuchte, gegen die russische Einflussnahme Polen zu reformieren.

Das stellte die russische Zarin Katharina II. vor ein Dilemma: Ein militärisches Engagement in Polen würde zweifellos die beiden anderen Großmächten Preußen und Österreich auf den Plan rufen, die eine Verschiebung des Gleichgewichts der Kräfte zu Gunsten Russlands nicht hinnehmen würden. Die Lage wurde für Katharina II. im Herbst 1768 noch komplizierter, weil das Osmanische Reich Russland am 25. September den Krieg erklärte. Sultan Mustafa III. hatte zuvor den antirussischen polnischen

Adel unterstützt und sich damit direkt gegen das russische Zarenreich gestellt. Das war die Gelegenheit für den preußischen König Friedrich II., sich in diesen Konflikt einzumischen und die Erweiterung des eigenen Territoriums voranzutreiben. Unter dem Vorwand, die Pest zu bekämpfen, die allerdings schon seit 1710 längst überwunden war, ließ Friedrich II. Grenzbefestigungen durch Westpolen ziehen. Anschließend bot er Katharina II. Hilfe im Kampf gegen die Osmanen an, um als Gegenleistung die Einwilligung Russlands für die Annexion „Polnisch-Preußens" zu erhalten. Katharina II. stimmte diesem Deal zu und machte damit den Weg zur ersten Teilung Polens frei.

Auch Österreich beobachtete das Geschehen aufmerksam, weil die habsburgische Monarchie weder einen preußischen Machtzuwachs noch eine Ausdehnung des russischen Einflusses in Südosteuropa hinnehmen wollte. Erzherzogin Maria Theresia zögerte zunächst, zumal es sich bei Polen um einen wie das Habsburgerreich katholischen Staat handelte. Ausschlaggebend für ihre Zustimmung war die Annäherung Preußens und Russlands, sodass die österreichische Regentin ihre Bedenken beiseite wischte und einer ersten Teilung Polens zustimmte, bei der auch sie ein Stück vom Kuchen abbekam. Der als „Pazifizierung Polens" bezeichnete Teilungsvertrag wurde am 5. August 1772 unterzeichnet. Für Polen bedeutete dieser Landraub den Verlust eines Drittels seiner Bevölkerung, eines Viertels seines Staatsgebietes und des wirtschaftlich bedeutenden Zugangs zur Ostsee. Preußen annektierte den „Netzedistrikt", nannte die neuen Bürger „Beutepreußen" und war der größte Profiteur der ersten Teilung Polens. Österreich erweiterte sein Staatsgebiet um Galizien, während Russland Polnisch-Livland und Teile des heutigen Weißrusslands zugesprochen bekam.

Aber mit der ersten Teilung Polens waren die Gebietsansprüche seiner Nachbarn nicht gestillt. Während die Revolution in Frankreich auf dem Höhepunkt war, verabschiedete das polnische Parlament am 3. Mai 1791 – dem heutigen Nationalfeiertag – eine Verfassung, die als die „älteste moderne Verfassung" Europas gilt. Preußen, Österreich und Russland sahen darin eine Bedrohung ihrer Monarchien und setzten 1793 im Zuge der zweiten Teilung die polnische Verfassung wieder außer Kraft. Anschließend bestand Polen nur noch aus einem schmalen Streifen zwischen der Ostsee bei Lipawa im heutigen Lettland bis nach Lublin und Krakau im Süden. Polen war zum Spielball der Mächte geworden. Daran konnte auch eine polnische Widerstandsbewegung, der Bürger, Bauern, Adlige und Geistliche angehörten, nichts ändern. Nachdem im Oktober 1794 ein Aufstand von russischen Truppen niedergeschlagen worden war, wurde Polen am 3. Januar 1795 ein drittes und letztes Mal geteilt: Russland annektierte östlich von Bug und Memel u. a. Litauen, Österreich erhielt die wichtigen Städte Lublin und Krakau, während Preußen Warschau mit der Provinz Neuostpreußen zusammenlegte.

Damit war Polen von der europäischen Landkarte getilgt. Beim Wiener Kongress entstand 1815 das sogenannte „Kongresspolen" unter russischer Hegemonie. Zahlreiche Aufstände gegen diese Fremdherrschaft wurden niedergeschlagen. Nach dem Ersten Weltkrieg wurde die zweite polnische Republik gegründet. Nach dem Hitler-Stalin-Pakt marschierte im September 1939 die Sowjetunion in den Osten des Landes ein, den Westen besetzten die Deutschen, wo im sogenannten Generalgouvernement bis 1945 der Holocaust stattfand. Als Teil des Ostblocks geriet Polen bis 1989 unter sowjetische Herrschaft. Seitdem ist Polen ein freies Land und hat eine tiefgreifende Aversion gegen jede Form der Fremdbestimmung.

Man kann das politische Verhalten der Polen am Beginn des 21. Jahrhunderts natürlich nicht nur mit der Geschichte des Landes erklären. Aber die Aversion gegen einen „Superstaat", wie er zumindest von der polnischen Regierung in der Brüsseler EU-Bürokratie gesehen wird, hat seine Ursachen in der Jahrhunderte langen Unterdrückung der polnischen Souveränität durch seine Nachbarn Deutschland bzw. Preußen, Russland bzw. der Sowjetunion und der Habsburgermonarchie seit dem Ende des 18. Jahrhunderts.

LITERATURHINWEISE:

Manfred Alexander: Kleine Geschichte Polens. Stuttgart 2008

Anja Ströbel: Die polnischen Teilungen. Ein analytischer Vergleich. In: *Riccardo Altieri, Frank Jacob* (Hrsg.): Spielball der Mächte. Bonn 2014

Hartmut Kühn: Polen im Ersten Weltkrieg. Der Kampf um einen polnischen Staat bis zu dessen Neugründung 1918/1919. Berlin 2018

QR - CODE:

DAS KONSTRUKTIVE MISSTRAUENS-VOTUM – 1982

WIE EIN KANZLER MIT RECHTSSTAATLICHEN MITTELN GESTÜRZT WURDE

Im Artikel 67 des Grundgesetzes ist festgehalten, wie das Parlament einen Bundeskanzler stürzen und einen anderen Kandidaten zum Nachfolger bestimmen kann. Der Bundestag, so lautet der Artikel, kann „dem Bundeskanzler das Misstrauen nur dadurch aussprechen, dass er mit der Mehrheit seiner Mitglieder einen Nachfolger wählt". Anschließend muss der Bundespräsident den neu Gewählten zum Bundeskanzler ernennen. Damit ist ausgeschlossen, dass das Parlament einem Bundeskanzler „nur" absetzen kann und das Land anschließend ohne funktionsfähige Regierung ist. Diese Regelung ist eine Lehre aus der Verfassung der Weimarer Republik, in der Reichskanzler und einzelne Minister vom Parlament gestürzt werden konnten.

Davon war die Bundesrepublik Deutschland weit entfernt, als sich am Abend der Bundestagswahl 1969 SPD und FDP auf eine sozial-liberale Koalition verständigten. Vor der neuen Regierung lagen die Ostpolitik und die Versöhnung mit den ehemaligen Kriegsgegnern in Osteuropa. Viele innenpolitische Reformen wurden angestoßen und die Herausforderung durch den Terror der Rote Armee Fraktion im sogenannten „Deutschen Herbst" 1977 bewältigt. Die Bundestagswahl 1980 gewann die sozial-liberale Koalition deutlich, weil vor allem die Liberalen Stimmen dazugewinnen konnten, während CDU/CSU mit dem Kandidaten Franz-Josef Strauß starke Einbußen hinnehmen mussten.

Aber trotz dieses Wahlsieges waren erste Abnutzungserscheinungen in den Reihen der Regierungskoalition sichtbar, die sich nach und nach zu einem handfesten Krach entwickelten. Zum einen gab es wirtschaftliche Schwierigkeiten, denen nach Meinung der FDP anders entgegengetreten werden musste, als es die SPD wollte. Zum anderen gab es Streit um den NATO-Doppelbeschluss, der die Sowjetunion zu Abrüstungsverhandlungen bewegen sollte. Westliche Militärs hatten herausgefunden, dass die UdSSR atomare Mittelstreckenraketen nachgerüstet hatte und damit europäische Städte bedrohte. Im Dezember 1979 beschlossen die NATO-Staaten daraufhin, ebenfalls solche Raketen zu stationieren. Gleichzeitig boten sie der Sowjetunion an, auf die Nachrüstung zu verzichten, wenn die UdSSR ihre Raketen verschrotten würde.

Während CDU/CSU und weite Teile der FDP dem NATO-Doppelbeschluss zustimmten, war die Mehrheit der SPD-Mitglieder dagegen. Viele warfen dem SPD-Bundeskanzler Helmut Schmidt vor, ein „Aufrüstungskanzler" zu sein, und verweigerten ihm die Gefolgschaft. Die Ablehnung des NATO-Doppelbeschlusses war eine der Ursachen für die Gründung der Grünen, die 1983 erstmals in den Bundestag einzogen. Als auch prominente SPD-Politiker wie Oskar Lafontaine oder Erhard Eppler wegen des Doppelbeschlusses Front gegen Helmut Schmidt machten, war das Ende der Regierung eingeläutet. Auslöser für das am 1. Oktober 1982 durchgeführte konstruktive Misstrauensvotum war aber ein Papier des Wirtschaftsflügels der FDP, das Wirtschaftsminister Otto Graf Lambsdorff am 9. September 1982 an den Kanzler schickte.

Dieses „Lambsdorff-Papier" griff neo-liberale Ideen der US-amerikanischen Administration von Ronald Reagan und der britischen Regierungschefin Margaret Thatcher auf. Neben einer Haushaltskonsolidierung sollten vor allem die Ausgaben der „explodierenden Sozialstaatskosten" eingedämmt und die gesamte Wirtschaft „dereguliert", also von einschränkenden Gesetzen befreit werden. Auf dieses als „Scheidungspapier" bekannt gewordene Konzept reagierte Helmut Schmidt schroff. Nach dem Rücktritt aller FDP-Minister bildete er eine Minderheitsregierung. Drei Wochen später kam es im Deutschen Bundestag zum Showdown. Der damalige FDP-Innenminister Gerhart Baum fühlte sich von seiner Fraktionsspitze, die den Koalitionsbruch betrieb, übergangen. Es war eine „vorbereitete Sturzgeburt ohne ernsthafte Debatte", moniert er in Erinnerung an den 1. Oktober 1982, als der CDU-Fraktionsvorsitzende Helmut Kohl mit den Stimmen vieler FDP-Abgeordneter im zweiten konstruktiven Misstrauensvotum der Geschichte der Bundesrepublik Deutschland zum Bundeskanzler gewählt wurde.

Der erste Versuch, einen Kanzler abzuwählen, war am 27. April 1972 gescheitert. Damals trat der CDU-Abgeordnete Rainer Barzel gegen den SPD-Bundeskanzler Willy Brandt an. Anlass war die in der Bevölkerung umstrittene Ostpolitik Brandts. Einige FDP-Politiker lehnten die Ostverträge ab und traten der CDU-Fraktion bei. Aber Barzels Versuch scheiterte knapp. Später stellte sich heraus, dass der DDR-Geheimdienst mindestens zwei Unionsabgeordnete bestochen hatte. In beiden Fällen hat sich gezeigt, wie wichtig es war, Lehren aus den Fehlern der ersten deutschen Demokratie zu ziehen. In der Weimarer Republik löste ein Kanzlersturz wie der Heinrich Brünings 1932 eine dramatische Krise aus, aus der die Republik nicht mehr herauskam. Sowohl 1972 als auch 1982 sorgte hingegen der Artikel 67 des Grundgesetzes dafür, dass auch in turbulenten politischen Zeiten das politische System insgesamt stabil geblieben ist.

LITERATURHINWEISE:

Wolfgang Rudzio: Das politische System der Bundesrepublik Deutschland. Stuttgart 2003

Andreas Rödder: Die Bundesrepublik Deutschland 1969–1990. München 2004

Thomas Karlauf: Helmut Schmidt. Die späten Jahre. München 2016

Ralf Georg Reuth: Annäherung an Helmut Kohl. Die neue Biografie. München 2017

QR – CODE:

DIE PEST – 1346

WIE DER SCHWARZE TOD EUROPAS BEVÖLKERUNG DEZIMIERTE

Bis Ende August 2020 haben sich weltweit knapp 25 Millionen Menschen mit den SARS-CoV-2 infiziert, knapp vier Millionen davon in Europa - zumindest sind das die offiziellen Zahlen. Bisher sind an dem Virus 850.000 Menschen verstorben. Im Vergleich zu vorherigen Pandemien ist die Todeszahl vergleichsweise gering geblieben. Das liegt daran, dass viele Länder relativ schnell strikte Regeln eingeführt haben: Abstand halten, regelmäßig Hände waschen, so wenig Kontakt zu anderen wie möglich. Diese Reaktion war möglich, weil früh bekannt war, dass Covid-19 durch Tröpfchen übertragen wird: Ein Kranker oder eine Kranke niest und steckt dadurch Menschen in seiner oder ihrer Umgebung an.

Im Mittelalter war dieser Zusammenhang nicht bekannt. Deshalb konnten sich Krankheiten wie die Pest über große Landstriche, Länder und Kontinente ausbreiten. Eine der verheerendsten Pandemien der Weltgeschichte wird als Schwarzer Tod bezeichnet: die große Pest-Pandemie der Jahre 1346 bis 1353, die im mittelalterlichen Europa einem Drittel der europäischen Bevölkerung, schätzungsweise 25 Millionen Menschen, das Leben kostete.

Vermutlich kam die Pest-Pandemie aus Asien. Ratten und vor allem die Seeleute selbst, die mit dem Bakterium Yersinia pestis infiziert waren, brachten es über die Handelsrouten nach Europa, zuerst nach Messina auf Sizilien, und von dort aus breitete es sich aus. Flöhe und Läuse hatten den Erreger vermutlich übertragen – die beengten und unhygienischen Bedingungen, unter denen die Menschen damals lebten, waren ideale Bedingungen für die Blutsauger, um schnell von einem

Wirt zum nächsten wechseln zu können. In Florenz überlebte nur ein Fünftel der Bürger. Im Gebiet des heutigen Deutschlands starb nach Schätzungen jeder zehnte Einwohner.

Diese Gebiete hatten zwischen 900 und 1300 einen starken Aufschwung erlebt. Die Einwohnerzahl Europas hatte sich in diesem Zeitraum etwa vervierfacht. Vor allem in den Gebieten rund um Paris, im Rheintal, in den nördlichen Hansestädten Bremen, Hamburg und Kiel sowie im nördlichen Italien lebten mehr Menschen als je zuvor. Das hatte mehrere Ursachen: Zuvor naturbelassene Gebiete waren bewohnbar gemacht worden, neue Städte entstanden und ältere Ortschaften wuchsen an. Außerdem gab es im 13. Jahrhundert vor allem in Westeuropa keine größeren Kriege, durch die die Gesellschaft hätte dezimiert werden können.

Die Ärzte der damaligen Zeit standen der Krankheit vollkommen ratlos gegenüber. Es gab keine wissenschaftliche Erklärung dafür, woher die Pest kam. Viele Menschen sahen die Pest als Strafe Gottes an oder vermuteten, sie sei eine Folge von schlechten Winden oder ungünstigen Planetenkonstellationen. Oftmals wurde auch gemutmaßt, das Wasser in den Brunnen sei vergiftet worden. Die Schuldigen waren schnell gefunden: die Juden. Sie wurden zu Sündenböcken gestempelt und in ganz Europa verfolgt, vertrieben und ermordet. Jüdische Wohnviertel wurden niedergebrannt und ihre Einwohner einem qualvollen Tod auf dem Scheiterhaufen ausgesetzt. Ein gängiges Heilmittel war der Aderlass, für den Blut aus der Vene des Patienten auslief, damit auf diesem radikalen Weg der Pesterreger den Körper verlassen konnte. Andere Erkrankte nahmen Brechmittel oder bekamen Einläufe, weil sie hofften, auf diesem Weg die giftigen Erreger loszuwerden. Um sich vor der Pest zu schützen, trugen die Menschen Tücher vor dem Gesicht, verbrannten duftende Kräuter und versprühten Rosenwasser. Erst nachdem Hunderttausende an der Pest gestorben waren, wurde klar, dass die Ausbreitung der Seuche durch die Isolation der Kranken eingedämmt werden konnte. 1423, lange nachdem die Seuche vorüber war, wurde auf einer Insel bei Venedig das erste Pestkrankenhaus Europas eingerichtet. Auch eine Quarantänestation entstand auf einer der venezianischen Inseln. Reisende, die mit dem Schiff nach Venedig kamen, mussten erst für vierzig Tage (auf Italienisch „quarantena") in dieser Station unter Beobachtung bleiben. Heute nennt sich das Procedere Quarantäne und dauert bei der Corona-Pandemie nur vierzehn Tage.

Der Schwarze Tod verursachte einen tiefgreifenden Wandel der mittelalterlichen Gesellschaft in Europa. Weil so viele Menschen gestorben waren, gab es nicht mehr genug Arbeitskräfte. Noch Jahrzehnte nach der Seuche lagen etliche Felder brach. Das führte aber auch dazu, dass unrentable Ländereien aufgegeben und neue Siedlungen gegründet wurden, die Lohnstruktur veränderte sich, und das Zunftwesen wurde aufgeweicht. Das führte letztendlich zu breiterem Wohlstand für mehr Bevölkerungsschichten.

Auch in den Folgejahren gab es immer wieder einzelne Pest-Epidemien in verschiedenen Regionen Europas. Die erreichten aber nie wieder die Ausmaße des Schwarzen Todes. Erst 1894 entdeckte ein Schweizer Arzt den Erreger der Pest und entwickelte einen Impfstoff. Heute gilt die Pest zumindest in Europa als besiegt, das liegt unter anderem an unseren guten hygienischen Verhältnissen. Doch in anderen Teilen der Welt ist die Pest nicht ausgerottet – zum Beispiel auf Madagaskar sind in den letzten Jahren hunderte Menschen daran gestorben, und auch im Kongo bricht die Krankheit immer wieder aus.

LITERATURHINWEISE:

David Herlihy: Der Schwarze Tod und die Verwandlung Europas. Berlin 2007

Manfred Vasold: Grippe, Pest und Cholera. Eine Geschichte der Seuchen in Europa. Bergisch-Gladbach 2015

Klaus Bergdolt: Der Schwarze Tod in Europa. Die Große Pest und das Ende des Mittelalters. München 2017

Sandra Hempel: Atlas der Seuchen. Epidemien der Weltgeschichte. Köln 2020

Regine D. Ritter und Jana Hoffhenke (Hrsg.): Der Schatten des Schwarzen Todes. 13 Pestgeschichten. Bremen 2019

QR – CODE:

DIE 95 THESEN MARTIN LUTHERS – 1517

WIE EINE NEUE CHRISTLICHE KONFESSION ENT-STAND

Katholische und protestantische Christen versuchen heute, ökumenische Gottesdienste abzuhalten und die beiden christlichen Konfessionen einander näherzubringen. Obwohl es logisch und einfach klingt, erweist sich dieses Ansinnen in der Realität als kompliziert. Zwar glauben Christen aller Konfessionen an den einen gemeinsamen Gott, aber die Konfessionen haben sich so weit auseinanderentwickelt, dass mitunter ganze Regionen durch die eine oder die andere Konfession stark geprägt sind.

Die erste Abspaltung innerhalb der römischen Christenheit fand 1054 statt, als sich der römische Papst und der Patriarch von Konstantinopel gegenseitig exkommunizierten und so das Morgenländische Schisma begründeten, das bis heute ein Zusammengehen der katholischen und der osteuropäischen, orthodoxen Kirche verhindert. 1378 folgte das Abendländische Schisma, das auf dem Konzil von Konstanz 1418 beendet wurde. Die dritte Abspaltung innerhalb der Christenheit fand zu Beginn des 16. Jahrhunderts statt und ist mit einem Namen verbunden: Martin Luther.

Martin Luther, am 10. November 1483 in Eisleben in der Grafschaft Mansfeld als zweiter Sohn einer Bergmannsfamilie geboren, trat 1505 nach einem religiösen Erweckungserlebnis in das „Schwarze Kloster" der Augustiner-Eremiten in Erfurt als Mönch dieses Bettelordens ein. Zwei Jahre später wurde er zum Priester geweiht. Er strebte eine Karriere innerhalb der römischen Kirche an, die er drei Jahre später als Hilfsprofessor an der theologischen Fakultät der Universität Wittenberg begann. 1512 bekam er den Lehrstuhl der „Lectura in Biblia" – der

Bibelauslegung. 1515 folgte der Provinzialvikar, zudem war er für sechs Jahre Dekan der theologischen Fakultät der Wittenberger Universität.

Luther war ein Kind seiner Zeit, und die wurde geprägt vom Humanismus und von der Renaissance. Bildungsreformer und Künstler stellten den Menschen und sein Wohl in den Mittelpunkt ihrer Überlegungen und gerieten dadurch mitunter ungewollt in Konflikt mit der römischen Kirche, der sie Verweltlichung und Prunksucht vorwarfen. Die römische Kirche basiert bis heute auf der Interpretation des Matthäus-Evangeliums, wonach Jesus gesagt haben soll: „Du bist Petrus, und auf diesen Felsen will ich meine Kirche bauen." Da Petrus der erste Bischof von Rom gewesen sei und Jesus ihm und seinen Nachfolgern eine Vorrangstellung eingeräumt habe, sei diese Vorrangstellung auch auf die „Nachfolger Petri" übergegangen – also auf die Päpste. In dieser Logik gab es eine direkte Linie von Gott über Petrus zum Papst. Der Papst sei berufen, die göttlichen Worte der Bibel zu interpretieren und daraus Verhaltensprinzipien für die Menschen abzuleiten. Über den Papst seien die Menschen mit Gott verbunden. Deshalb gab es keine in die Volkssprache übersetzte Bibel, und deshalb predigten die Priester in lateinischer Sprache, die die Menschen nicht verstanden. Ihnen blieb nichts als der Glaube an die Kirche und ihre Repräsentanten.

Ganz im Sinne von Humanismus und Renaissance kam Luther aber zu der Erkenntnis, dass jeder Mensch ein direktes Verhältnis zu Gott hat. Es bedurfte deshalb keiner „päpstlichen Zwischenstation" bei der Interpretation der Bibel. Für ihn zählten nur die Heilige Schrift („Primat der Schrift"), Jesus Christus („Primat Christi") und die Gnade Gottes („Primat der Gnade und des Glaubens"). Konsequent zu Ende gedacht, war in diesem Gedankengebäude weder Platz für den Vatikan noch für den Papst. Als dann noch der Ablasshandel zur Finanzierung des Neubaus von St. Peter in Rom (dem heutigen Petersdom) direkt vor seiner Kirche den Christen vorgaukelte, man könne gegen Geld selbst jene Sünden tilgen, die man noch gar nicht begangen habe, wurde aus dem Wittenberger Mönch erst ein Reformer der römischen Kirche und dann ein Revolutionär der Christenheit.

Luther wollte keine neue christliche Konfession ins Leben rufen. Er wollte vielmehr mit seinen am 31. Oktober 1517 bekannt gewordenen 95 Thesen die römische Kirche reformieren. Aber der Papst in Rom reagierte hart, drohte Luther mit der Exkommunikation und forderte von Kaiser Karl V., Luther vor den Reichstag zu zitieren, wo er seine Thesen widerrufen sollte. Am 17. April 1521 erschien Luther vor dem Reichstag in Worms, widerrief aber seine Thesen nicht. Ganz im Gegenteil warf er Papst und Konzilien Irrtümer vor und sah deshalb keinen Grund, seine Auffassungen zu widerrufen. Damit war das Tischtuch zwischen den Anhängern Luthers und der römischen Kirche endgültig zerschnitten und eine erneute Spaltung innerhalb der Christenheit unvermeidlich.

Martin Luther lebte anschließend als „Junker Jörg" verkleidet unter dem Schutz des sächsischen Kurfürsten Friedrich III. auf der Wartburg und übersetzte das Neue Testament ins Deutsche, damit jeder Christ das Wort Gottes aus der Bibel selbst lesen konnte. 1522 wurde seine Übersetzung des Neuen Testaments gedruckt, ab 1534 lag die komplette Bibel vor – seither bekannt als die Luther-Bibel. Sie ist bis heute die Grundlage der protestantischen Kirche, der weltweit etwa 300 Millionen Menschen angehören.

LITERATURHINWEISE:

Friedrich Wilhelm Graf: Der Protestantismus. Geschichte und Gegenwart. München 2006

Thomas Kaufmann: Erlöste und Verdammte. Eine Geschichte der Reformation. München 2016

Volker Reinhardt: Luther, der Ketzer. Rom und die Reformation. München 2016

Heinz Schilling: 1517. Weltgeschichte eines Jahres. München 2017

Heinz Schilling: Karl V. Der Kaiser, dem die Welt zerbrach. München 2020

QR – CODE:

DIE OKTOBERREVOLUTION – 1917

WIE EINE REVOLUTION DIE WELT VERÄNDERTE

Kaum eine Revolution hat so tiefe Spuren in der Geschichte Europas hinterlassen wie die des Oktober 1917. Jene Oktoberrevolution war die Grundlage eines russischen Staates, der von 1922 bis 1990 Union der sozialistischen Sowjetrepubliken hieß und einen großen Teil Asiens und Europas beherrschte. Einige Russen wollen die alte UdSSR auch heute noch, aber sie sehnen sich weniger nach der sozialistischen Gesellschaftsordnung, sondern vielmehr nach der Weltmachtstellung der ehemaligen UdSSR.

Angefangen hat die Revolution eigentlich schon 1905, als zum ersten Mal die Menschen in Russland Zar Nikolaus II. für soziale und politische Missstände verantwortlich machten. Ende Januar 1905 wollten mehr als 30 000 Russen unter der Führung eines orthodoxen Priesters ihrem Unmut vor dem Regierungssitz des Zaren in St. Petersburg Luft machen und forderten bessere Arbeitsbedingungen, Agrarreformen, das Ende der Zensur sowie die Schaffung eines parlamentarischen Systems. Aber ihr Sternmarsch wurde beim sogenannten Petersburger Blutsonntag am 22. Januar 1905 blutig aufgelöst. Zwischen 130 und 1000 Todesopfer waren zu beklagen. Kurz danach eskalierte die Situation, die Zar Nikolaus II. einige Monate später nur dadurch beruhigen konnte, dass er in einem Oktobermanifest die Schaffung eines parlamentarischen Zweikammersystems, das allgemeine Wahlrecht und die Geltung der Grundrechte für alle Russen ankündigte. Später kümmerte sich der Zar nicht mehr um seine Versprechen und legte so den Grundstein für die zweite, erfolgreiche Revolution im Oktober 1917. Die politischen Verhältnisse, die 1905 zur Revolution geführt hatten, hatten sich auch 1917, im dritten Jahr des Ersten Weltkriegs, nicht verändert, und die militärische Lage an der russischen Westfront war bedrohlich. Nachdem in anderen Städten der Aufstand schon begonnen hatte, musste Zar Nikolaus II. nach Revolten in Moskau und St. Petersburg seinen Rücktritt und anschließend auch noch den endgültigen Thronverzicht erklären. Nach der Abdankung des Zaren am 1. März 1917 gab es eine sogenannte Doppelherrschaft von Parlament – der Duma – und Arbeiter- und Soldatenräten – den Sowjets. Der eigentliche Plan der Duma bestand darin, im Herbst 1917 eine Verfassungsgebende Versammlung wählen zu lassen, die über Staatsform und Gesellschaftsordnung des künftigen Russland entscheiden sollte.

Dieser Plan wurde aber durch die zweite Phase der Revolution im Oktober 1917 zunichte gemacht. In der Duma bereitete die provisorische Regierung Reformen nach westlichem Muster vor und trat für die Fortsetzung des Kriegs ein. Dagegen setzten die Sowjets, die in allen Regionen gebildet worden waren, auf ein Rätesystem, in dem direkt gewählte Abgeordnete durch ein imperatives Mandat ihrer Wähler gebunden waren. In den Sowjets stritten die gemäßigten Menschewiki, die auf eine bürgerliche Revolution setzten, mit den Bolschewiki, die nach dem Sturz des Zaren und der Durchsetzung des Sozialismus die „Diktatur des Proletariats" anstrebten.

In dieser entscheidenden Phase der Revolution trat ein Mann in Erscheinung, der sich im nahegelegenen Finnland aufgehalten und die Entwicklung in Russland beobachtete hatte: Wladimir Iljitsch Lenin. Für den Osteuropa-Experten Manfred Hildermeier war er der entscheidende Mann, dessen „unbestrittene Autorität" den Kurs der Bolschewiki maßgeblich bestimmte. Unter der politischen Führung Lenins gelang es den Bolschewiki, in den Sommermonaten 1917 in den Sowjets mehr Einfluss zu bekommen und Mehrheiten für einen radikaleren Kurs zu organisieren. Mit dem Slogan „Brot, Frieden, Land" gewannen sie im August 1917 über ein Drittel der Stimmen bei den Wahlen zum St. Petersburger Stadtparlament.

Bei zwei entscheidenden Sitzungen des Zentralkomitees der russischen Kommunisten Ende Oktober 1917 erlangte der kurz zuvor nach Russland zurückgekehrte Lenin eine Mehrheit für einen bewaffneten Aufstand. Am 6. November 1917 gab Leo Trotzki, der Vorsitzende des St. Petersburger Sowjet, den Startschuss zur Revolution. Die Roten Garden besetzten strategisch wichtige Punkte der Stadt und zwangen den Chef der Übergangsregierung, Alexander Kerenski, zur Flucht ins Hauptquartier der zaristischen Truppen. Dort aber stieß sein Versuch, Widerstand gegen die Bolschewiken zu organisieren bei führenden Militärs auf taube Ohren. Sie setzten auf eine bolschewistische Revolution, die schnell zusammenbrechen und anschließend Platz machen würde für eine von ihnen installierte Militärdiktatur. Am 7. November 1917 hatte sich die provisorische Regierung im Petersburger Winterpalast versammelt, als vom gegenüberliegenden Ufer der Newa vom Panzerkreuzer Aurora ein ungezielter Schuss abgefeuert wurde. Am Abend dieses Tages war klar, dass es keinen nennenswerten Widerstand der regierungstreuen Truppen geben werde. Die bolschewistische Revolution hatte gesiegt. Die zum Schutz der Regierung angetretenen Soldaten und die Minister der Übergangsregierung wurden – nach einer Versicherung, sich nicht mehr politisch zu betätigen – nach Hause geschickt.

LITERATURHINWEISE:

Bertrand M. Patenaude: Trotzki. Der verratene Revolutionär. Köln 2009

Jörg Baberowski: Verbrannte Erde. Stalins Herrschaft der Gewalt. München 2012

Gerd Koenen: Die Farbe Rot. Ursprünge und Geschichte des Kommunismus. München 2017

Manfred Hildermeier: Geschichte der Sowjetunion. 1917–1991. Entstehung und Niedergang des ersten sozialistischen Staates. München 2017

Victor Sebestyen: Lenin. Ein Leben. Berlin 2017

John Reed: Zehn Tage, die die Welt erschütterten. Essen 2017

QR - CODE:

DER MORD AN WERNER VON OBER-WESEL – 1287

WIE DER HASS AUF JUDEN ÜBERDAUERTE

Heute stehen Synagogen in Deutschland unter Polizeischutz. Und zwar nicht erst seit 2019 ein rechter Terrorist in Halle an der Saale in eine Synagoge eindringen und die Gemeindemitglieder töten wollte. Gewalt und Hass gegen Juden hat in Deutschland eine lange Geschichte, die auch bis weit vor den Holocaust zurückreicht.

Gründonnerstag 1287, der Leichnam eines sechzehnjährigen Burschen wird beim kleinen Dorf Bacharach am Mittelrhein gefunden. Er hat Stichwunden, sein Körper ist übel zugerichtet. Werner von Oberwesel, stellt sich heraus, ist der Name des Opfers. Ein Tagelöhner aus der Gegend. Von den Tätern keine Spur. Sein Leichnam wird, wie es damals Sitte war, drei Tage lang zur öffentlichen Schau aufgebahrt. Noch während Werner dort liegt, fangen die Dorfbewohner an zu erzählen, dass vom Jungen wohltuende Gerüche und merkwürdige Lichtzeichen ausgingen. Klare Sache: erste Anzeichen von Heiligkeit. Aber warum sollte dieser unbekannte Tagelöhner heilig sein? Ebenfalls klare Sache: Weil er als Märtyrer gestorben sein musste.

Schnell setzt sich das Gerücht fest, dass Werner von Oberwesel Opfer eines Ritualmords geworden sei. Umgebracht von Juden, die ihn mit dem Versprechen von Arbeit und Bezahlung in ein Haus gelockt, mit einem Bleiklumpen zum Schweigen, ihn an den Füßen aufgehängt und mit einem Messer gefoltert hätten. Natürlich zur Osterzeit, denn die Juden würden wieder und wieder die Kreuzigung Jesu Christi nachspielen wollen. Schließlich seien es auch die Juden gewesen, die den christlichen Erlöser umgebracht hätten. Zuletzt hätten sie Werners

Körper ausbluten lassen, um sein Blut für das jüdische Pessachfest zu verwenden.

Juden waren damals wie zu jedem Zeitpunkt der europäischen Geschichte in der religiösen Minderheit. Zwar gibt es durchaus Quellen und Belege, die zeigen, dass Juden im 13. Jahrhundert entlang des Rheins einen Platz in der Gesellschaft gefunden hatten. Davon zeugt zum Beispiel der Bau von Synagogen oder Gebetshäusern für Frauen, es gab feinste hebräische Handschriften, jüdische Händler und Geldgeschäfte, und auch die Gründung von neuen Gemeinden war erlaubt. Aber unter dem Strich ist das 13. Jahrhundert ein düsterer Wendepunkt für die Geschichte der Juden in Europa. Beim vierten Laterankonzil der römisch-katholischen Kirche wurde 1215 erlassen, dass Juden eine besondere Kleidung tragen müssen, damit sich Christen nicht „irrtümlich mit ihnen einlassen". Das kommt fürchterlich bekannt vor. Außerdem durften sie sich fortan an Gründonnerstag und Karfreitag nicht mehr öffentlich blicken lassen. Daneben uferten die Geschichten von Ritualmorden durch Juden immer weiter aus, und dazu gesellte sich auch noch der Mythos vom Hostienfrevel. Juden würden die Hostien stehlen, zerschneiden oder anders schänden, um sich über die Kreuzigung Jesu lustig zu machen. Auch dem kopfüber aufgehängten Werner von Oberwesel sollen sie die Hostie noch bei lebendigem Leibe aus dem Mund gestohlen haben – so wurde es erzählt.

Ostern 1287 geht diese Geschichte um wie ein Lauffeuer, und plötzlich kommt es in vielen Städten und Dörfern entlang des Rheins und der Mosel zu Racheaktionen. Einige hundert Juden werden dabei ermordet, genaue Zahlen sind aufgrund der Quellenlage schwer zu bestimmen. Hass- und Gewaltverbrechen gegen Juden hatte es wegen unterstellter Ritualmorde schon zuvor gegeben, aber eine derartige Pogromwelle ist neu. Die Juden wiederum wenden sich in ihrer Verzweiflung an König Rudolf I. von Habsburg, der sie beschützen soll. Und tatsächlich bestätigt der Kaiser die Haltlosigkeit der Beschuldigungen, verhängt Geldstrafen gegen jeden Judenmörder und befiehlt außerdem, den Leichnam von Werner von Oberwesel zu verbrennen. Niemals solle um den Jungen aus Bacharach ein Heiligenkult entstehen.

Daraus wurde aber nichts. Die kaiserliche Anordnung wurde missachtet. Nach der Bestattung von Werner kamen sehr schnell die ersten Pilger nach Bacharach. Innerhalb von wenigen Wochen sollen neunzig Menschen an seinem Grab auf wundersame Weise geheilt worden sein. Ab 1289 wurde die Kapelle von Bacharach ausgebaut und dann zu einer Märtyrer-Kapelle umgeweiht. Werner war in Augen der Gläubigen ein Märtyrer, er war unschuldig und jungfräulich, Merkmale eines Heiligen. In Bacharach entstand am Ende des 13. Jahrhunderts der erste Heiligenkult mit explizitem antijüdischem Hintergrund in deutschen Landen. Bis zur Reformation blieb Werner von Oberwesel einer der beliebtesten Volksheiligen und Bacharach einer der beliebtesten Wallfahrtsorte, was übrigens für Land und Kirche ein ziemlich gutes Geschäft war. 1548 wurden Teile seiner Gebeine sogar nach Besançon gebracht, womit der Werner-Kult auch nach Frankreich exportiert wurde.

Märtyrer, Heiligenkulte und die Kirche verloren im Laufe der Jahrhunderte an Bedeutung und Macht, während Aufklärung und kritische Nachfragen zur Geschichte von Werner von Oberwesel an Einfluss gewannen. Als die Kapelle in Bacharach während des Pfälzischen Erbfolgekriegs 1689 zerstört wurde, wurde sie nicht wiederaufgebaut. Aber die Legende blieb am Leben, und das Bistum Trier schrieb noch bis ins Jahr 1963 einen Werner-Gedenktag in den Festkalender. Erst als im Zweiten Vatikanischen Konzil Werner von Oberwesel aus der Liste der Heiligen gestrichen wurde, verzichtete auch Trier auf diesen Festtag. Papst Johannes XXIII. ist dann derjenige, der in einem heute weltbekannten Gebet erstmals um Vergebung bittet:

„Wir erkennen heute, dass viele Jahrhunderte der Blindheit unsere Augen verhüllt haben, sodass wir die Schönheit deines auserwählten Volkes nicht mehr sahen und in seinem Gesicht nicht mehr die Züge unseres erstgeborenen Bruders wiedererkennen. (...) Im Laufe der Jahrhunderte hat unser Bruder Abel im Blute gelegen, das wir vergossen, und er hat die Tränen geweint, die wir verursacht haben, weil wir deine Liebe vergaßen. Vergib uns den Fluch, den wir zu Unrecht an den Namen der Juden hefteten. (...) Denn wir wussten nicht, was wir taten. "

Dieses Gebet lässt sich auch auf das größte Verbrechen an den Juden überhaupt münzen, auf den Holocaust. Denn ein Großteil der Mörder waren Christen. Und auch wenn der Holocaust nicht religiös begründet war, so hatte doch die Religion geholfen, die uralten Stereotypen und Hassschablonen zu konservieren. Das Gebet von Papst Johannes XXIII. kann man heute auch auf einer Gedenktafel in der Ruine der Wernerkapelle in Bacharach lesen. Eines von vielen positiven Beispielen zu unserem heutigen Umgang mit Jahrtausenden von Antisemitismus. Leider reicht das nicht, um den Polizeischutz vor den Synagogen abzuziehen.

LITERATURHINWEISE:

Lars Rensmann, Julius H. Schoeps: Feindbild Judentum. Antisemitismus in Europa. Berlin 2008

Wolfgang Benz (Hrsg.): Handbuch des Antisemitismus. Judenfeindschaft in Geschichte und Gegenwart. Berlin/Boston 2009

Lars Rensmann u.a.: Politik des Hasses. Antisemitismus und radikale Rechte in Europa. Hildesheim 2010

Kira Preen: Antijüdische Stereotype und Vorurteile in mittelalterlichen Legenden. Marburg 2014

DER DEUTSCH-DEUTSCHE GRUNDLAGEN-VERTRAG – 1972

WIE ZWEI STAATEN FÜREINANDER KEIN AUSLAND WURDEN

Wenn man heute von Bayern nach Thüringen oder Sachsen fährt, wird man sich schwertun, die ehemalige Grenze zwischen diesen drei Bundesländern zu finden. Bis 1990 gehörte Bayern zur westdeutschen Bundesrepublik (BRD), während Thüringen und Sachsen Länder der Deutschen Demokratischen Republik (DDR) waren. Getrennt durch Stacheldraht, Sperr- und Selbstschussanlagen und bewacht von Soldaten der Nationalen Volksarmee lebten Thüringer und Sachsen in einer sozialistischen Gesellschaftsordnung, die Bayern hingegen im westlichen Kapitalismus.

Die Trennung Deutschlands und Europas war das Ergebnis des Zweiten Weltkriegs. Nach 1945 teilte sich der Kontinent in einen sowjetisch beherrschten, sozialistischen Osten und einen von den USA dominierten kapitalistischen Westen. Die BRD wurde in den Fünfzigerjahren Teil des westlichen Verteidigungsbündnisses NATO und der Europäischen Wirtschaftsgemeinschaft. Die DDR integrierte sich in den Warschauer Pakt und den Comecon, der östlichen Wirtschaftsgemeinschaft. Als sich immer mehr DDR-Bürger über die offene Grenze in den Westen absetzten, entstand in der DDR ein eklatanter Arbeitskräftemangel. Um die weitere Abwanderung zu stoppen, ließ die DDR-Regierung im August 1961 eine Mauer quer durch Berlin und eine Stacheldrahtsperre entlang der innerdeutschen Grenze errichten. In den folgenden Jahren gab es Hunderte von „Mauertoten", also Menschen, die beim Versuch, die Sperranlagen zu überwinden, ums Leben kamen.

Das Verhältnis zwischen den beiden deutschen Staaten war in den Sechzigerjahren zerrüttet. Die Regierung in Ost-Berlin warf der westdeutschen Seite vor, die Verbrechen des NS-Staates zu ignorieren und „alte Nazis" in den Staatsdienst zu übernehmen, während die Bonner Regierung, die DDR entweder als „Sowjetdeutschland" oder als „Marionette Moskaus" denunzierte. Das Verhältnis begann sich allmählich zu verbessern, als 1966 die erste große Koalition aus CDU/CSU und SPD gebildet wurde, deren Außenminister der Sozialdemokrat Willy Brandt wurde. Gemeinsam mit dem Sonderbotschafter Egon Bahr entwickelte er das Konzept einer Ostpolitik, die „Wandel durch Annäherung" herbeiführen wollte. Nach der Bundestagswahl Ende September 1969 bildeten SPD und FDP eine sozial-liberale Koalition, die es sich zur Aufgabe machte, diese Entspannungspolitik umzusetzen. Die Ostpolitik sollte die Friedens- und Aussöhnungspolitik gegenüber dem Westen und Israel unter der Kanzlerschaft Konrad Adenauers durch Versöhnung mit den Kriegsgegnern im Osten Europas ergänzen. Unmittelbar nach der Bundestagswahl begannen Bundeskanzler Willy Brandt, Außenminister Walter Scheel von der FDP und der Staatssekretär im Bundeskanzleramt Egon Bahr, völkerrechtlich bindende Verträge mit der Sowjetunion, Polen, der ČSSR und der DDR sowie ein Viermächteabkommen mit den alliierten Siegermächten des Zweiten Weltkriegs über den zukünftigen Status der geteilten Stadt Berlin vorzubereiten. Ziel dieser Vertragspolitik war es, eine Versöhnung mit den ehemaligen Kriegsgegnern herzustellen und das Verhältnis der beiden deutschen Staaten zueinander zu „normalisieren". Der erste und wichtigste Vertrag war der mit der UdSSR. Er ließ in Westdeutschland die Wogen hochschlagen, weil viele befürchteten, ein Vertrag mit der UdSSR und anderen Ostblockstaaten würde – für immer – den Verzicht auf die „deutschen Ostgebiete" bedeuten. Diese Gebiete wurden nach 1945 von

Deutschland abgetrennt, ihre Bewohner vertrieben und Polen zugeschlagen. Polen musste nach dem Hitler-Stalin-Pakt vom Sommer 1939 zwangsweise ein etwa gleich großes Gebiet an die UdSSR abtreten, sodass Millionen Polen von der Sowjetunion aus ihrer Heimat vertrieben wurden. Sie verdrängten Millionen Deutsche aus den nun zu Polen gehörenden ehemaligen „Ostgebieten". Die aus ihrer Heimat vertriebenen Deutschen lebten nach 1949 im Westen und wollten den Anspruch auf ihr ehemaliges Eigentum nicht aufgeben.

Vor allem die Anerkennung der Oder-Neiße-Grenze zwischen der DDR und Polen erregte die Gemüter, weil dahinter die „deutschen Ostgebiete" lagen. Eine Anerkennung stand nach Meinung vieler Westdeutscher im Widerspruch zum Wiedervereinigungsgebot des Grundgesetzes. Bei der Vertragsunterzeichnung in Moskau überreichte deshalb Außenminister Walter Scheel einen „Brief zur Deutschen Einheit", der festhielt, dass die Bundesregierung das Ziel einer „friedlichen Wiedervereinigung in freier Selbstbestimmung" aller Deutschen anstrebe. Mit dem Moskauer Vertrag vom 12. August 1970 war das Tor zu Verträgen mit den anderen Staaten des Ostblocks aufgestoßen. Aber die Verhandlungen zogen sich in die Länge. Nach fast zwei Jahren unterschrieben am 21. Dezember 1972 die Unterhändler Egon Bahr und Michael Kohl in Ost-Berlin den Grundlagenvertrag zwischen der BRD und der DDR. Darin wurden „gutnachbarliche Beziehungen" und ein Gewaltverzicht verabredet sowie der Anspruch aufgegeben, den jeweils anderen Staat international vertreten zu dürfen. Beide deutsche Staaten verzichteten auf jede Einmischung in die „inneren Angelegenheiten" des anderen Staates und verabredeten die Einrichtung von „ständigen Vertretungen".

LITERATURHINWEISE:

Heinrich August Winkler: Der lange Weg nach Westen, Bd. 2. Deutsche Geschichte vom „Dritten Reich" bis zur Wiedervereinigung. München 2002

Stefan Creuzberger: Westintegration und neue Ostpolitik. Berlin 2009

Egon Bahr: Ostwärts und nichts vergessen! Kooperation statt Konfrontation. Hamburg 2012

Gregor Schöllgen: Deutsche Außenpolitik. Von 1945 bis zur Gegenwart. München 2013

QR – CODE:

DIE TAUFE DES MEROWINGERKÖNIGS CHLODWIG I. – 507

WIE EINE TAUFE DEM CHRISTENTUM IN EUROPA ZUM DURCHBRUCH VERHALF

Für die meisten Europäer ist es selbstverständlich, dass ihr Kontinent christlich ist. Manche glauben sogar, dieses „christliche Abendland" gegen andere Religionen verteidigen zu müssen. Dabei folgte die Durchsetzung des christlichen Glaubens in Europa immer wieder Zufällen oder Streitigkeiten innerhalb der Christenheit. Zudem verlief die Geschichte der Christianisierung des Abendlands keineswegs friedlich, sondern war voller Konflikte: Nach dem Kirchenschisma von 1054 gab es zwei und seit der Reformation im 16. Jahrhundert sogar drei Konfessionen in Europa: die römisch-katholische, die orthodoxe und die protestantische.

Seit dem Dreikaiseredikt des oströmischen Kaisers Theodosius I. und der beiden weströmischen Kaiser Gratian und Valentinian II. im Jahr 380 dominierte der christliche Glaube im Römischen Reich. Unter dem Schutz des Römischen Reichs konnte sich das Christentum ausbreiten. Das änderte sich, als Mitte des 5. Jahrhunderts germanische Heere Rom besetzten und dem Weströmischen Reich 475 ein Ende machten. Nun stand der christliche Papst in Rom nicht mehr an der Seite einer Staatsmacht, die ihn schützte, sondern neben einem Germanensöldner namens Odoaker, dem das Christentum fremd war. Fortan bemühte sich die römische Kirche um einen Herrscher, der ihr Beistand gewähren und gleichzeitig für die Ausbreitung des christlichen Glaubens sorgen konnte.

Während der ostgotische König Theoderich, der in Italien am Beginn des 6. Jahrhunderts herrschte, eine eher liberale Religionspolitik verfolgte, fand Papst Symmachus im merowingischen Herrscher Chlodwig einen mächtigen Verbündeten, der für die Ausbreitung des Christentums sorgen konnte. Chlodwig hatte einige fränkische Kleinkönigtümer unterworfen oder durch Heiratspolitik und Erbschaften an sich gebunden und schließlich 507 die Westgoten besiegt. Unter Chlodwigs Ägide reichte das Merowingerreich wenige Jahre später von den Pyrenäen an der Grenze zum heutigen Spanien über das Gebiet des heutigen Frankreichs, der Benelux-Staaten, Österreichs, der heutigen Schweiz und Deutschlands. Chlodwig tat sich aber nicht nur als kriegerischer Herrscher hervor, sondern war auch vom christlichen Königsgedanken geprägt. Als christlicher Herrscher war ihm in der christlichen Heilslehre verheißen, dereinst im Himmel mit seinen Nachfahren zu herrschen. Dazu musste er seinen heidnischen Göttern abschwören und die Lehre der christlichen Trinität, also der Einheit von Gott als Vater, Sohn und heiligem Geist annehmen. Als eine Art Gegenleistung wurde ihm bei Schlachten der Beistand Gottes in Aussicht gestellt.

Es war also ein Geschäft auf Gegenseitigkeit, das die weltliche und die geistliche Macht abschlossen. Und Chlodwig trieb den Preis für seine Unterstützung in die Höhe, als er sich und seine Nachfolger verpflichtete, die Kirche zu schützen und Europa zu missionieren. Denn er ließ sich – vermutlich sogar durch einen Vertrag – zusichern, dass die geistlichen Ämter auf einer Synode unter dem Vorsitz des merowingischen Königs besetzt werden sollten und dass die Amtsträger dem König gegenüber steuerpflichtig waren.

Nachdem alle Formalitäten geklärt waren, stieg Chlodwig Weihnachten 507 in das christliche Taufbecken, womit er eine folgenreiche Entscheidung vollzog. Zum einen konnte er nun den Streit zwischen der schon im Römischen Reich christlich gewordenen Mehrheitsbevölkerung und den bis dahin nach heidnischen Regeln lebenden Franken schlichten. Zum anderen nahm er das römische und nicht das arianische Christentum an. Die Arianer lehnten im Gegensatz zu den römischen Christen die Wesensgleichheit von Gott als Vater und Sohn ab, da sie ihnen der monotheistischen Basis des christlichen Glaubens zu widersprechen schien. In einer monotheistischen Religion – so die Arianer – könnten der Sohn und der Heilige Geist nur eine untergeordnete Position gegenüber Gott, dem Vater, haben und keinesfalls eine gleichrangige, wie es die römisch-christliche Trinität beschreibt.

Chlodwigs Beitritt zur römischen Kirche legte fest, dass das spätere Frankenreich, aus dem u. a. die heutigen Staaten Frankreich und Deutschland hervorgegangen sind, dem römisch-christlichen Glauben verpflichtet war. Dafür bekamen die Päpste den Schutz einer weltlichen Macht und das Abendland einen christlichen Prägestempel. Chlodwigs Nachfolger verbanden ihr Schicksal mit dem des Oberhaupts der Christenheit. Karl der Große und Otto I. waren römisch-deutsche Kaiser, die sich im 9. und 10. Jahrhundert die Christianisierung Europas auf die Fahnen schrieben. Sie sorgten dafür, dass Europa von römisch-griechischen und jüdisch-christlichen Einflüssen geprägt wurde. Beides gab dem Kontinent die Struktur, die ihn heute ausmacht. Die Europäische Union ist vom Gedanken der religiösen Toleranz geprägt, der die Ausübung der Religion im Privatleben schützt, sie aber gleichzeitig aus politischen Entscheidungen verbannt. Der Weg dorthin war lang und hat Millionen Menschen das Leben gekostet. Das moderne Europa ist von der christlichen Religion in besonderer Weise geprägt, weil es durch das Toleranzpostulat den Streit um den „richtigen" Glauben entschärft hat.

LITERATURHINWEISE:

Christoph Markschies: Das antike Christentum. Frömmigkeit, Lebensformen, Institutionen. München 2006

Martina Hartmann: Die Merowinger. München 2012

Mischa Meier, Steffen Patzold (Hrsg.): Chlodwigs Welt. Organisation von Herrschaft um 500. Stuttgart 2014

Wolf-Dieter Hauschild, Volker Henning Drecoll: Lehrbuch der Kirchen- und Dogmengeschichte. Band 1. Alte Kirche und Mittelalter. Gütersloh 2016

QR – CODE:

DIE „KRITIK DER REINEN VERNUNFT" VON IMMANUEL KANT – 1781

WIE EUROPA AUFGEKLÄRT WURDE

Heute bedient sich (hoffentlich) jeder seines eigenen Verstandes. Wir grübeln, lernen, forschen und gehen wählen. Wir wägen ab und entscheiden vernünftig. Und falls wir mal vergessen, wie das geht, schlagen wir einfach bei dem nach, der uns das beigebracht hat: Immanuel Kant.

Er spielte gern Karten, er ging gern aus und verdiente sich beim Billard etwas dazu. Der „elegante Magister" zog sich gern was Schickes an und hatte immer einen Gag am Start, den er „ganz trocken, ohne je selbst dabei zu lachen, erzählte und durch eigenen ächten Humor in treffenden Repliken (...) zu würzen wusste" – erzählen seine Zeitgenossen. Immanuel Kant schrieb sich um das Jahr 1740 an der Universität von Königsberg ein und genoss erst einmal ein ziemliches Studentenleben. Noch war er weit entfernt vom Ruf, einer der wichtigsten Philosophen der europäischen Geschichte zu sein. Aber sein Denkertalent war schon erkannt worden, sonst wäre der Junge aus eher bescheidenen Verhältnissen gar nicht erst an eine der wichtigsten Schulen der Stadt und anschließend an die Universität gekommen. Denn der junge Kant hatte noch mehr drauf, als Karten kloppen und Billard, er war ehrgeizig und selbstbewusst und machte sich schnell einen Namen. Er befasste sich mit allem Möglichen, auch den Naturwissenschaften, aber sein Hauptfach ist die Philosophie. Und es ist eine spannende Zeit für die Philosophie! Besonders gerne liest Kant zum Beispiel den Schotten David Hume und den Genfer Jean-Jacques Rousseau – zwei der großen Denker der Aufklärung.

Über Beginn und Ende der Aufklärung können sich die Wissenschaften herzlich streiten. Uns reicht zu sagen: Sie mischte

Europa im 18. Jahrhundert mächtig auf. Während die Kirche noch alle Wahrheiten für sich beanspruchte, philosophierte David Hume, ob es überhaupt so etwas wie Wahrheit gibt. Und während der Sonnenkönig absolutistisch über Frankreich herrschte, entwickelte Rousseau seinen berühmten Gesellschaftsvertrag, in dem sich freie Bürger selbst regieren. Diese zwei Lieblinge Kants, aber auch Montesquieu, Voltaire, Diderot und Locke, um noch ein paar weitere große Aufklärer zu nennen, haben eines gemeinsam: Sie alle stellen in ihren Überlegungen das Individuum und seine Entscheidungen in den Vordergrund. König und Kaiser haben sich entweder zu beugen oder gleich ganz ausgedient. Und die Religion hatte spätestens, nachdem Kopernikus allen gezeigt hatte, dass sich die Erde um die Sonne dreht und nicht umgekehrt, als Richtschnur ausgedient.

In dieser Zeit entwickelte nun also Kant in Königsberg, im damals ebenfalls absolutistisch regierten Preußen, seine philosophische Theorie. Je mehr er schrieb und veröffentlichte und je berühmter er wurde, desto häufiger kam der Ruf von anderen Top-Universitäten in Europa. Aber Kant will nirgendwo anders hin. Er bleibt in seinem Königsberg und führt ein Leben, wie es nur ein preußischer Philosoph führen kann: Früh morgens gegen fünf Uhr wird aufgestanden, eine Tasse Tee und dann an den Schreibtisch. Hardcore-Denkarbeit bis zum Mittagessen. Diese Routine ist auch der Grund, warum er lange als rigoroser, eben echt preußischer Philosoph abgestempelt wurde. Genauso gehören zum ihm aber seine langen Spaziergänge durch die Stadt oder seine ausgiebigen Mittagspausen: Dreißig Jahre lang geht er jeden Tag in eines seiner Stammlokale und als er dann später ein eigenes Haus mit Köchin hat, lässt er mittags groß auftischen und lädt Freunde und Bekannte ein. Ein Philosophenkollege befürchtet schon, Kant würde in einem „Strudel gesellschaftlicher Zerstreuungen fortgerissen".

1770 wird er dann endlich – darauf hatte er hingearbeitet – zum Professor für Logik und Metaphysik in Königsberg. Und prompt geht er über in seine sogenannte Phase des Schweigens. Erst elf Jahre später kommt er da wieder raus und veröffentlicht sein Meisterwerk: Die „Kritik der reinen Vernunft." Wer sie genau begreifen möchte, der soll sie lesen oder gleich Philosophie studieren. Aber um es kurz zu fassen: Kant hat unsere Vorstellungen von Wahrheit und Wirklichkeit bis heute geprägt. Er bringt unsere Sinne, was wir sehen, riechen, hören, mit unserem Verstand, unserem Denken unter einen Hut. Und über allem steht die Vernunft, die dann beides zum richtigen Schluss und dem richtigen Handeln zusammenführen muss. Schon das birgt politischen und sozialen Sprengstoff, denn die Vernunft, die muss schon jeder selbst anwenden – das können einem weder Papst noch Kaiser abnehmen.

Jetzt ist Kant on fire. Er arbeitet gleich nach der „Kritik der reinen Vernunft" seinen berühmten kategorischen Imperativ aus („Handle so, dass die Maxime deines Willens jederzeit zugleich als Prinzip einer allgemeinen Gesetzgebung gelten könne.") und schreibt einen für seine Verhältnisse eigentlich irre kurzen Aufsatz namens „Beantwortung der Frage: Was ist Aufklärung?" Und er beantwortet die Frage so, dass die Antwort noch heute weltberühmt ist. „Aufklärung ist der Ausgang des Menschen aus der selbstverschuldeten Unmündigkeit." Moment mal, selbstverschuldet?

Unmündigkeit ist das Unvermögen, sich seines Verstandes ohne Leitung eines anderen zu bedienen. Selbstverschuldet ist diese Unmündigkeit, wenn die Ursache derselben nicht am Mangel des Verstandes, sondern der Entschließung und des Mutes liegt, sich seiner ohne Leitung eines anderen zu bedienen.

Und obendrein fordert er auch noch alle dazu auf, den Mut zu haben, sich des eigenen Verstandes zu bedienen!

Noch während Kant über die Grundfragen der Philosophie brütete, wurden viele seiner Ideen schon Realität. 1776 in der amerikanischen Unabhängigkeitserklärung und der ersten offiziellen Niederschreibung allgemeiner Menschenrechte, 1789 in der Französischen Revolution und ihrer Erklärung der Menschenrechte. Die Französische Revolution unterstützt Kant zwar, aber ansonsten ist er eher ein Freund von Reformen. Und tatsächlich gewinnt die Aufklärung in seiner Heimat Preußen an Gehör, auch wenn es am Ende „nur" zum sogenannten „aufgeklärten Absolutismus" reicht. Und obwohl sie tragischerweise oft genug über Bord geworfen wurden, hat Kant trotzdem wie kein anderer die Ideen der Aufklärung in der deutschen Gedankenwelt verankert.

Heute sind wir deshalb gut gerüstet, wenn jemand für sich in Anspruch nimmt, die ganze Wahrheit zu kennen, oder über andere zu herrschen. Und wenn nicht, schlagen wir einfach bei Kant nach.

LITERATURHINWEISE:

Immanuel Kant: Beantwortung der Frage: Was ist Aufklärung?
Berlin 1784

Ottfried Höffe: Kants Kritik der reinen Vernunft. Die Grundlegung
der modernen Philosophie. München 2003

Ottfried Höffe: Immanuel Kant. München 2007

Thomas Rentsch (u.a.): Transzendenz, Praxis und Politik bei Kant.
Berlin 2013

Steffen Martus: Aufklärung. Das deutsche 18. Jahrhundert. Ein
Epochenbild. Berlin 2015

Heiner Klemme: Immanuel Kant für Einsteiger. Paderborn 2017

QR – CODE:

DER BEITRITT ENGLANDS ZUR EUROPÄISCHEN WIRTSCHAFTSGEMEIN-SCHAFT – 1973

WIE DAS VEREINIGTE KÖNIGREICH SICH EUROPA NÄHERTE

Mit zehn Monaten Verspätung haben die Briten Ende Januar 2020 die Europäische Union verlassen, nach 47 Jahren Mitgliedschaft, nach vielen Diskussionen und politischen Auseinandersetzungen. Wie es weitergehen wird mit der Beziehung zwischen dem Königreich und den Ländern auf dem Kontinent, das wird aktuell verhandelt – was dabei herauskommt und wie sich das Verhältnis zwischen dem Vereinigten Königreich und der EU entwickeln wird, steht in den Sternen. Fakt ist: das Vereinigte Königreich ist Ende 2020 raus aus der Europäischen Union. Aber eigentlich war es schon eine Besonderheit, dass das Vereinigte Königreich überhaupt Teil der Europäischen Union war.

Die Idee von den Vereinigten Staaten von Europa kam dennoch ausgerechnet von einem Briten, nämlich von Winston Churchill. In einer Rede vor Studenten in Basel 1946 entwickelte der britische Premierminister ein Szenario für einen Aufstieg Europas nach der Katastrophe des Zweiten Weltkriegs. Dreh- und Angelpunkt – so Churchill – sei eine deutsch-französische Verständigung. Beide Länder seien zentral für Europa, und ohne ein Zusammengehen der beiden werde es Europa schlecht ergehen.

Das Vereinigte Königreich sollte nach seinen Vorstellungen aber nur Vertrauter dieser Vereinigten Staaten sein, nicht Mitglied. Das Vereinigte Königreich handele ganz in der historischen Tradition des Commonwealth mit der ganzen Welt und nicht nur mit Europa, fand Churchill. Deshalb gehörte das Vereinigte Königreich auch nicht zu den zehn Gründungsstaaten des Europarats, der 1949 in London aus der Taufe gehoben wurde. Und das Vereinigte Königreich war – beinahe selbstverständlich – auch kein Mitglied der 1951 gegründeten Montanunion oder der Europäischen Wirtschaftsgemeinschaft (EWG) und der Europäischen Atomgemeinschaft (EURATOM), die 1957 gegründet wurden. Auf der britischen Insel bestimmten konservative und europaskeptische Politiker die Stimmung.

Das änderte sich Anfang der Sechzigerjahre, als die Regierung des konservativen Premierministers Harold Macmillan befürchten musste, den wirtschaftlichen Anschluss an den sich seit der Gründung der EWG rasant entwickelnden Kontinent zu verlieren. Deshalb stellte seine Regierung im August 1961 zum ersten Mal den Antrag, in die beiden Europäischen Gemeinschaften – EWG und EURATOM – aufgenommen zu werden. Aber es gab ein Hindernis, das sich in diesen Jahren als zu hoch erwies: Der französische Staatspräsident Charles de Gaulle war dagegen. Einerseits fürchtete er, dass der Einfluss der USA in Europa durch die engen anglo-amerikanischen Beziehungen wachsen und dadurch Frankreichs Position geschwächt würde. Zum anderen stand er aber auch der britischen Politik insgesamt skeptisch gegenüber. Die Verhandlungen mit dem Vereinigten Königreich, Irland und Dänemark, die fast zeitgleich einen Aufnahmeantrag gestellt hatten, wurden abgebrochen. Auch der zweite Versuch der britischen Regierung scheiterte. Dieses Mal war es Premierminister Harold Wilson von der Labour-Partei, der an der starren Haltung des französischen Staatspräsidenten im Mai 1967 scheiterte.

Erst nachdem de Gaulle im April 1969 zurückgetreten war, wurden die Verhandlungen mit dem Vereinigten Königreich und den anderen drei beitrittswilligen Staaten Dänemark, Irland und Norwegen wieder aufgenommen. Diesmal mit Erfolg: Am

1. Januar 1973 trat das Vereinigte Königreich der Europäischen Wirtschaftsgemeinschaft bei, genauso wie Dänemark und Irland. Norwegens Bevölkerung hatte sich in einem Referendum knapp gegen einen Beitritt entschieden.

Während auf dem Kontinent die meisten Kommentare zu den neuen EWG-Mitgliedern positiv waren, war der Beitritt des Königreichs auf der britischen Insel umstritten. Vor allem Abgeordnete der Labour-Partei lehnten einen Beitritt ab, und auch die konservativen Abgeordneten waren sich nicht einig. Der European Communities Act, der die Aufnahme in die Europäische Wirtschaftsgemeinschaft 1973 ermöglichte, wurde nur mit knapper Mehrheit verabschiedet. Und auch in den folgenden Jahren war die Frage der Fortsetzung der britischen EWG-Mitgliedschaft nicht vollständig geklärt. Als die britische Parlamentswahl 1974 ohne eindeutigen Sieger zu Ende ging, trat der pro-europäische Premierminister Edward Heath zurück. Die Labour-Partei bildete zum zweiten Mal unter Harold Wilson als Premierminister eine Regierung und handelte unmittelbar danach neue Bedingungen für die weitere Zugehörigkeit des Vereinigten Königreichs zur EWG aus. Anschließend stellte Wilson das ausgehandelte Ergebnis im Parlament und in einer Volksbefragung zur Abstimmung. Trotz der vieldiskutierten Europa-Skepsis wurde diese Frage überraschend deutlich bejaht: Im britischen Unterhaus stimmten 396 Abgeordnete (bei 170 Gegenstimmen) für den Verbleib in der Gemeinschaft. Und auch in der britischen Bevölkerung fand sich eine Zweidrittelmehrheit für Europa.

Trotzdem: So ganz Mitglied der Gemeinschaft wurde das Vereinigte Königreich nie. Von Beginn an ging es der britischen Regierung vor allem darum, ihre nationalen Interessen durchzusetzen. Immer wieder verwiesen die Briten auf die Staaten des Commonwealth, dem 53 Länder angehören, mit denen das Vereinigte Königreich Handel zu vergünstigten Konditionen treiben wollte, ohne diese Vorteile an die übrigen Mitglieder der Europäischen Gemeinschaft weiterzugeben. Für jede britische Regierung seit 1973 waren bei der Frage, ob eine Mitgliedschaft in der Europäischen Gemeinschaft und später der Europäischen Union sinnvoll sei, wirtschaftliche und handelspolitische Gesichtspunkte entscheidend. Der Gemeinschaftsgedanke, der 1951 zur Gründung der Montanunion und 1957 zur EWG geführt hat, spielte für keine britische Regierung eine Rolle.

· ·

LITERATURHINWEISE:

Jürgen Mittag: Kleine Geschichte der Europäischen Union. Von der Europaidee bis zur Gegenwart. Münster 2008

Franz-Josef Brüggemeier: Geschichte Großbritanniens im 20. Jahrhundert. München 2010

Jochen Buchsteiner: Die Flucht der Briten aus der europäischen Utopie. Berlin 2018

Brendan Simms: Die Briten und Europa. Tausend Jahre Konflikt und Kooperation. München 2019

152

DER NIEDERLÄNDISCHE BEFREIUNGS-KRIEG – 1568

WIE DIE NIEDERLÄNDER ACHTZIG JAHRE UM IHRE FREIHEIT KÄMPFTEN

Heute sind wir frei und unabhängig und regieren uns selbst. Klar, wir haben den Bundestag, aber wir haben auch Stadträte, Bürgermeister und Kommunalwahlen. Und wir werden nicht aus Brüssel, Washington oder Moskau regiert – auch wenn der eine oder andere das Gegenteil behauptet. Fremden Königen und Kaisern müssen wir ohnehin nicht mehr gehorchen. Frei und unabhängig waren wir allerdings nicht immer. Und die Ersten, die sich solche Freiheit und Unabhängigkeit erkämpften, waren unsere Nachbarn – die Niederländer.

Achtzig Jahre dauert es. Achtzig Jahre lang kämpften die Niederländer gegen die spanische Krone, die von Madrid aus über das Land herrschte und immer wieder zehntausende Soldaten schickte, um den Gehorsam zu erzwingen. Schon vor Kriegsausbruch waren tausende Gegner der Krone hingerichtet worden, bis es ihnen 1568 endgültig reicht: Die Adligen des Landes stellen ein Heer zusammen, das unter der Führung von Wilhelm von Oranien-Nassau den Krieg gegen Spanien aufnimmt. Es folgen Jahre des blutigen Kriegs mit vielen Verlusten, doch 1581 erklären sich sieben Provinzen in der Republik der Vereinigten Niederlande für unabhängig. Bis zur endgültigen, rechtlichen Unabhängigkeit fehlen aber noch weitere 67 Jahre Krieg mit vielen blutigen Schlachten zur See und zu Land. 1648 bekommen die Niederländer das, wofür sie jahrzehntelang gekämpft haben: Der Westfälische Frieden garantiert ihre staatliche Souveränität und Unabhängigkeit. Aber zuerst einen Schritt zurück: Wie waren die Niederlande jemals spanisch geworden und wieso wurden sie von einem König regiert, der ungefähr 1600 Kilometer weit entfernt amtierte?

Im Land unserer westlichen Nachbarn wurden schon zu Zeiten der Römer erste Städte gegründet (Utrecht, Nijmegen oder auch Maastricht), und die Region entwickelte sich in den folgenden Jahrhunderten unter den Franken und dann im Heiligen Römischen Reich deutscher Nation prächtig weiter. Weitere große Städte wie Den Haag, Arnhem und übrigens auch Amsterdam kamen dazu und florierten. Im 14. Jahrhundert geriet dieses wohlhabende Land aber in die Netze der europäischen Heiratspolitik. Adelige und Dynastien heirateten damals quer über den Kontinent miteinander und untereinander, um ihre jeweiligen Herrschaftsgebiete zu erweitern. 1369 heiratete Philipp der Kühne von Burgund eine Tochter des Grafen von Flandern. Als sein Schwiegervater Ludwig II., Graf von Flandern, 1384 starb, fiel ihm Flandern und einige weitere Gebiete zu. Er nannte seine Erbschaft die „niederen Lande von Burgund." Daher der Name Niederlande, die zu diesem Zeitpunkt aber vielmehr das heutige Belgien und Luxemburg umfassten. Seine Kinder und Erben heirateten und kauften sich immer weiter ein, bis ihnen auch das Gebiet der heutigen Niederlande gehörte.

Die fröhliche Heiraterei hatte aber hier noch nicht ihr Ende, und um es kurz zu fassen: Burgund und die Niederlande gerieten alsbald in die Hände der Habsburger und wurden ab 1555 von Philipp II. regiert, der gleichzeitig König von Spanien war. Diesem Philipp II. sind die Niederländer von Anfang an suspekt. Erstens hatten sie sich seit dem 15. Jahrhundert einige wirtschaftliche und politische Privilegien erkämpft. Und zweitens waren sie Protestanten. Die Reformation hatte in den Niederlanden ihre Spuren hinterlassen. Philipp II. aber war glühender Katholik und wollte auch die Niederlande wieder zum rechten, also katholischen Glauben bekehren. Den Anlass für harte

Maßnahmen gegen die protestantischen Niederländer boten 1566 die sogenannten Bilderstürmer. Das waren religiöse Eiferer, die, in Kirchen stürmten und alle Heiligenfiguren von Altären und Wänden rissen. Für die gläubigen Katholiken waren die Bilderstürme Gotteslästerung und durften nicht ungesühnt bleiben.

Um dem Treiben ein Ende zu bereiten, schickte Philipp II. einen seiner übelsten Gefolgsleute, nämlich den Herzog von Alba. Zu seinem Gegenspieler wurde Wilhelm von Oranien-Nassau. Der in Hessen geborene Protestant war Statthalter des spanischen Königs in Holland, Zeeland und Utrecht und war bis dahin mit den Spaniern ganz gut ausgekommen. Aber was er und die übrigen Niederländer unter der Terrorherrschaft des Herzogs von Alba erleben müssen, löst den niederländischen Befreiungskrieg aus. Während dieses Achtzigjährigen Kriegs zerbricht allerdings die anfängliche Einheit der Niederländer. Zunächst kämpften alle siebzehn Provinzen gegen Spanien, doch 1581 sind es nur noch die sieben nördlichen und protestantischen Provinzen der Utrechter Union, die sich als Republik der Vereinigten Niederlande für unabhängig erklären. Der katholische Süden bleibt in Händen Spaniens und der Habsburger. Zwar schließen sich größere Städte wie Antwerpen oder Brügge der Utrechter Union an, werden aber in langen und verschleißenden Schlachten von Spanien zurückerkämpft. Der Schluss, dass sich hier die Trennung zwischen dem heutigen, vornehmlich katholischen Belgien und den protestantischen Niederlanden vollzogen hat, ist nicht ganz von der Hand zu weisen.

Trotz aller Rückschläge und eines verlustreichen Krieges, in den sich im Laufe der Jahrzehnte auch noch England und Frankreich einschalteten, konnten die Niederlande ihre Unabhängigkeit behaupten. Und nicht nur das! Die Republik lockte wegen ihrer konfessionellen und wirtschaftlichen Freiheiten clevere und talentierte Leute aus ganz Europa an und etabliert sich als See- und Handelsmacht. Es folgte das sogenannte Goldene Zeitalter der Niederlande. Arbeit gab es genug, der Wohlstand mehrte sich, Universitäten wurden gegründet, und Dichter und Denker durften hier veröffentlichen, ohne verfolgt zu werden. Vor allem aber ist das Goldene Zeitalter bekannt durch eine blühende Kulturlandschaft. Rembrandt, Spinoza und de Keyser malen, schreiben und entwerfen was das Zeug hält und machen den neuen Geist der Niederlande in der ganzen Welt bekannt.

Die Spanier waren aber noch längst nicht bereit, dieses wirtschaftlich und strategisch besondere Fleckchen Erde aufzugeben und führten den Kampf noch viele Jahrzehnte weiter. Der Achtzigjährige Krieg endete erst, als 1648 mit dem Westfälischen Frieden der Dreißigjährige Krieg beendet wurde, der seit 1618 große Teile Europas in Atem gehalten hatte. In Münster und Osnabrück wurden die Freiheit der christlichen Konfessionen und die Unabhängigkeit der Niederlande festgeschrieben. Und obwohl das Land am Beginn des 18. Jahrhunderts von Napoleon und noch später auch von NS-Deutschland besetzt wurde, haben die Niederländer ihre Unabhängigkeit – in achtzig langen Jahren hart von der spanischen Krone erkämpft – nie wieder abgeben.

LITERATURHINWEISE:

Olaf Mörke: Wilhelm von Oranien (1533–1584). Fürst und „Vater"
der Republik. Stuttgart 2007

Michael North: Geschichte der Niederlande. München 2013

Christoph Kucklick, Peter-Matthias Gaede: Das Goldene Zeitalter
der Niederlande. Rembrandt, Rubens, Vermeer. Der Glanz einer
einzigartigen Ära. Hamburg 2013

Sigrid Westphal: Der Westfälische Frieden. München 2015

QR – CODE:

DIE MAINZER REPUBLIK – 1793

WIE DIE FRANZÖSISCHE REVOLUTION AUF DEUT-SCHEM BODEN WIRKTE

1989 sind die Menschen in Ostdeutschland auf die Straße gegangen, um zu protestieren. Sie wollten in einer Demokratie leben. Sie wollten frei sein, um sagen zu können, was sie wollten, und um politisch mitbestimmen zu können. Für die Bürger der „alten" Bundesrepublik Deutschland ist das Leben in einer Demokratie eine Selbstverständlichkeit. Jene, die es noch anders erlebt haben, werden immer weniger. Aber in den Jahrzehnten vor 1949, als die Bundesrepublik Deutschland gegründet wurde, war Demokratie als politische Ordnung keine Selbstverständlichkeit. Es gab sie in der Weimarer Republik von 1919 bis 1933. Sie wurde 1832 auf dem Hambacher Fest gefordert, und während der deutschen Revolution von 1848 setzten viele Revolutionäre ihre Hoffnungen auf einen Staat, der nach demokratischen Prinzipien funktionierte. Aber davor gab es noch einen weiteren Versuch, die „Herrschaft des Volkes" in Deutschland – oder zumindest in einer deutschen Stadt – einzuführen.

1789 erschütterte die Französische Revolution die politischen und gesellschaftlichen Verhältnisse in Europa. In dieser Zeit bestand das Heilige Römische Reich Deutscher Nation aus mehr als 300 eigenständigen Territorien, die unterschiedlich groß waren und auf ihrer Unabhängigkeit beharrten. Die kurfürstliche Residenzstadt Mainz hatte dabei eine herausgehobene Stellung, weil sie den Amtssitz des Kurfürsten Friedrich Karl Joseph von Erthal beherbergte, der in Personalunion auch Erzbischof von Mainz war. Und nicht nur das: Der Kurfürst von Mainz war Vorsitzender des Kurfürstenkollegiums, das für Auswahl und Krönung der deutschen Könige zuständig war.

Zu Beginn der Revolution zeigten die meisten europäischen Monarchen wenig Interesse an den Vorgängen in Frankreich, sie hielten die Revolution für eine kurzfristige innerfranzösische Angelegenheit, die von den Truppen des französischen Königs schnell niedergeschlagen werden würde. Als aber Ludwig XVI. am 20. Juni 1791 versuchte, in die Österreichischen Niederlande zu fliehen und dabei von der Nationalgarde erkannt, nach Paris zurückgebracht und von seinen Ämtern suspendiert wurde, änderte sich das. Umgehend forderten die Könige von Österreich und Preußen die Wiedereinsetzung des französischen Königs und drohten mit militärischen Konsequenzen, sollte ihrem Wunsch nicht entsprochen werden.

Als der Druck der europäischen Königshäuser immer stärker und die angedrohten Vergeltungsmaßnahmen immer drastischer wurden, erklärte die französische Nationalversammlung am 20. April 1792 dem römisch-deutschen Kaiser Franz II. den Krieg. Unter General Adam-Philippe Custine rückten die Revolutionstruppen nach Norden vor und besetzten die linksrheinischen Gebiete des Rheinlands und der Pfalz. Mitte Oktober standen sie vor Mainz, der Kurfürst und sein Hofstaat sowie die adeligen Einwohner der Stadt waren längst geflohen. Am 21. Oktober 1792 nahm Custine die Stadt ohne große Gegenwehr ein.

Zu diesem Zeitpunkt gab es zwar einige Anhänger der Französischen Revolution in Mainz, die Mehrheit der Bevölkerung stand aber der Einnahme durch die Franzosen kritisch gegenüber. Sie fürchteten Plünderungen, wie es sie zuvor in Worms und Speyer gegeben hatte. In Mainz blieben sie aber aus – im Gegenteil: Die französischen Soldaten legten großen Wert darauf, nicht als Eroberer, sondern als Befreier aufzutreten. Schon am Tag nach der Besetzung gründete sich ein aus Studenten, Professoren, Beamten und Kaufleuten bestehender Jakobinerklub unter dem Namen „Gesellschaft der Freunde der Freiheit und Gleichheit". Bis Ende November 1792 traten ihm fast 500 Personen bei. Bald darauf wurde die Administration der Stadt mit revolutionsfreundlichen Kräften aus dem Jakobinerklub neu besetzt. Fortan wurde in Mainz mit Flugblättern, Theaterstücken und aufgestellten Freiheitsbäumen für die Ideale der Französischen Revolution geworben: Freiheit, Gleichheit und Brüderlichkeit.

Im Dezember 1792 verfügte der Pariser Nationalkonvent, dass in den auf der linksrheinischen Seite besetzten Gebieten die französische Demokratie eingeführt wird. Am 24. Februar 1793 fanden Wahlen zum sogenannten Rheinisch-Deutschen Nationalkonvent statt. Aus organisatorischen Gründen waren nur 130 Dörfer und Städte aus den Gebieten links des Rheins und südlich der Nahe erfasst. Auch wenn einige Orte fehlten, entsendeten diese 130 Gemeinden ihre Abgeordneten zum Konvent nach Mainz. Sie nahmen für sich in Anspruch, Vertreter der gesamten Bevölkerung zu sein, und machten mit bei der Bildung eines – jedenfalls zum großen Teil – demokratisch legitimierten Parlaments. Zum ersten Mal trat der Konvent am 17. März 1793 im Mainzer Deutschhaus, dem heutigen Sitz des Landtages von Rheinland-Pfalz, zusammen.

Aber diese Mainzer Republik blieb nicht unbemerkt und wurde von den europäischen Monarchen entschieden abgelehnt. Ein Koalitionsheer mit Truppen Österreichs, Preußens, Sachsens, Bayerns und Hessens hatte schon Anfang Dezember 1792 Frankfurt zurückerobert und im Anschluss daran mit der Belagerung von Mainz begonnen. Mitte Juni 1793 begannen sie, die Stadt zu beschießen – verheerende Brände und Zerstörungen in Mainz waren die Folge. Ohne militärische Notwendigkeit kapitulierten die Franzosen am 23. Juli 1793.

Sie wollten so unnötige Verluste vermeiden und freien Abzug erreichen. Die meisten Mainzer Jakobiner wurden gefangen genommen und gingen nach dem Ende ihrer Haftstrafen nach

Frankreich ins Exil. Auch wenn die Mainzer Republik nur knapp vier Monate dauerte, war sie bedeutend für die Demokratiebewegung in Deutschland. Denn an keiner anderen Stelle war die deutsche Bevölkerung so eng in Kontakt gekommen mit den Revolutionsidealen von Freiheit, Gleichheit und Brüderlichkeit.

LITERATURHINWEISE:

Franz Dumont: Die Mainzer Republik 1792/93. Französischer Revolutionsexport und deutscher Demokratieversuch. Mainz 2013

Heinz Brauburger: Die Mainzer Republik 1792/93 – ein Ort der Demokratie und Freiheit? Betrachtungen eines engagierten Bürgers. Ingelheim 2015

Susanne Lachenicht: Die Französische Revolution. 1789–1795. Darmstadt 2016

Hans Berkessel, Michael Matheus, Kai-Michael Sprenger (Hrsg.): Die Mainzer Republik und ihre Bedeutung für die parlamentarische Demokratie in Deutschland. Mainz 2019

DIE GEBURT VON KARL MARX – 1818
WIE DIE IDEEN EINES MANNES DIE WELT VERÄNDERTEN

Es war eine gespenstische Szene, als im Sommer 2016 tausende Venezolaner auf die Straßen gingen und skandierten: „Wir wollen essen!" Präsident Hugo Chavez hatte das Land von 1999 bis 2013 nach sozialistischen und marxistischen Prinzipien regiert. Durch die Verstaatlichung der Ölindustrie wollte er den Reichtum Venezuelas umverteilen und zur Finanzierung eines funktionierenden Sozialstaats verwenden. Siebzehn Jahre nach dem Beginn dieses Experiments stand das venezolanische Volk vor dem Scherbenhaufen einer verfehlten Politik, die sich auf die Ideen eines Mannes berief, der ziemlich genau 200 Jahre zuvor geboren wurde.

Karl Marx war ein Zeitzeuge des 19. Jahrhunderts. Am Beginn seines Lebens stand auch der Beginn der Industriellen Revolution, die das Leben der Europäer in einem Ausmaß auf den Kopf stellte, das bis dahin unbekannt war. Im Jahr seiner Geburt – 1818 – gab es in Deutschland keinen einzigen Kilometer Eisenbahnschienen. Als er 1883 starb, schlängelten sich bereits 40 000 Kilometer durch das Land. Wo früher Ackerbau und Viehzucht betrieben wurde, standen nun rauchende Schornsteine, um die sich Städte gebildet hatten. Am Beginn des Jahrhunderts betrug die Einwohnerschaft Dortmunds 4000 Menschen, am Ende waren es elfmal so viele.

Diese Veränderungen betrafen auch das Leben der Menschen. Waren um 1800 rund 62 Prozent von ihnen in der Landwirtschaft beschäftigt, arbeiteten 100 Jahre später dort nur noch 35 Prozent. Im gleichen Zeitraum verdoppelte sich die Zahl der Industriearbeiter in den rasant wachsenden Städten von zwanzig auf über vierzig Prozent. Dieser Wandel hatte gravierende Folgen für die soziale Struktur Deutschlands. Die Männer gingen oft allein in die Städte und ließen ihre Familien dort, wo sie früher in der Landwirtschaft gearbeitet hatten. An den Stadträndern wuchsen Elendsquartiere, in denen Arbeiter unter erbärmlichen Umständen hausten, weil die Infrastruktur der Städte nicht im gleichen Tempo aufgebaut werden konnte, wie die Einwohnerzahl stieg.

Karl Marx war Zeuge dieser Entwicklung. Gemeinsam mit Friedrich Engels, einem Wuppertaler Fabrikantensohn, schrieb er im Januar 1848 das „Kommunistische Manifest", das die Zustände jener Zeit anprangerte und in der Vereinigung der „Proletarier aller Länder" einen Ausweg sah. Marx und Engels gingen von der These aus, dass die Geschichte „aller bisherigen Gesellschaften die Geschichte von Klassenkämpfen" gewesen sei. Da das Wirtschaftsbürgertum sämtliche Produktionsmittel besitze, sei die bürgerliche Gesellschaft gezwungen, ein für sie arbeitendes Proletariat hervorzubringen. Diese „Bourgeoisie" sammele auf Grund der ungerechten Verteilung der Produktionsmittel Reichtum an, während der Rest des Volkes zu einem besitzlosen und verarmten „Proletariat" werde. Daraus folge zwangsläufig, so Marx und Engels, eine „Massenverelendung", die zum Zusammenbruch der bürgerlich-kapitalistischen Wirtschaftsordnung führe. Der Ausweg aus dem dann entstehenden Chaos könne nur darin bestehen, die Produktionsmittel und den durch Arbeit erwirtschafteten „Mehrwert" gerecht an jene zu verteilen, die die Arbeit bewerkstelligen.

Diejenigen, die die Produktionsmittel besitzen, folgerten Marx und Engels weiter, würden sie nicht freiwillig hergeben. Deshalb müsse das geschändete Proletariat sich eines nicht allzu fernen Tages kraftvoll erheben und eine „proletarische Revolution" anzetteln. Anschließend müsse das Proletariat die Eigentumsrechte an den Produktionsmitteln übernehmen. Dann sei der Zustand erreicht, in dem sich Kapital und Macht in Händen des Proletariats befänden. Jetzt könne eine Gesellschaft der Gleichen gegründet werden, in der es weder Ausbeutung noch Armut gebe, da die Produktionsmittel in Händen jener seien, die den Mehrwert durch ihre Arbeit erwirtschafteten.

Mit diesem revolutionären Konzept reagierten Marx und Engels auf die soziale Lage, in der sich die Arbeiter in der Mitte des 19. Jahrhunderts befunden haben: Sie waren als rechtlose Opfer den Vorstellungen der Industriellen ausgesetzt, die Arbeitszeit und Lohn willkürlich festlegen konnten. Es gab keinen Versicherungsschutz weder bei Krankheit oder Arbeitslosigkeit noch eine Altersvorsorge. Die Arbeitsbedingungen waren katastrophal, es breitete sich eine Form des Kapitalismus aus, vor der man nur erschaudern konnte: Rücksichtslos, nur auf Gewinnmaximierung aus und ohne durch Gesetze oder Gewerkschaften eingeschränkt zu werden, bestimmten Fabrikbesitzer den Takt der Maschinen und den Grad der Ausbeutung. Die ersten „Gewerkschaften" entstanden mit der sogenannten „Arbeiterverbrüderung" während der deutschen Revolution von 1848, der Allgemeine Deutsche Arbeiterverein, ADAV, der Vorläufer der SPD, wurde von Ferdinand Lassalle unter Berufung auf Karl Marx 1863 gegründet. 1883 wurden die von Arbeitgeber und Arbeitnehmer paritätisch zu bezahlenden Kranken-, Unfall-, Renten- und Invaliditätsversicherungen eingeführt. Sie sind bis heute das Rückgrat des Sozialstaates und ein wichtiger Ordnungsmechanismus der modernen Arbeitswelt.

LITERATURHINWEISE:

Matthias von Hellfeld: Das „lange" 19. Jahrhundert. Zwischen Revolution und Krieg 1776 bis 1914. Bonn 2015

Jürgen Neffe: Marx. Der Unvollendete. München 2017

Christina Morina: Die Erfindung des Marxismus. Wie eine Idee die Welt eroberte. München 2017

Gerd Koenen: Die Farbe Rot. Ursprünge und Geschichte des Kommunismus. München 2018

QR – CODE:

DIE DEUTSCHE REVOLUTION – 1848

WIE EINE DEUTSCHE STAATSGRÜNDUNG SCHEITERTE

Heute sind wir im Wählen ziemlich geübt. Kommunalwahlen, Landtagswahlen, Bundestagswahlen, Europawahlen – regelmäßig dürfen wir Kreuze setzen und unseren politischen Willen ausdrücken. 1848 war das für viele Deutsche aber eine Premiere.

Paulskirche in Frankfurt, Mai 1848: Es wird diskutiert! Kleindeutsch oder großdeutsch? König, Kaiser oder keins von beidem? Unveräußerliche Menschen- oder juristisch belastbare Staatsbürgerrechte? Der Abgeordnete Jakob Venedey schnaubt am Rednerpult vor Wut:

> *„Die deutsche Nation, meine Herren, hat schon genug gelitten. Ich bin hier in die Paulskirche gekommen, fest entschlossen, mit der Paulskirche zu stehen oder zu fallen. Aber nicht einen Moment länger will ich hier sitzen, wenn Österreich nicht dabei ist!"*

So etwas hatte Deutschland noch nicht erlebt. Aus allen Ecken des Deutschen Bundes, das heißt 1848: aus über vierzig verschiedenen Teilstaaten sind gewählte Abgeordnete gekommen, um die Verfassung eines künftigen deutschen Nationalstaats zu diskutieren. Auserkoren wurden sie in ihren jeweiligen Herkunftsstaaten in freien Wahlen von männlichen und volljährigen deutschen Staatsbürgern. Sie tagten ziemlich genau ein Jahr lang. Eine Verfassung werden sie in dieser Zeit entwerfen, einen Staat gründen aber nicht. Im Mai 1849 befehlen nämlich der preußische König und der österreichische Kaiser den Abgeordneten ihrer Länder, die Mandate niederzulegen. Als weitere Staaten folgen, bleibt nur noch ein Rumpfparlament übrig, das schließlich auch von der Staatsgewalt verfolgt und aufgelöst wird. Denn den Monarchen war die ganze Geschichte von vornherein ein Dorn im Auge.

Seit 1815 saßen Könige und Kaiser nämlich wieder fest im Sattel. Nach der Französischen Revolution und den napoleonischen Kriegen, die ganz Europa durcheinandergebracht hatten, waren die europäischen Herrscherhäuser zum Wiener Kongress zusammengekommen, um den Kontinent neu zu ordnen. Es begann die Phase der sogenannten Restauration. Die Monarchen wollten zurück in ein Europa, wie es vor der Französischen Revolution aussah. Im Klartext hieß das: keine Verfassungen, keine Parlamente, keine Mitsprache. Zum Beispiel in den Karlsbader Beschlüssen wird das 1819 sehr deutlich. Vereine wurden verboten, Zeitungen zensiert, die Universitäten kontrolliert, und Oppositionelle landeten im Knast.

Gleichzeitig liegen die Ideen der französischen Revolution immer noch in der Luft – und zwar in ganz Europa: Zu Beginn der 1820er Jahre war es zu Unruhen und Aufständen in Spanien und Portugal gekommen; in Italien begann die Epoche des Risorgimento („Wiedererstehung"), das sich einen italienischen Nationalstaat zum Ziel gesetzt hatte; die Polen begehrten 1830 gegen den russischen Zaren auf, und die Belgier hatten ebenfalls 1830 ihre Unabhängigkeit von den Niederlanden errungen. Überall war der Kampf begleitet worden von den Ideen des Nationalismus und des Liberalismus. Der Staat habe die Freiheit des Individuums und seines Besitzes, die Gleichheit vor dem Gesetz, die Meinungs- und Pressefreiheit und die Gründung politischer Parteien zu garantieren – so die Forderungen, die überall auf dem Kontinent zu hören waren. 1848 kommt das Fass dann mal wieder in Frankreich zum Überlaufen: Der „Bürgerkönig" Louis-Philippe wird vom Thron gestürzt und die zweite Französische Republik ausgerufen. Und diese Februarrevolution kommt etwas verspätet als Märzrevolution auch im Deutschen Bund an. Der Deutsche Bund war ein Geschöpf des Wiener Kongresses, in dem die vielen kleineren deutschen Herzogtümer und Königreiche gemeinsam mit den beiden Großmächten Preußen und Österreich eingehegt wurden.

In Dresden gehen im März 1848 Tausende auf die Straßen und demonstrieren gegen willkürliche Polizeigewalt. In Baden versuchen bewaffnete Gruppen, den Herzog zu stürzen. In Wien und in Berlin kommt es zu Straßenschlachten. Bei den berühmten Barrikadenkämpfen vor dem Berliner Stadtschloss kommen mehrere Hundert Menschen ums Leben. Zur Erinnerung an diesen Tag heißt heute der Platz vor dem Brandenburger Tor Platz des 18. März. Nur wenige Tage danach beschließt der Bundestag des Deutschen Bundes ein Wahlgesetz, nach dem die Nationalversammlung gewählt werden soll. Alles passiert für damalige Verhältnisse in Windeseile, sodass die Nationalversammlung schon am 1. Mai 1848 das erste Mal in der Frankfurter Paulskirche zusammensitzt.

Im Gegensatz zum Kampf auf den Straßen wird das Parlament vor allem von Akademikern, insbesondere von Juristen getragen. Immerhin gilt es eine Verfassung zu entwickeln, juristische Expertise ist also nicht das Schlechteste. Manche haben tatsächlich parlamentarische Erfahrung, weil es in ihren Heimatstaaten schon vorher kleinere Parlamente gegeben hat. Andere sind völlige Newcomer in der Politik. Die beiden wohl größten Streitpunkte: Gehört Österreich zu Deutschland (großdeutsch) oder nicht (kleindeutsch)? Und wer soll diesen neuen deutschen Staat regieren? Bis März 1849 hat man sich geeinigt: Das neue Deutschland wird ohne Österreich auskommen müssen, und an der Spitze soll der preußische König Friedrich Wilhelm IV. als deutscher Kaiser stehen. Er soll aber nicht allein, sondern in einer konstitutionellen Monarchie herrschen, deren Verfassung alle Grund- und Bürgerrechte absichert.

Doch Friedrich Wilhelm IV. lehnt ab. Und als die Nationalversammlung dann droht, selber einen König zu wählen, eskaliert der Konflikt, und der preußische König verbietet seinen Abgeordneten, weiter in Frankfurt zu tagen. Eins kommt zum anderen, und am Ende hat die Nationalversammlung zwar eine Verfassung entworfen, auf ihrer Grundlage ist aber niemals ein deutscher Staat geschaffen worden. Deswegen wird die Märzrevolution von 1848 und mit ihr das erste gesamtdeutsche Parlament und die erste gesamtdeutsche Verfassung zumeist auch als gescheitert bezeichnet.

Vielleicht muss man es aber mit Blick von heute nicht mehr ganz so drastisch formulieren. Der Historiker Heinrich Best spricht sogar von einem „historischen Kompromiss", der in Frankfurt gefunden worden sei. Immerhin war hier eine von dutzenden Teil- und Kleinstaaten Deutschlands getragene Verfassung entstanden, die ein gemeinsames Territorium zwar ohne Österreich, aber mit gemeinsamen Grund- und Bürgerrechten vorsah. Die Idee, dass ein geeintes Deutschland möglich war, war bewiesen worden und nicht mehr wegzuwischen. Nicht zuletzt deshalb war genau 100 Jahre später der Parlamentarische Rat sehr an der Paulskirchenverfassung interessiert, als es darum ging, 1949 das Grundgesetz der Bundesrepublik zu schreiben.

LITERATURHINWEISE:

Dieter Langewiesche: Europa zwischen Restauration und Revolution. 1815–1849. München 2007

Dieter Langewiesche: Reich, Nation, Föderation. Deutschland und Europa. München 2008

Günter Wollstein: Revolution von 1848. Bonn 2010

Wolfram Siemann: 1848/49 in Deutschland und Europa. Ereignis – Bewältigung – Erinnerung. Paderborn 2006

QR – CODE:

DER PRAGER FENSTERSTURZ – 1618

WIE DER STREIT DER KONFESSIONEN EUROPA IN DEN ABGRUND STÜRZTE

Es gibt immer mal wieder Diskussionen, ob Europa eigentlich noch ein „christlicher Kontinent" ist oder ob nicht auch der Islam ein Teil z. B. von Deutschland ist oder nicht. Diese Diskussionen sind nicht neu, es hat sie auch schon im 17. Jahrhundert gegeben. Damals setzte eine neue, aufstrebende christliche Konfession der römisch-katholischen Kirche zu: der Protestantismus. Für die Katholiken war das ein schwerer Schlag, denn das Monopol ihrer Kirche war weg, die Geltung des Papstes geschmälert und die Bedeutung der vom Vatikan gesteuerten Verkündung der Bibel war geringer geworden. Der Konflikt zwischen den beiden Konfessionen ging sogar so weit, dass es seinetwegen dreißig Jahre Krieg gab. Und der begann mit einem Fenstersturz.

Böhmen gehörte 1618 zu Österreich und war damit Teil der katholischen Habsburgermonarchie. Sechs Jahre zuvor war der beliebte Kaiser Rudolf II. gestorben, der seinen Untertanen in Böhmen Religionsfreiheit garantiert hatte. Nach der kurzen Regentschaft von Kaiser Matthias, der seit 1611 auch König von Böhmen war, kam 1619 mit Ferdinand II. ein habsburgischer Monarch ins Amt, der von Religionsfreiheit, wie sie seine Vorgänger praktiziert hatten, nichts hielt. Ferdinand II. war schon seit 1617 König von Böhmen und ließ seine böhmischen Untertanen spüren, dass er die neue protestantische Konfession entschieden ablehnte. Er schränkte die Rechte von Protestanten ein und ließ einige ihrer Kirchen niederreißen, darunter die kurz zuvor erbaute evangelische Kirche von Klostergrab im heutigen Tschechien. Gegen diese harte Rekatholisierungspolitik protestierten böhmische Adlige, die mehrheitlich der neuen protestantischen Kirche angehörten. Kaiser Matthias musste die Beschwerden über seinen Vetter Ferdinand entgegennehmen, der 1618 als böhmischer König den Zorn der Adligen auf sich gezogen hatte.

Nachdem Kaiser Matthias die Beschwerden der protestantischen Adeligen als unbegründet zurückgewiesen hat, eskaliert die Situation. Angeführt von Graf Heinrich Matthias von Thurn ziehen am 23. Mai 1618 knapp 200 Vertreter der protestantischen, böhmischen Stände zur Prager Burg und verschaffen sich gewaltsam Zutritt. Im Wladislaw-Saal veranstalten sie einen Schauprozess gegen die anwesenden königlichen Statthalter Jaroslaw Borsita Graf von Martinitz und Wilhelm Slavata von Chlum und Koschumberg. Die beiden sind schon seit langem verhasst, weil sie die protestantischen Bauern auf ihren Gütern tyrannisiert haben. Die Diskussion wird hitziger, und schließlich fliegen erst die beiden Statthalter nach alter böhmischer Tradition aus dem Fenster, kurz darauf folgt ihnen der vollkommen unbeteiligte Sekretär Philipp Fabricius, den ein unglücklicher Zufall in den Wladislaw-Saal geführt hat.

Die drei Männer überleben den Sturz in den siebzehn Meter tiefer gelegenen Burggraben. Wie sie diesen freien Fall überleben konnten, ist umstritten. Eine Legende besagt, sie seien in einem Misthaufen gelandet, der ihren Sturz abgefedert habe – allerdings berichtete anschließend keiner der Beteiligten von dieser Variante. Es handelt sich vermutlich um eine nachträglich von Protestanten erfundene Geschichte. Die katholische Legende der Rettung lautet, dass die Gottesmutter Maria die Stürzenden mit ihrem Mantel aufgefangen habe. Wahrscheinlicher aber ist, dass die kühlen Temperaturen des 23. Mai 1618, die damalige Mode und die Bauweise der Burg Ursachen für den glimpflichen Ausgang des Sturzes gewesen sind. Alle drei trugen weite, schwere Mäntel, die ihren Fall stark dämpften. Außerdem ist die Wand der Prager Burg unterhalb des Fensters nach außen abgeschrägt, weswegen die Männer eher gerutscht als gefallen sein dürften.

Ferdinand II. sah den Prager Fenstersturz als eine Kriegserklärung gegen sich selbst und beschloss eine Strafaktion gegen den böhmischen Adel, der den Dreißigjährigen Krieg auslöste. Was als Religionskonflikt und Auseinandersetzung zwischen der Protestantischen Union auf der einen und der Katholischen Liga auf der anderen Seite begann, endete als territorialer Krieg zwischen der österreichischen Habsburgermonarchie und ihren Verbündeten und dem Königreich Frankreich. Bald ging es nicht mehr nur um Religionsfreiheit, sondern vor allem um die Hegemonie in Europa und um eine neue Ordnung für das Heilige Römische Reich Deutscher Nation. Der Krieg, der fast ausschließlich auf deutschem Boden ausgetragen wurde, dauerte bis 1648, als in Osnabrück und Münster der Westfälische Frieden unterzeichnet wurde.

Nach dreißig Jahren Krieg war Deutschland in weiten Teilen zerstört und entvölkert, die staatliche Ordnung war dahin und das Leben für viele Millionen Menschen eine Qual. Hungersnöte und Seuchen hatten ganze Landstriche entvölkert und die Bevölkerung fast halbiert. Die alten Institutionen des Heiligen Römischen Reichs hatten schon vor Beginn des Krieges versagt, anschließend waren sie gar nicht mehr funktionsfähig. Es war ein langer, mühsamer Prozess, bis neue politische Strukturen entstanden, die das Zusammenwirken der Territorialherren mit der kaiserlichen Zentralmacht auf tragfähige Füße stellten. Der Krieg, den Historiker als „europäische Katastrophe" oder „deutsches Trauma" bezeichnen, endete vor mehr als 370 Jahren, aber trotz dieser historischen Ferne gibt es dennoch Analogien zwischen damals und heute.

Seit dem Beginn des 21. Jahrhunderts gibt es einen Krieg, der die Ausmaße des Dreißigjährigen Krieges erreicht hat. Der Historiker und Politologe Herfried Münkler sieht Parallelen zwischen dem Dreißigjährigen Krieg und den Kriegen im Nahen und Mittleren Osten. Dort herrscht seit dem Sturz des Schah-Regimes in Iran 1979 ein nahezu ununterbrochener Krieg. Damals wie heute vermischen sich religiöse und verfassungsrechtliche Konflikte mit Hegemonialansprüchen der Kombattanten. Damals wie heute wird der Krieg immer wieder von außen neu angeheizt – mit Waffen, Geld oder politischer Unterstützung. Bei aller Vorsicht mit historischen Vergleichen gibt es doch Analogien, die man bei einer Bewältigung des Krieges im Nahen und Mittleren Osten vielleicht berücksichtigen könnte.

LITERATURHINWEISE:

Axel Gotthard: Der Dreißigjährige Krieg. Eine Einführung. Wien 2016

Heinz Duchhardt: Der Weg in die Katastrophe des Dreißigjährigen Krieges. Die Krisendekade 1608–1618. München 2017

Herfried Münkler: Der Dreißigjährige Krieg. Europäische Katastrophe, deutsches Trauma 1618–1648. Berlin 2017

Georg Schmidt: Der Dreißigjährige Krieg. München 2018

DIE BERLINER LUFTBRÜCKE – 1948

WIE EINE STADT GERETTET WURDE

Heute ist Berlin eine pulsierende Stadt mit mehr als drei Millionen Einwohnern und einer internationalen Kulturszene. Und Berlin ist Hauptstadt der Bundesrepublik Deutschland. Da kann man es sich kaum vorstellen, dass bis 1989 mitten durch diese Stadt eine Mauer verlief und eine Grenze markierte, die zu überqueren nicht oder nur unter Todesgefahr möglich war. Die Berliner Mauer und die Stacheldrahtgrenze zwischen der Deutschen Demokratischen Republik und der Bundesrepublik Deutschland waren Teil des Kalten Kriegs, der kurz nach dem Ende des Zweiten Weltkriegs Anfang Mai 1945 begann.

Bis zu jenem 8. Mai 1945 waren Franzosen, Briten, Amerikaner und Russen alliierte Waffenbrüder im Kampf gegen das nationalsozialistische Deutschland. Aber nur wenige Wochen später war diese Allianz zerbrochen, aus den ehemaligen Freunden wurden Feinde im Kalten Krieg. Deutschland war besetzt und in vier Zonen aufgeteilt worden: Im Westen rückten Frankreich, das Vereinigte Königreich und die USA ein, im Osten übernahm die Sowjetunion das Kommando. Zwar wollte man mit dem Alliierten Kontrollrat Deutschland gemeinsam verwalten, aber schon bald stellte sich heraus, dass die Gegensätze zwischen den Alliierten nicht mehr überbrückbar waren. Am 1. Januar 1947 gründeten Amerikaner und Briten die Bizone, aus der im März 1948 die Trizone mit dem von Frankreich verwalteten Gebiet wurde.

In der Ostzone hatten kommunistische Kadergruppen große Teile der Verwaltung mit der Unterstützung der sowjetischen Besatzungsmacht übernommen. Eine enge Bindung der vom Westen als „Pankower Regime" denunzierten Ostzone an die Sowjetunion war die beabsichtigte Folge dieser durch die KPdSU in

Moskau gesteuerten Unterwanderung. Drei Jahre nach dem Ende des Zweiten Weltkriegs standen sich die westlich, kapitalistisch verwalteten Westzonen – die spätere Bundesrepublik Deutschland – und die sozialistische Sowjetzone – die spätere Deutsche Demokratische Republik – gegenüber. Besonders kompliziert war die politische Lage für Berlin. Die Stadt war ebenfalls in vier Besatzungszonen aufgeteilt und lag mitten im sowjetisch besetzten Gebiet – nämlich in Brandenburg.

Während in den drei Westzonen und den drei westlichen Sektoren Berlins marktwirtschaftliche Reformen durchgeführt wurden, wurden 1945/46 in der sowjetischen Zone mit einer Bodenreform Landbesitzer enteignet. Gleichzeitig mussten sich unter dem Druck der Moskauer KPdSU Kommunisten und Sozialdemokraten zwangsweise zur Sozialistischen Einheitspartei Deutschlands – SED – vereinigen. Alle anderen Parteien wurden in einem „nationalen Block" zusammengeschlossen und jedweder Eigeninitiative beraubt. Am 20. Juni 1948 führten die Westalliierten in ihren Zonen und in den Westsektoren Berlins eine Währungsreform durch. Die westlichen Militärgouverneure hatten die sowjetischen Militäradministration kurz zuvor über die neue Währung informiert und versichert, sie gelte nicht für Berlin.

In den drei westlichen Zonen galt praktisch über Nacht nur noch die D-Mark, die in der Ostzone nicht anerkannt wurde. Der Preis dieser einseitigen Aktion der Westalliierten war hoch, denn er war gleichbedeutend mit einer wirtschaftlichen und politischen Spaltung Deutschlands. Die sowjetische Militäradministration in Ost-Berlin reagierte verärgert und unterbrach als Reaktion auf diesen Affront zunächst die Stromversorgung für Berlins westliche Sektoren. In den folgenden Tagen gab es ein diplomatisches Geplänkel und massive Drohungen, die dann zu einer vollständigen Abriegelung der Westsektoren der Stadt führten.

Am Morgen des 24. Juni 1948 sperrte sowjetisches Militär den gesamten Personen- und Güterverkehr auf Straßen oder Schienen und kurze Zeit später auch noch die Wassertransportwege. Der Warenverkehr zwischen den Westzonen auf der einen und den Westsektoren Berlins auf der anderen Seite war zum Erliegen gekommen. Ab dem 24. Juni 1948 waren mehr als zwei Millionen Menschen von der Außenwelt abgeschnitten. Weder Lebensmittel noch Strom, Kohlen oder andere Güter kamen in die Stadt. Es drohte eine humanitäre Katastrophe, denn ohne Hilfe aus den Westsektoren konnten West-Berlin und seine Einwohner nicht überleben. Die Westmächte hatten mit der harten Reaktion der Sowjetunion nicht gerechnet und waren von der Situation überrumpelt worden. Der amerikanische Stadtkommandant versicherte in einer Radioansprache zwar, dass „das amerikanische Volk es nicht zulassen werde, dass das deutsche Volk verhungert". Aber wie das geschehen sollte, wusste er nicht.

Bei den westlichen Alliierten herrschte zunächst Uneinigkeit. Die amerikanische Militärverwaltung wollte die Versorgung aus der Luft aufrechterhalten. Die Briten hingegen liebäugelten damit, die sowjetische Offerte von gesamtdeutschen Wahlen anzunehmen und Berlin aufzugeben. Zwei Tage nach Beginn der Blockade hatten sich die Amerikaner durchgesetzt, und es begann mit der Berliner Luftbrücke eine beispiellose Rettungsaktion aus der Luft. Dabei wurden drei Luftkorridore genutzt, die breit und hoch genug waren, um Flugzeuge im Pendelverkehr über- und nebeneinander fliegen zu lassen. Zwischen Juni 1948 und September 1949 lieferten amerikanische und britische Piloten mehr als zwei Millionen Tonnen an Heiz- und Lebensmitteln sowie Baustoffe nach Berlin. Gleichzeitig transportierten sie fast 230 000 Passagiere und 75 000 Tonnen Fracht, die in Berlin hergestellt und mit dem Etikett „Hergestellt im Blockierten Berlin" versehen waren. Die Historikerin Bettina Greiner weist aber darauf hin, dass viele Berliner sich auch im Umland, wo es familiäre Kontakte gab, versorgen konnten. An den Stadtgrenzen blühte zudem der Schmuggel. Schieber- und Hamsterfahrten waren an der Tagesordnung. Den Berlinern aber blieb das Bild der amerikanischen Piloten in Erinnerung, die an kleinen Papierfallschirmen über der Stadt Schokoladenstückchen für die Kinder abwarfen und sich deshalb den Ehrennamen Rosinenbomber einhandelten.

• •

LITERATURHINWEISE:

Gail S. Halvorsen: Kaugummi und Schokolade. Die Erinnerungen des Berliner Candy Bombers. Berlin 2005

Bernd Stöver: Der Kalte Krieg 1947–1991. Geschichte eines radikalen Zeitalters. München 2007

Corine Defrance, Bettina Greiner, Ulrich Pfeil (Hrsg.): Die Berliner Luftbrücke. Erinnerungsort des Kalten Krieges. Berlin 2018

Thomas Biermann: Wer waren die Rosinenbomber? Fakten zur Berliner Luftbrücke. Wildau 2019

QR – CODE:

DIE FILBINGER-AFFÄRE – 1978
WIE UNRECHT UNRECHT BLIEB

Heute stellt sich wieder die Frage: Wann ist man eigentlich ein Nazi? Wenn man dagegen ist, dass Europa Flüchtlinge aus Kriegsgebieten aufnimmt? Wenn man mit Steinen und Fackeln vor Asylheimen steht und „Ausländer raus" ruft? Oder wenn man es nicht bei Worten belässt, sondern handelt und selbst dafür sorgt, dass es ein paar weniger von denen werden? Wo hört die freie Meinungsäußerung auf und fängt das Nazi-Sein an?

Diese Frage wurde auch schon nach dem Zweiten Weltkrieg gestellt, als mithilfe der Alliierten eine Demokratie in Deutschland errichtet wurde. Damals musste entschieden werden, wer in der neuen Regierung, in der Verwaltung der Länder und in den Behörden jeder einzelnen Stadt sitzen durfte. Und natürlich musste man dabei auch auf Leute zurückgreifen, die in der Zeit des NS-Regimes politisch aktiv waren. Sonst – so hieß es jedenfalls – wären gar nicht genug arbeitsfähige Deutsche dagewesen. Und so kommen wir zu Hans Filbinger, der später Ministerpräsident von Baden-Württemberg werden sollte.

Filbinger stammte aus einer streng katholischen Familie. Während seiner Ausbildung zum Juristen wurde er 1937 Mitglied der NSDAP und später freiwillig Soldat in der Marine. Nach dem Krieg kam er kurz in Kriegsgefangenschaft und zog anschließend nach Freiburg, wo er auch studiert hatte. Dort gründete er eine Rechtsanwaltskanzlei. 1951 trat Filbinger in die CDU ein und wurde sieben Jahre später erstmals Mitglied der Landesregierung, 1960 Innenminister im Kabinett von Ministerpräsident Kurt Georg Kiesinger. 1966 übernahm Filbinger selbst das Amt des Ministerpräsidenten von Baden-Württemberg, weil Kiesinger Bundeskanzler der ersten großen Koalition mit der SPD wurde.

Er war ein konservativer, strikter Ministerpräsident, der sich gegen die Ostpolitik von Bundeskanzler Willy Brandt wandte und den Warschauer Vertrag mit Polen ablehnte. Mit diesem Vertrag – so argumentierte er – werde die Oder-Neiße-Grenze anerkannt, was zu einem endgültigen Verlust der deutschen Ostgebiete führe. Während er die Versöhnungspolitik der sozialliberalen Koalition in Bonn vehement ablehnte, ging er mit gleichem Engagement gegen die Gegner des von seiner Landesregierung favorisierten neuen Atomkraftwerks in Wyhl vor. Aber selbst großer Polizeieinsatz konnte das Projekt nicht retten: Das AKW Wyhl war das erste deutsche Atomkraftwerk, dessen Bau durch die Initiative der Anti-Atomkraft-Bewegung verhindert wurde.

Filbingers politisches Ende begann im Februar 1978. Die Wochenzeitschrift „Die Zeit" publizierte in jenen Tagen eine Leseprobe aus einem unveröffentlichten Roman von Rolf Hochhuth. Hochhuth beschäftigte sich in diesem Text mit den Folgen von Verrat und Denunziation in der NS-Zeit. Dabei kam er auch indirekt auf Filbinger zu sprechen, nannte ihn einen „furchtbaren Juristen" und behauptete, dass er nur „dank des Schweigens derer, die ihn kannten" auf freiem Fuß sei. Das wollte Filbinger nicht auf sich sitzen lassen und verklagte Hochhuth. Der stellte sich dem Prozess und bekam vom Stuttgarter Landgericht untersagt, zu behaupten, Filbinger sei nur wegen des Schweigens anderer auf freiem Fuß. Die Formulierung „furchtbarer Jurist" blieb aber als Meinungsfreiheit erlaubt.

Damit war Filbinger nicht zufrieden. Er verklagte auch die „Zeit", und im Zuge dieses Prozesses fand Hochhuth eine Gerichtsakte aus der NS-Zeit, in der Filbinger als Ankläger ein Todesurteil erwirkt und auch dafür gesorgt hatte, dass es zügig vollstreckt wurde. Das Opfer war der deutsche Matrose Walter Gröger, der sich wenige Wochen vor Kriegsende 1945 im besetzten Norwegen verliebt hatte, desertiert war und mit seiner

Verlobten nach Schweden fliehen wollte. Er wurde zunächst nur zu acht Jahren Zuchthaus verurteilt. Dieses Urteil wurde dann aber in einem zweiten Verfahren aufgehoben und in eine Todesstrafe umgewandelt. Hans Filbinger agierte bei diesem zweiten Schuldspruch als Staatsanwalt, drängte danach auf eine schnelle Vollstreckung des Urteils und war bei der Erschießung des Matrosen als leitender Offizier anwesend.

Auch wenn er das nicht abstreiten konnte, blieb Filbinger stur und bestritt, an anderen Todesurteilen mitgewirkt zu haben. Aber nach und nach wurden drei weitere Todesurteile bekannt, zwei davon hatte er als Vorsitzender Richter gefällt. Filbinger erklärte, diese Urteile habe er „vergessen". In einem Interview mit dem damaligen „Spiegel"-Korrespondenten für Baden-Württemberg, Felix Huby, sagte er: „Was damals rechtens war, kann heute nicht Unrecht sein!" Dieser Satz wird im Laufe der Zeit zu einem Synonym für viele Juristen, die in der NS-Zeit Unrechtsurteile gesprochen haben und sich hinter dem Argument verstecken, nach damals geltendem Recht gehandelt und geurteilt zu haben.

Die öffentliche Diskussion weitete sich schnell zu einer Debatte darüber aus, wie viel Schuld Mitläufer während der NS-Zeit hatten und wann man überhaupt „nur" Mitläufer war und wann Täter. Weil Hans Filbinger zu keinem Zeitpunkt Einsicht oder Reue zeigte, verlor er den Rückhalt in seiner Partei und bei den Wählerinnen und Wählern in Baden-Württemberg. Am 7. August 1978 trat er als Ministerpräsident zurück. Für seine Unrechtsurteile hat er sich bis zu seinem Tod 2007 nicht entschuldigt.

Die „Causa Filbinger" war nicht der erste Anlass, dass sich die Menschen in der Bundesrepublik mit dem Erbe ihrer Vergangenheit beschäftigten – und es war auch nicht das letzte Mal. Mitte der Sechzigerjahre hatten die Auschwitz-Prozesse eine bundesweite Debatte ausgelöst, genauso wie die TV-Serie „Holocaust – Die Geschichte der Familie Weiss", die 1979 ausgestrahlt wurde. Dennoch hat der Fall des ehemaligen Marinerichters Hans Filbinger großen Einfluss auf den Umgang der Deutschen mit ihrer Vergangenheit. Wissenschaftliche Untersuchungen forschten über die Handlungsspielräume, die NS-Militärrichter hatten, um Todesurteile zu vermeiden. Gleichzeitig wurde im Verlauf der Debatten die Rehabilitierung von Opfern der NS-Militärjustiz beschleunigt. Auch die Mutter des Matrosen Walter Gröger bekam Ende 1979 eine Versorgungsrente als NS-Opferangehörige, nachdem ihr Antrag vorher zweimal abgelehnt worden war. Nun endlich wurde der Tod ihres Sohnes als „den Umständen nach als offensichtliches Unrecht" eingestuft.

· ·

LITERATURHINWEISE:

Hans Filbinger: Die geschmähte Generation. Politische Erinnerungen. Tübingen 1987

Harald Welzer: „Opa war kein Nazi". Nationalsozialismus und Holocaust im Familiengedächtnis. Frankfurt a. M. 2002

Norbert Frei: Hitlers Eliten nach 1945. München 2003

Wolfram Wette (Hrsg.): Filbinger. Eine deutsche Karriere. Springe 2006

Susanna Filbinger-Riggert: Kein weißes Blatt. Eine Vater-Tochter-Biografie. Frankfurt a. M. 2013

DER PRAGER FRÜHLING – 1968

WIE DER SOZIALISMUS EIN MENSCHLICHES ANTLITZ BEKOMMEN SOLLTE

Heute gehört der Ostblock ganz selbstverständlich zu Europa. Und „Ostblock" ist ein Begriff aus jener Vergangenheit, in der viele Staaten des mittleren und östlichen Europas von uns im Westen des Kontinents noch durch den Eisernen Vorhang getrennt waren. Quer durch Europa verlief eine unüberwindbare Grenze, teilweise bewacht von Soldaten mit Schießbefehl oder Selbstschussanlagen. Einen Spalt weit wollten viele Tschechen diesen Vorhang in den Sechzigerjahren öffnen. Aber ihr Aufstand wurde brutal niedergeschlagen.

20. August 1968, kurz vor Mitternacht: Eine Maschine aus Moskau landet auf dem Prager Flughafen, an Bord 100 Männer in Zivil. In Wahrheit sind sie eine Einheit russischer Fallschirmjäger, die in Windeseile den Flughafen unter ihre Kontrolle bringen. Etwa zum gleichen Zeitpunkt rollen russische, polnische und ungarische Panzer über die Grenze der ČSSR und steuern ebenfalls auf Prag zu, eine halbe Million Soldaten sind unterwegs. Europa wird Zeuge der größten Militäraktion seit dem Zweiten Weltkrieg. Als Prag am Morgen langsam zu sich kommt, ist es im Grunde schon besetzt. Das tschechische Militär ist vollkommen unterlegen, und die Soldaten bleiben in den Kasernen. Es ist den Pragern also selbst überlassen, die Besatzer zu begrüßen: Sie gehen auf die Straßen, werfen Steine, errichten Barrikaden. Denn die Tschechen und Slowaken, die damals gemeinsam in der sozialistischen ČSSR lebten, haben sich das alles ganz anders vorgestellt. Sie wünschten sich einen Sozialismus „mit menschlichem Antlitz".

Seit 1948 regierten in der Tschechoslowakei die Kommunisten, und das Land war Mitglied des Warschauer Pakts, also des Militärbündnisses unter sowjetischer Führung. Die Kommunistische Partei der Tschechoslowakei (Komunistická strana Československa – KSČ) machte aber Jahre lang einen schlechten Job, das Land kam aus den wirtschaftlichen Problemen nicht heraus. 1967 trauten sich einige Schriftsteller, offene Kritik am kommunistischen Regime zu formulieren. Und im selben Jahr protestierten die Studenten und forderten: „Mehr Licht!" In den Wohnheimen fiel nämlich immer wieder der Strom aus. Aber natürlich war das auch metaphorisch zu verstehen. Als die kommunistische Partei diese Studentenproteste brutal niederschlagen lässt, kommt es zum Richtungsstreit zwischen den alten Hardlinern und einem neuen, reformbereiten Teil der Partei. Frontmann und Symbolfigur dieser Reformbewegung ist Alexander Dubček. Im Januar 1968 übernimmt er die Führung der Partei und bringt direkt Reformen auf den Weg. Genau wie die Mehrheit der tschechoslowakischen Bevölkerung ist er vom Sozialismus überzeugt, aber er will wirtschaftlich und politisch vieles umkrempeln. Die Rede ist von einer Auflösung der Staatsbetriebe, von freien Gewerkschaften und einer Zusammenarbeit mit dem Westen. Als Erstes aber tut er etwas, das sofort zu spüren ist: Die Zensur wird aufgehoben! Die Öffentlichkeit explodiert regelrecht vor neuen Zeitungen und Schriften, und der Schauspieler Bedrich Hányš erinnert sich: „Niemand kam mehr, um zu sagen, sie dürfen dieses Stück spielen oder nicht – was vorher ganz normal war. Die Diktatur hatte sich totgelaufen. Und da erschien Alexander Dubček. Er war eine Hoffnungsfigur." Willkommen im sogenannten Prager Frühling!

Das alles war zu viel für Moskau: Die Truppen des Warschauer Pakts waren mobilisiert worden und der Einmarsch vorbereitet. Truppen der DDR sollten allerdings nicht beteiligt werden. Deutsche Soldaten, die in Prag einmarschieren, würden nicht gut aussehen.

Aber auch die russischen Soldaten sind in Prag nicht willkommen. Die Demonstranten klettern auf die Panzer und skandieren die Namen „Dubček" und „Svoboda." Ludvík Svoboda ist damals Präsident der ČSSR und sein Nachname bedeutet zu Deutsch „Freiheit". „Ich habe das nicht erwartet", erzählt später ein russischer Soldat, „dass ich, wenn ich aus meinem Fahrzeug aussteige, dass sich Frauen auf mich werfen, mir das Gesicht zerkratzen und mich anschreien: ,Besatzer! Wie konntet ihr!'" Die Situation eskaliert. Im Laufe des Tages geht ein Panzer in Flammen auf, später fallen sogar Schüsse. Knapp 100 Tschechen und Slowaken kommen ums Leben. Manche Soldaten weinen vor Scham. Auch die Invasionstruppen haben etwa fünfzig Tote zu beklagen.

„Heute wirkt es vielleicht naiv", meint Bedrich Hányš, „aber wir haben es geglaubt", dass sich das Land öffnen und reformieren würde. Sechs Tage später wird der Prager Frühling aber „offiziell" beendet: Dubček, Svoboda und die gesamte tschechische Regierung werden nach Russland geordert, um dort das sogenannte Moskauer Protokoll zu unterzeichnen. Es fordert eine „Rückkehr zur Normalität", also eine Abkehr vom eingeschlagenen Reformkurs in der ČSSR. Die Starrköpfigkeit des sozialistischen Systems bringt dann einige Monate später Generalsekretär der KPdSU, Leonid Breschnew, zu Papier. In der nach ihm benannten Breschnew-Doktrin heißt es

„Das sind nicht mehr nur ihre Angelegenheiten. (...) Das sind die gemeinsamen Angelegenheiten unserer Staaten, die sich im Warschauer Pakt vereinigt haben, um die Unabhängigkeit, den Frieden und die Sicherheit in Europa zu gewährleisten, um eine unüberwindliche Schranke gegen die imperialistischen Kräfte der Aggression und der Revanche aufzurichten. "

Bedrich Hányš interpretierte es 1968 so: „Wir können nicht in diesem Gefängnis weiterleben." Er und seine Frau flohen genau wie hunderttausende Tschechen und Slowaken aus der ČSSR. Wie schon bei den vorherigen Aufständen im Ostblock – 1953 in der DDR oder 1956 in Polen und Ungarn – mussten die Geflüchteten einen hohen Preis bezahlen. Aber es sollte nicht vergeblich gewesen sein, denn heute sehen Historiker im Prager Frühling einen dicken Sargnagel des kommunistischen Systems. Bis in die Sechzigerjahre hatte der Kommunismus auch noch in einigen westlichen Staaten große Attraktivität. Die war nach dem Prager Frühling endgültig dahin.

Und auch als die Sowjetunion und der Warschauer Pakt endgültig kollabierten, sollte der Prager Frühling nochmal eine Rolle spielen. 1989 erklärt Michael Gorbatschow, dass Gewalt zwischen Staaten, egal welchem Bündnis sie angehörten, nicht zu rechtfertigen sei. Damit hob er die wegen des Prager Frühlings verfasste Breschnew-Doktrin auf und gab den Tschechen und Slowaken, aber auch den Polen, Ungarn und den Deutschen in der DDR, sein Okay, ihr eigenes Ding zu machen. Sie wird deshalb auch die Sinatra-Doktrin genannt: „I did it my way."

LITERATURHINWEISE:

Alexander Dubček: Leben für die Freiheit. Die Autobiographie. Gütersloh 1993

Torsten Diedrich (u.a.): Der Warschauer Pakt. Von der Gründung bis zum Zusammenbruch 1955 bis 1991. Berlin 2009

Birgit Hofmann: Der „Prager Frühling" und der Westen. Frankreich und die Bundesrepublik in der internationalen Krise um die Tschechoslowakei 1968. Göttingen 2015

Heinrich Böll: Der Panzer zielte auf Kafka. Heinrich Böll und der Prager Frühling. Köln 2018

Martin Schulze Wessel: Der Prager Frühling. Aufbruch in eine neue Welt. Ditzingen 2018

QR - CODE:

DER GROSSMUFTI VON JERUSALEM – 1938

WIE ISLAM UND FASCHISMUS IN EINER PERSON FUSIONIERTEN

Heute ist der Antisemitismus in Deutschland immer noch lebendig. Neonazis, Faschisten, und Verschwörungstheoretiker halten ihn am Leben. Auch die Kirche muss sich die eine oder andere Frage zu ihrem Verhältnis zum Judentum gefallen lassen. Aber wie erklärt sich, dass junge Muslime in Deutschland den Davidstern in Brand setzen?

Dezember 1943: Wie übersetzt man „Lebensraumerweiterung" oder „Endsieg" auf Arabisch? Mit solchen Fragen befassen sich dutzende Orientalisten und Muttersprachler im Reichssicherheitsamt in Berlin. Was dabei herauskommt, ist Nazi-Propaganda auf Arabisch. Sind die Texte fertig, tritt niemand anderes vors Mikrofon als Mohammed Amin al-Husseini, und seine Worte werden über Mittelwelle direkt bis in die Radios der arabischen Welt gesendet – drei Mal pro Tag für jeweils eine knappe Stunde. Al-Husseini ist der Großmufti von Jerusalem. Seit 1941 wurde er von der NS-Führung in Berlin hofiert, und er hilft ihnen nicht nur bei der Propaganda, sondern zum Beispiel auch dabei, muslimische Waffenverbände auf dem Balkan zu rekrutieren.

Geboren wurde al-Husseini gegen Ende des 19. Jahrhunderts als Sohn einer einflussreichen Familie Palästinas, das damals noch Teil des Osmanischen Reichs war. Und so kämpfte er denn auch im Ersten Weltkrieg in der osmanischen Armee gegen die Briten, bis er die Seiten wechselte und die Briten unterstützte. Seine Hoffnung: Nach dem Krieg könnte statt des Vielvölkerstaats des Osmanischen Reiches ein arabischer

Nationalstaat entstehen. Gleichzeitig war ihm die sogenannte Balfour-Deklaration ein Dorn im Auge. In dieser Deklaration hatten sich 1917 die Briten zu einer „nationalen Heimstätte des jüdischen Volkes in Palästina" bekannt – ein großer Schritt auf dem Weg zur Gründung Israels.

Al-Husseini aber wollte ein rein arabisch-muslimisches Palästina, und er ließ keine Gelegenheit aus, das kundzutun. Zum Beispiel auch am 4. April 1920 in Jerusalem: Juden, Muslime und Christen feierten gleichzeitig Pessach, Nabi Musa und Ostern, als die Lage eskalierte. Es kam zu Angriffen auf die jüdische Bevölkerung, die sich aber zur Wehr setzte. Drei Tage lang wurde gekämpft, drei Tage lang schwang al-Husseini nationalistische und antisemitische Reden. Die britische Mandatsmacht verurteilte ihn anschließend wegen seiner Rolle in den Ereignissen zu zehn Jahren Haft.

Von diesen zehn Jahren saß er aber keinen einzigen Tag ab. Stattdessen führte die Palästinapolitik der Briten dazu, dass man ihn zum Großmufti von Jerusalem ernannte. Dieses eigentlich geistliche Amt wollten die Briten aber ganz im Gegenteil politisch besetzen und den ebenso populären wie mächtigen al-Husseini für ihre Zwecke instrumentalisieren. Er dankte es ihnen nicht, sondern nutzte seine Position aus, um Macht und Ämter anzuhäufen. 1936 setzte er sich an die Spitze des arabischen Aufstands, der antibritisch, vor allem aber antijüdisch ausgerichtet war. Jetzt reichte es den Briten, sie wollten al-Husseini festnehmen. Der aber hatte schon lange einen Plan B in der Hinterhand: die Flucht – auf Umwegen und teilweise als Frau verkleidet – nach Deutschland.

Der Großmufti hatte das nationalsozialistische Deutschland schon 1933 als denkbaren Verbündeten auserkoren. Kurz nach der Ernennung Hitlers zum Reichskanzler bot er im deutschen Konsulat in Jerusalem seine Dienste an. Die Deutschen reagierten erst mal zurückhaltend, schließlich wollte man es sich zu diesem Zeitpunkt noch nicht mit den Briten verscherzen. Der Kontakt blieb aber bestehen, und nach 1938 wurde er enger. In einem Schreiben an den NS-Außenminister Joachim von Ribbentrop hält al-Husseini 1942 das enge Verhältnis zwischen ihm und dem Außenminister fest:

> *„In unseren Besprechungen mit Ihnen haben wir das Vertrauen des arabischen Volkes zu den Achsenmächten und ihren hohen Zielen zum Ausdruck gebracht. Und wir haben die Bereitschaft des arabischen Volkes zur Teilnahme am Kampf gegen die gemeinsamen Feinde bis zum Endsieg erklärt."*

Als al-Husseini 1941 Berlin erreicht, empfängt man ihn mit offenen Armen. Es kommt sogar zu einer Audienz bei Hitler, der anschließend laut Protokoll sagt, „das deutsche Ziel würde dann lediglich die Vernichtung des im arabischen Raum (...) lebenden Judentums sein. In dieser Stunde würde dann auch der Mufti der berufenste Sprecher der arabischen Welt sein." Bis dahin soll der Mufti seine Propaganda über das Radio in die Welt streuen, und er tut dies auch bis Kriegsende. Er schafft es sogar, der Zerstörung Berlins zu entkommen, kehrt zurück nach Palästina und verbreitet noch bis zu seinem Tod 1974 seine Botschaft vom Kampf gegen die Juden.

Historiker streiten darüber, was al-Husseini tatsächlich bewirkt hat. Eine Rolle scheint ihm aber sicher zuzufallen: Er ist derjenige, der den palästinensischen Kampf für einen eigenen Staat mit dem Kampf gegen das Judentum verbunden hat. Folgt man dem Historiker Martin Cüppers, hat er den Konflikt internationalisiert, indem er fremde Mächte gegeneinander ausgespielt und die Weltöffentlichkeit mit dem Problem, um das es in Palästina geht, als Erster konfrontiert hat. Und darüber hinaus hat er den Konflikt konfessionalisiert, indem er rhetorisch eine Pflicht ins Leben gerufen hat, dass gläubige Muslime gegen Israel und für Palästina kämpfen müssen. Dabei hat er sich uralte antijüdische Stereotype zunutze gemacht, die sich im Islam finden ließen. Cüppers betont aber, dass die Mehrheit der Muslime und Juden in Palästina zur Zeit des Muftis für ein friedliches Auskommen eingetreten sei. Aber radikale Stimmen wie die von al-Husseini hätten damals damit begonnen, die öffentliche Wahrnehmung zu dominieren. Und daran hat sich bis heute kaum etwas geändert.

An einer Untersuchung des Soziologen David Ranan lässt sich das jedenfalls ablesen: Bei siebzig Tiefeninterviews mit Muslimen in Deutschland und im Vereinigten Königreich stellte er fest, dass der Antisemitismus unter ihnen stark verbreitet ist. Aber die Einstellungen aller Befragten bezogen sich ausschließlich auf den Israel-Palästina-Konflikt. Eine religiöse Begründung fehlte immer. So kommen wir dann auch zu jungen, radikalen Muslimen in Deutschland, die Israel-Fahnen verbrennen, Juden die Kippa vom Kopf schlagen oder auf Demos sogar den Hitlergruß zeigen. Etwa 1800 antisemitische Straftaten wurden hierzulande im Jahr 2018 verzeichnet. Der mit Abstand größte Teil ist rechtsextrem motiviert. Aber immerhin 150 Straftaten gehen laut Polizei auf ausländische und religiöse Ideologie zurück. Im Hass finden Faschisten und Islamisten also zueinander – damals wie heute.

LITERATURHINWEISE:

Martin Cüppers: Halbmond und Hakenkreuz. Das Dritte Reich, die Araber und Palästina. Darmstadt 2006

Hamed Abdel-Samad: Integration. Ein Protokoll des Scheiterns. München 2018

David Ranan: Muslimischer Antisemitismus. Eine Gefahr für den gesellschaftlichen Frieden in Deutschland? Bonn 2018

QR – CODE:

DIE „GLORREICHE" REVOLUTION – 1688

WIE EINE REVOLUTION IN ENGLAND EUROPA DEN PARLAMENTARISMUS BRACHTE

Entscheidungen in einer Demokratie trifft das Parlament. Wer verhaftet wird, muss innerhalb von 24 Stunden einem Haftrichter vorgeführt werden. Das sind zwei nahezu banale Feststellungen, die unsere Gesellschaft aber maßgeblich prägen und polizeilicher Willkür und despotischer Alleinherrschaft entgegenwirken.

Aber so selbstverständlich wie heute war es im 17. Jahrhundert nicht. Es begann mit einer „Petition of Right", die die Abgeordneten des englischen Parlaments in London 1628 König Karl I. abverlangten. Karl I. hatte in den Jahren zuvor immer wieder die Rechte des Parlaments umgangen und versucht, das Land allein als Herrscher von Gottes Gnaden zu regieren. Das Parlament warf dem König deshalb Amtsmissbrauch, Verstoß gegen die Magna Carta von 1215 sowie willkürliche Festnahmen, Verbannungen und Hinrichtungen vor. Da der König Kredite brauchte, die er vom Parlament bewilligen lassen musste, stimmte er notgedrungen den Forderungen zu. Mit der Petition of Right, die Karl I. am 7. Juni 1628 unterschrieb, bekam das Parlament das Recht, Steuern und Abgaben festzusetzen. Der König musste das Kriegsrecht aufheben, seine Soldaten aus Privatunterkünften abziehen, die zwangsweise rekrutiert worden waren, und niemand durfte fortan ohne Verhandlung verurteilt oder gar hingerichtet werden.

Karl I. hatte zwar unterschrieben und auch die geforderten Kredite bekommen, aber an die Bestimmungen der Petition of Right hielt er sich nur selten. Ein Jahr später löste er das Parlament auf und regierte absolutistisch – also ohne jede Einschränkung und mit vollkommener Macht. Als er 1640 wieder einen Kredit brauchte, berief er das Parlament erneut ein. Aber die Abgeordneten konnten sich mit dem König nicht einigen, sodass er sie nach nur drei Wochen wieder entließ. Doch damit waren seine Probleme nicht gelöst, und so folgte diesem „kurzen Parlament" im selben Jahr noch das „lange Parlament", das seinen Namen erhielt, weil es formal nie aufgelöst wurde und bis 1660 amtierte. Aber Karl I. konnte den Gegensatz zwischen Krone und Parlament nicht auflösen, was 1642 in den englischen Bürgerkrieg mündete. Sieben Jahre kämpften Anhänger der absolutistischen Königsherrschaft gegen jene, die den Parlamentarismus auf der Insel endgültig durchsetzen wollten.

1649 endete der Krieg. König Karl I. wurde hingerichtet, die Monarchie außer Kraft gesetzt und eine Republik England (Commonwealth of England) errichtet, die nach vier Jahren zu einer Alleinherrschaft Oliver Cromwells wurde. Cromwell regierte das Land als Lordprotektor. Als er 1658 starb und sein Sohn Richard Cromwell freie Wahlen zuließ, kam mit Karl II. der Sohn des neun Jahre zuvor hingerichteten gleichnamigen Vaters auf den englischen Thron. Er begründete ebenfalls eine absolutistische Monarchie nach dem Vorbild der französischen Könige. Seine Regentschaft war von Intrigen und Mätressenwirtschaft, Willkür und ständigen Verletzungen der Petition of Right geprägt. Im Parlament erregten sich die Abgeordneten über unbegründete Einkerkerungen und willkürliche Verhaftungen. Diesen Verstößen gegen die Petition of Right vom Juni 1628 sollte im Mai 1679 mit der Habeas-Corpus-Akte entgegengewirkt werden.

Die Habeas-Corpus-Akte legte fest, dass Angeklagte innerhalb von drei Tagen einem Haftrichter vorgeführt werden mussten, der Haftverschonung gegen Kaution gewähren konnte. Außerdem durfte nun kein Einwohner Englands mehr zur Verbüßung einer Haftstrafe außer Landes gebracht werden. Im selben Jahr verabschiedeten die Abgeordneten den Beschluss, dass niemals mehr ein Katholik englischer König werden darf. Aber Jakob II., der 1685 gekrönt wurde, bekannte sich offen zum Katholizismus und wollte eine Rekatholisierung der Insel durchsetzen. In dieser Situation hielten die Abgeordneten Ausschau nach einem geeigneten protestantischen Ersatz für den König. Sie wurden in den Niederlanden fündig, dort war der protestantische Wilhelm III. von Oranien mit Maria II., der Tochter von James II., verheiratet. Wilhelm III. von Oranien konnte dem verlockenden Angebot, englischer König zu werden, nicht widerstehen und erschien 1689 unter dem Jubel vieler Engländer in London.

Aber bevor er gekrönt werden könne, teilten ihm die Delegierten des Parlaments mit, müssten er und seine Frau Maria eine Urkunde unterzeichnen, die festschreibt, dass es freie Parlamentswahlen gibt, dass Abgeordnete Immunität genießen, das Recht auf freie Rede haben und dafür nicht belangt werden können und dass Steuern nur mit der Zustimmung des Parlaments erhoben werden dürfen. Diese Bill of Rights war der Abschluss der Glorious Revolution, durch die der Parlamentarismus nach Europa kam. Die Revolution des Jahres 1689 gehört zu den wichtigsten und nachhaltigsten Revolutionen, die auf dem europäischen Kontinent stattgefunden haben. Abgesehen von kriegerischen Ereignissen in Irland war die Revolution von 1689, wie es der Historiker Eckart Hellmuth formuliert, weitgehend friedlich abgelaufen. Sie prägt das Gesicht Europas bis ins 21. Jahrhundert.

LITERATURHINWEISE:

Josef Johannes Schmid: Wilhelm III. von Oranien. In: Biographisch-Bibliographisches Kirchenlexikon (BBKL). Band 13. Herzberg 1998

Eckhart Hellmuth: Die glorreiche Revolution 1688/89. In: Peter Wende (Hrsg.): Große Revolutionen. Von der frühen Neuzeit bis zur Gegenwart. München 2000

Michael Maurer: Kleine Geschichte Englands. Stuttgart 2002

Dieter Berg: Oliver Cromwell. England und Europa im 17. Jahrhundert. Stuttgart 2019

QR – CODE:

DAS „PLEBIS SCITUM" – 287 V. CHR.

WIE DAS VOLK IM ALTEN ROM MIT DEN FÜSSEN AB-STIMMTE

Heute wollen wir mehr Demokratie wagen. Vor allem mehr direkte Demokratie: Knapp drei Viertel der Deutschen wünschen sich Volksabstimmungen auf Bundesebene. In der Schweiz werde das schließlich schon erfolgreich praktiziert. Ja, sogar die alten Römer hätten das schon hingekriegt!

287 v. Chr.: Die Plebejer verlassen die Stadt! Es ist schon das dritte Mal, dass sie zu diesem eigentlich allerletzten Mittel greifen, aber es geht um viel. Endlich wollen die Plebejer, das Volk, gleichbehandelt werden mit und von den Patriziern, dem Adel. Und sie wollen damit einen Jahrhunderte dauernden Kampf endlich zu ihren Gunsten entscheiden.

Nach der Gründung Roms durch Romulus und Remus herrschten in Rom sechs Könige. Der letzte von ihnen soll ein Tyrann gewesen sein. Er wurde von den Römern 510 v. Chr. abgesetzt und rausgeschmissen, und seitdem war Rom eine Republik. Soweit aber ist das alles Legende, denn nichts davon lässt sich wirklich durch historische Quellen belegen. Was aber stimmt, ist, dass in Rom seit etwa 500 v. Chr. die Patrizier das Sagen haben: eine kleine Gruppe reicher, alteingesessener und einflussreicher Familien, die ihr Land, ihren Status und ihre Privilegien vererbten. Sie allein durften Mitglieder des römischen Senats werden und politische Ämter bekleiden. Die Patrizier machten nach heutigen Schätzungen aber nur zwei oder drei Prozent der römischen Bevölkerung aus. Alle anderen waren Plebejer: Bauern, Handwerker und auch die Bewohner, der von Rom unterworfenen Gebiete. Sie leisteten alle Arbeit im Staat und mussten sogar noch beim Dienst in der Armee ihren Kopf auf dem Schlachtfeld hinhalten. Sie hatten aber keinerlei

politische Vertretung, und – kein Wunder – es dauerte nicht lang, da hatten die Plebejer zum ersten Mal die Faxen dicke. 494 v. Chr. verließen sie die Stadt und zogen auf einen der sieben Berge vor den Toren Roms. Es war die erste „Secessio plebis" oder der erste Ausmarsch des einfachen Volkes. Im Grunde organisierten sie einen antiken Generalstreik. Denn ohne die Plebejer stand Rom still, was den Patriziern ziemlich eindrucksvoll unter die Nase gerieben wurde. Also gab es erste Zugeständnisse: Die Plebejer durften eine eigene Volksversammlung auf die Beine stellen und einen Volkstribun wählen, der ihre Interessen gegenüber den Patriziern vertreten sollte. Um 450 v. Chr. sind die Plebejer dann wieder aus der Stadt gezogen, dieses Mal auf einen anderen Berg, um sich das Zwölftafelgesetz zu erstreiten. Fortan waren auf dem Forum Romanum zwölf Tafeln aufgestellt, auf denen alle römischen Gesetze öffentlich einsehbar waren – inklusive der Strafen, die bei Verstößen drohten. Öffentlich gemachte Gesetze sollten die Plebejer gegen Machtmissbrauch und Ausbeutung schützen. Und in den folgenden Jahrzehnten errangen die Plebejer immer weitere Rechte, zum Beispiel politische Ämter bekleiden zu dürfen und in Familien der Patrizier einzuheiraten. Aber die vollständige Gleichstellung war immer noch nicht erreicht. Also mussten sie 287 v. Chr. noch einmal ausziehen und ein drittes Mal auf einen der Berge vor Rom steigen. Das Ergebnis der dritten Secessio plebis ist die „Lex Hortensia." Von nun gilt ein Beschluss der plebejischen Volksversammlung, ein – Achtung! – „Plebis scitum", für alle Bürger Roms. Also auch für die Patrizier. Ein Ausgleich zwischen beiden Gruppen ist erreicht, das Volk hat den Adel bezwungen, die Zeit der sogenannten Ständekämpfe ist beendet.
Wir müssen allerdings einiges an Wasser in den Wein gießen: Auch hier steht die Quellenlage auf wackeligen Beinen, vieles wurde erst im Nachhinein niedergeschrieben, um viel-

leicht auch die Geschichte Roms zu romantisieren oder auszuschmücken. Und wir müssen auch die Vorstellung der Plebejer als „einfaches Volk" hinterfragen. Sicher gehörten zu diesen 98 Prozent der Bevölkerung auch diejenigen, die rechtlos in Armut lebten. Treibende Kraft hinter den Aufständen waren aber häufig Plebejer, die es geschickt zu einem Reichtum und Wohlstand geschafft hatten, der es mit den Patriziern aufnehmen konnte, und die nun natürlich auch politisch gleichgestellt sein wollten. Das ist am Ergebnis abzulesen, wie sich Rom nach dem Ende der Ständekämpfe weiterentwickelt hat.

Zwischen Plebejern und Patriziern entwickelte sich nämlich eine neue Oberschicht: die Nobilität. Eine Leistungselite, die sich durch eine Art Wettkampf definierte, wer am besten und am treuesten dem Staat dient. Status wurde also nicht mehr vererbt, sondern erarbeitet. Die Volksversammlung wurde dabei zum Schiedsrichter: Daumen hoch oder Daumen runter für einen Konsul oder einen Magistrat, je nachdem, ob er seinen Job gut machte oder nicht. Demokratie war das sicher nicht, Fachleute sprechen eher von einer Meritokratie mit demokratischen Elementen. Auch mit heutigen Plebisziten hat das nichts zu tun.

Aber sehr viele Historiker sehen hier trotzdem den Grundstein für Roms Aufstieg zur Supermacht. Der Wettkampf innerhalb der Nobilität, seinen Job besonders gut zu machen, brachte einen ziemlich effizient und diszipliniert geführten Staat hervor. Und am besten konnte man seine Hingabe zu Rom durch gewonnene Kriege beweisen. Also überboten sich Feldherren und Generäle gegenseitig immer weiter in Eroberungszügen, weiteten Roms Macht und Territorium aus und standen dann vor der nächsten Volksversammlung gut da. Gleichzeitig hat Rom aber auch etwas anzubieten: das römische Bürgerrecht. Wer sich Bürger von Rom nennen durfte, gehörte zu einem Staatswesen, das militärischen Schutz, Gleichheit vor dem

Gesetz und die Möglichkeit sozialen Aufstiegs bot. Da war Rom anderen Staaten seiner Zeit weit voraus.

Die Ideen von politischer Gleichheit und Volksabstimmungen gehen dann ziemlich lange in der historischen Mottenkiste verloren. Unter Augustus wurde Rom ein Kaiserreich, und in Kaiserreichen fragt keiner das Volk nach seiner Meinung. Aber spätestens als mit der Aufklärung der eine oder andere Gelehrte begann, alte römische Geschichten und Gesetze zu lesen, fand die Idee wieder Beachtung. Und heute werden Plebiszite in der Schweiz, in einigen Bundesstaaten der USA und auch in Deutschland durchgeführt. Bei uns beschränken sie sich auf die Ebene von Ländern und Kommunen. Auf Bundesebene würden sie nur in Extremfällen zum Einsatz kommen, wenn es zum Beispiel um eine neue Verfassung oder eine Veränderung des Bundesterritoriums ginge. Aber viele Umfragen der letzten zehn Jahre zeigen, dass sich 70 bis 75 Prozent der Deutschen für die Einführung von Plebisziten auch auf Bundesebene aussprechen. Nur sieht das Grundgesetz nicht vor, Volksabstimmungen per Volksabstimmung einzuführen.

LITERATURHINWEISE:

Herrmann Heußner, Otmar Jung: Mehr direkte Demokratie wagen. Volksentscheid und Bürgerentscheid: Geschichte – Praxis – Vorschläge. München 2009

Henning Börm: Westrom. Von Honorius bis Justinian. Stuttgart 2013

Wolfgang Blösel: Die römische Republik. Forum und Expansion. München 2015

Michael Sommer: Römische Geschichte: Von den Anfängen bis zum Untergang. Stuttgart 2016

QR – CODE:

DIE WAHL VON KAROL WOJTYŁA – 1978
WIE EIN PAPST SEINEM VOLK HOFFNUNG GAB

Der Papst in Rom gehört zu den einflussreichsten Personen auf der Welt. Sein Wort hat nicht nur bei den weltweit rund 1,3 Milliarden Katholiken hohen Stellenwert, sondern auch in der Politik oder bei gesellschaftlichen Organisationen im Umfeld der Kirche. Es hängt von seinem Ermessen ab, ob Frauen in der katholischen Kirche hohe kirchliche Ämter bekleiden dürfen oder Priester weiterhin zölibatär leben müssen. Insofern war die Entscheidung des Konklaves der römisch-katholischen Kirche, am 16. Oktober 1978 den polnischen Erzbischof von Krakau, Karol Wojtyła, zum Papst zu wählen, brisant. Nicht nur in der Parteizentrale der polnischen Arbeiterpartei, sondern auch in den Machtzentralen des sozialistischen Ostblocks wurde die Wahl von Johannes Paul II. als Kampfansage aufgefasst. Denn dort war er als mutiger Kirchenführer bekannt, der gegenüber den Staatsorganen niemals Zurückhaltung geübt hatte.

Dabei war es merkwürdigen Umständen zu verdanken, dass der Krakauer Erzbischof überhaupt gewählt werden konnte. Denn sein Vorgänger Johannes Paul I., der sich rasch den Beinamen „Papst des Lächelns" erworben hatte, war nach nur 33 Tagen im Amt verstorben. Der überraschende Tod eines kerngesund wirkenden Papstes löste weltweit Spekulationen und Verschwörungstheorien aus. War es Mord, hatte die Mafia ihre Finger im Spiel? Steckte möglicherweise ein von Geheimdiensten erdachter Plan dahinter, der einen amtierenden Pontifex Maximus opferte, um einen überzeugten Antikommunisten als Papst zu inthronisieren, der im Kalten Krieg von entscheidender Bedeutung sein könnte? Derartige Spekulationen wurden nie bewiesen, haben sich aber lange gehalten. Jedenfalls machte Johannes Paul II. schnell deutlich, dass er sein Pontifikat durchaus dazu nutzen wollte, sich in die innenpolitischen Auseinandersetzungen seiner polnischen Heimat einzumischen. Dort befanden sich Staatsmacht und freie Gewerkschaft Solidarność in einem offenen Konflikt, der auch auf die anderen sozialistischen „Bruderstaaten" Auswirkungen hatte. In Polen war Ende 1981 das Kriegsrecht verhängt worden, und die Staatsführer des Ostblocks spekulierten über eine militärische Intervention – wie 1953 in der DDR, 1956 in Polen und Ungarn oder 1968 in der ČSSR. Der polnische Papst hielt dagegen und rief zur Mäßigung auf. Er verband offensichtlich die Autorität seines Amtes mit dem Schicksal der Menschen in seiner polnischen Heimat. Das zeigte Wirkung, denn eine Intervention des Warschauer Pakts in Polen blieb aus.

Dafür intensivierte der Vatikan seine Verbindungen zu westlichen Geheimdiensten, baute auf enge Kontakte zum amerikanischen Präsidenten Ronald Reagan und unterstützte die Gewerkschaft Solidarność mit Geld. 1981 war mit der Verhängung des Kriegsrechts nicht nur für Polen ein entscheidendes Jahr, sondern auch für den Papst. Es war der 13. Mai, als er in seinem Papamobil über den Petersplatz fuhr, einer jubelnden Menge zuwinkte, kleine Kinder herzte und in alle Richtungen das Kreuzzeichen machte. Plötzlich fielen drei Schüsse, die den Papst trafen, einer davon lebensgefährlich. Johannes Paul II. überlebte das Attentat, das von einem rechtsextremen, türkischen Studenten verübt worden war. Wie beim plötzlichen Tod seines Vorgängers waren Spekulationen über die wahren Täter und Hintermänner Tür und Tor geöffnet. Während die Welt darüber rätselte, vergab der Papst noch im Krankenbett dem Täter und besuchte ihn zwei Jahre später im Gefängnis.

Matthias Drobinski und Thomas Urban bescheinigen Johannes Paul II. in ihrer Biografie einen „rigiden Kurs nach innen und Dialog nach außen". In seiner bis 2005 dauernden Amtszeit blockierte der Papst zwar alle innerkirchlichen Reformbemühungen und beförderte mit Josef Kardinal Ratzinger, dem Erzbischof von München und Freising, nicht nur seinen späteren Nachfolger, sondern auch einen streng konservativen Theologen in das Amt des Präfekten der Glaubenskongregation, wo die katholische Glaubens- und Sittenlehre bewahrt wird. Gleichzeitig war er der erste Medienpapst, der sich und seine vielen Reisen um den Globus wirksam in Szene setzen konnte. Er unterstützte einen schwunghaften Handel mit päpstlichen Devotionalien, ließ CDs mit seinen Predigten pressen und trat bei Open-Air-Veranstaltungen vor vielen Millionen Menschen auf.

Sein Pontifikat wird unterschiedlich bewertet. Die einen heben sein Engagement für die Gewerkschaft Solidarność in Polen und seinen Anteil am Ende des Kommunismus hervor. Andere kritisieren neben seiner innerkirchlichen Reformunwilligkeit die Ablehnung der südamerikanischen Befreiungstheologie, die einen Ausweg aus der dramatischen Ungerechtigkeit suchte, denen viele Gläubige dort ausgesetzt waren – und immer noch sind. Ungeachtet dieses Meinungsstreits wurde er von seinem Nachfolger Benedikt XVI. am 1. Mai 2011 seliggesprochen. Vier Jahre später folgte auf dem Petersplatz in Rom vor mehr als einer Million Menschen die Heiligsprechung durch Papst Franziskus.

LITERATURHINWEISE:

Horst Fuhrmann: Die Päpste. München 1998

Andreas Englisch: Johannes Paul II. Das Geheimnis des Karol Wojtyła. München/Berlin 2003

Joachim Jauer: Urbi et Gorbi. Christen als Wegbereiter der Wende. Freiburg 2009

Matthias Drobinski, Thomas Urban: Johannes Paul II. Der Papst, der aus dem Osten kam. München 2020

QR – CODE:

DIE SPANISCHE INQUISITION – 1478

WIE DIE INQUISITION SPANIEN IN DEN WÜRGEGRIFF NAHM

Es gibt Menschen – und diese Aussage ist auf keine spezielle Religion beschränkt –, die meinen, ihr Gott sei der Größte, der Beste und der einzig Wahre. Wenn diese Menschen damit gut leben und niemanden sonst behelligen, ist das wunderbar. Dafür gibt es in den europäischen Ländern die Religionsfreiheit und in den meisten von ihnen eine Trennung zwischen Kirche und Staat. Es gibt aber eben auch Menschen, die andere Menschen mit Gewalt davon überzeugen wollen, dass ihr Gott der einzig wahre ist.

In Spanien gehörten Königin Isabella und König Ferdinand zu diesen Menschen. Sie herrschten zwischen 1474 und 1504 über Kastilien, León und Aragón und werden auch „Katholische Könige" genannt. 1492 hatten sie den letzten muslimischen Herrscher von spanischem Boden vertrieben und mit dem Edikt von Alhambra angeordnet, dass alle spanischen Juden und Muslime entweder das Land verlassen oder sich zum katholischen Glauben bekennen mussten.

Schon vierzehn Jahre zuvor hatte Papst Sixtus IV. eine Bulle unterzeichnet, mit der er dem spanischen Herrscherpaar die Ernennung von Inquisitoren erlaubte. Sie sollten sich um jene Juden und Muslime „kümmern", die als sogenannte Conversos und Moriscos ihren Zeremonien, Ritualen und religiösen Gewohnheiten nachgingen, obwohl sie vorgegeben hatten, zum christlichen Glauben übergetreten zu sein. Aber der Verfolgung fielen auch Christen mit abweichenden Meinungen, vermeintliche Hexen, Homosexuelle, Bigamisten oder Autoren unliebsamer Literatur zum Opfer. Innerhalb weniger Jahre entwickelte sich die Spanische Inquisition zu einer gut organisierten Verfolgungsbehörde. An der Spitze stand der Groß-inquisitor. Er war ein skrupelloser Gefolgsmann des jeweiligen Papstes und wies meistens eine blendende Karriere innerhalb der römischen Kirche auf. Unter ihm arbeiteten zahlreiche Inquisitoren, die die scheinbar objektiven „Ermittlungen" gegen die Abweichler zu führen und zu protokollieren hatten.

Das Inquisitionstribunal, das die Gerichte abhielt, setzte sich aus Geistlichen und Laien zusammen. Der Machtbereich erstreckte sich über das heutige Spanien, die Inseln Sizilien und Sardinien sowie die spanischen Kolonien in Amerika. Die Tribunale waren auf verschiedene Bezirke aufgeteilt, die sie mindestens einmal pro Jahr zu bereisen hatten. Die vor der Inquisition Angeklagten hatten sich beim Tribunal einzufinden oder freiwillig mit einer Selbstanzeige zu melden. Anzeigen bekamen die Inquisitoren genug – weil auf diese Weise auch Streitigkeiten zwischen Nachbarn, Geld- oder Schuldenprobleme ganz einfach zu lösen waren. Jeder Anzeige, und war sie noch so unsinnig, wurde nachgegangen. Sehr oft landeten auf diese Weise Menschen auf den christlichen Scheiterhaufen, die sich nichts hatten zuschulden kommen lassen, ihren Nachbarn aber ein Dorn im Auge waren.

Zur Verurteilung genügten zwei Zeugenaussagen. In Zweifelsfällen wurde von der Folter hemmungslos Gebrauch gemacht. Die Urteile fällten die Inquisitoren, ein Vertreter des Bischofs, in dessen Diözese der Prozess stattfand, und weitere Berater. Bekanntgegeben wurden die Urteile gesammelt auf sogenannten Autodafés (Urteile über den Glauben). Das waren prunkvolle, meist öffentliche und feierliche Veranstaltungen, an denen nicht nur alle weltlichen und geistlichen Würdenträger des Gerichtsbezirks, sondern auch die gesamte Bevölkerung teilnahm. Die Strafen reichten von Strafgeldern, öffentlichen Auspeitschungen und Konfiszierung des Eigentums bis zum Todesurteil. Das so gewonnene Vermögen wurde aufgeteilt – der Denunziant bekam ein Drittel, den Rest teilten sich Staat und Kirche.

Einen Freispruch gab es nicht. Stellte sich im Laufe des Verfahrens heraus, dass die Angeklagten offenbar unschuldig waren, wurden die Prozesse oft unterbrochen. Allerdings konnte die Verhandlung offiziell jederzeit wieder aufgenommen werden. So brauchte das Gericht nicht eingestehen, dass es sich bei der Verhaftung geirrt hatte.

Auch in den anderen europäischen Ländern hatte es Inquisitionen gegeben. Seit Anfang des 13. Jahrhunderts wurden überall Menschen aufgespürt, denen ein falscher oder gar Unglaube vorgeworfen wurde. Später kamen sogenannte Hexen oder Hexer hinzu, denen häufig die Anwendung von Magie, ein direkter Kontakt mit dem Teufel sowie ein sexuell ausschweifendes Leben unterstellt wurden. Trotzdem unterscheidet sich die Spanische Inquisition laut dem Historiker Gerd Schwerhoff vor allem durch zwei Faktoren von der Inquisition in anderen Ländern: Zum einen war sie vor allen Dingen eine staatliche und keine kirchliche Einrichtung. Zum anderen unterscheidet sie sich durch die Zielgruppe, auf die es die Spanische Inquisition abgesehen hatte: konvertierte Juden und Muslime.

Das letzte Todesurteil der Spanischen Inquisition wurde am 31. Juli 1826 in Valencia vollstreckt, gegen einen Lehrer. Offiziell abgeschafft wurde sie dann während der Regierungszeit von Königin Isabella II. am 15. Juli 1834. Wie viele Menschen der Spanischen Inquisition zum Opfer fielen, ist nicht bekannt, weil viele Unterlagen aus dieser Zeit nicht mehr vorhanden sind. Die Schätzungen schwanken zwischen 1500 für ganz Spanien und 12 000 allein für Kastilien. Bekannt ist außerdem, dass zwischen 1570 und 1630 in Aragón 170 Menschen wegen Homosexualität zum Tode verurteilt wurden, weitere 288 mussten Strafdienste auf Galeeren leisten. Und mehr als 900 angeklagte Conversos wurden zwischen 1484 und 1530 in Valencia hingerichtet.

● ●

LITERATURHINWEISE:

Gerd Schwerhoff: Die Inquisition. Ketzerverfolgung in Mittelalter und Neuzeit. München 2009

Rainer Decker: Die Päpste und die Hexen. Aus den geheimen Akten der Inquisition. Darmstadt 2013

Noah Gordon: Der Medicus von Saragossa. München 2015

Nikolas Jaspert: Die Reconquista. Christen und Muslime auf der Iberischen Halbinsel. München 2019

QR - CODE:

DER REICHSRÄTEKONGRESS – 1918
WIE EINE GRUNDSATZENTSCHEIDUNG GEFÄLLT WURDE

Für uns ist die parlamentarische Demokratie mit unterschiedlichen Parteien und genau festgelegten Spielregeln zwischen den einzelnen Organen eines Staates Normalität. Wählerinnen und Wähler entscheiden sich für einen Kandidaten oder eine Partei, weil sie hoffen, dass sie die von ihnen versprochene Politik auch umsetzen. Aber zwingen kann man die Abgeordneten nicht, denn sie sind nur ihrem Gewissen und nicht einem imperativen Mandat ihrer Wählerschaft verpflichtet. Ende 1918 ging es beim Reichsrätekongress in Berlin genau um diese Frage, und die Entscheidung fiel gegen ein imperatives Mandat aus.

November 1918: Der Erste Weltkrieg war vorbei und Deutschland der Verlierer. Kaiser Wilhelm II. hatte abgedankt, war ins benachbarte Holland ins Exil gegangen. In Berlin wurde am 9. November 1918 zweimal an einem Tag die Republik ausgerufen: erst vom Sozialdemokraten Philipp Scheidemann und kurz danach durch den Führer des Spartakusbundes Karl Liebknecht. Scheidemann und die SPD wollten eine bürgerliche, parlamentarische Demokratie, Liebknecht und die wenig später in der KPD versammelte politische Linke wollten hingegen eine „freie sozialistische Republik Deutschland". Kaum ein Ereignis spiegelt die innere Zerrissenheit des deutschen Volkes besser wider als diese „doppelte" Ausrufung der Republik im November 1918.

Nach dem Ende des Ersten Weltkriegs waren überall Arbeiter- und Soldatenräte entstanden, die eine sozialistische Wirtschafts- und Gesellschaftsordnung forderten, in der die Delegierten an das imperative Mandat ihrer Wähler gebunden sein sollten. Viele Teilnehmer und Sympathisanten der Räte stammten aus den Reihen der Unabhängigen Sozialdemokratischen Partei Deutschlands. Diese USPD hatte sich im April 1917 von SPD abgespalten, weil sie gegen weitere Kriegskredite gestimmt hatte, die zur Fortführung des Ersten Weltkriegs benötigt wurden. Der USPD standen gemäßigte Sozialdemokraten der MSPD, Mehrheits-SPD unter der Führung ihres Parteivorsitzenden Friedrich Ebert gegenüber. Beide Flügel der deutschen Sozialdemokratie waren im Rat der Volksbeauftragten, der von November 1918 bis Februar 1919 als provisorische Regierung amtierte. Die Volksbeauftragten unterzeichneten den Waffenstillstand am 11. November 1918 und organisierten die Wahl zu einer verfassungsgebenden Nationalversammlung im Januar 1919, zu der das Frauenwahlrecht eingeführt wurde.

Die verfassungsgebende Nationalversammlung sollte eine stabile Nachkriegsordnung hervorbringen. Dazu musste der Streit zwischen den beiden sozialdemokratischen Flügeln beendet werden, ob Deutschland ein Rätesystem oder eine parlamentarische Demokratie werden sollte. Zur Lösung dieses Konflikts wurde am 16. Dezember 1918 der Reichsrätekongress nach Berlin einberufen. Ohne Wahlordnung entsandten rund 200 000 Einwohner einen Delegierten in den Kongress. Von den 490 Gewählten waren 406 Arbeiter- und 84 Soldatenräte, unter ihnen nur zwei Frauen. 298 kamen von der MSPD, 101 von der USPD und 25 von der Deutschen Demokratischen Partei. Die USPD-Delegierten und damit die Befürworter einer Räterepublik waren in der Minderheit. Ihr Antrag, Arbeiter- und Soldatenräte mit höchster gesetzgebender Gewalt zur Verfassungsgrundlage einer sozialistischen Republik zu machen, scheiterte. Eine Mehrheit hingegen bekam der Antrag der MSPD, das deutsche Volk eine Nationalversammlung wählen zu lassen, in der eine neue Verfassung erarbeitet werden sollte. Da die MSPD-Delegierten sicher waren, auch diese Wahl zur Nationalversammlung zu gewinnen, stand in ihren Augen der

Etablierung einer parlamentarischen Demokratie in Deutschland nichts mehr im Weg.

Aber so zufrieden die gemäßigten SPDler auch waren, es gab auch Entscheidungen, bei denen sich die radikaleren Delegierten der USPD durchsetzen konnten. Neben sofortigen Sozialisierungen betraf das vor allem die militärische Kommandogewalt über eine Reichswehr, deren Umfang unklar war, weil die alliierten Siegermächte noch darüber berieten. Nach dem Beschluss des Reichsrätekongresses sollte das Kommando einem Zentralrat der Arbeiter- und Soldatenräte übertragen werden. Eine derart eingeschränkte Kommandogewalt und der Beschluss, dass die Soldaten ihre Anführer und Vorgesetzten selbst wählen sollten, wären tiefe Einschnitte in die Organisation der Streitkräfte gewesen. Aber die Entscheidung lief ins Leere, weil es der Obersten Heeresleitung des Ersten Weltkriegs und dem späteren Verteidigungsminister Wilhelm Groener gelang, diese Beschlüsse wirkungslos werden zu lassen.

Der Reichsrätekongress war Teil der Novemberrevolution, die 1918 begonnen hatte und mit der Ermordung von Rosa Luxemburg und Karl Liebknecht Mitte Januar 1919 ihren Höhe- und Endpunkt fand. Eine sozialistische Räterepublik wurde weder durch den Kongress noch durch die Novemberrevolution errichtet. Aber am 1. Januar 1919 gründeten ehemalige Mitglieder der Unabhängigen Sozialdemokratischen Partei und linksradikale Anhänger des Spartakusbundes die Kommunistische Partei Deutschlands. Damit standen sich vom ersten Tag der neuen Republik gemäßigte und radikale Kräfte der politischen Linken gegenüber. Sehr bald sammelten sich rechtsradikale, völkische Gruppen am rechten Rand des politischen Spektrums. Mit der Ausnahme von wenigen Jahren musste die Weimarer Republik mit der Bürde leben, dass rechte und linke Extremisten zwar unterschiedliche politische Positionen vertraten, aber in einem Punkt übereinstimmten: Sie wollten die parlamentarische Demokratie der Weimarer Republik wieder abschaffen.

• •

LITERATURHINWEISE:

Christian Gellinek: Philipp Scheidemann. Gedächtnis und Erinnerung. Berlin 2006

Ursula Büttner: Weimar. Die überforderte Republik 1918–1933. Stuttgart 2008

Ralf Hoffrogge: Richard Müller. Der Mann hinter der Novemberrevolution. Berlin 2008

Felix Butzlaff, Matthias Micus, Franz Walter (Hrsg.): Genossen in der Krise? Europas Sozialdemokratie auf dem Prüfstand. Göttingen 2011

Walter Mühlhausen: Friedrich Ebert. Bonn 2018

QR – CODE:

DIE GRÜNDUNG DER UNIVERSITÄT BOLOGNA – 1088

WIE EUROPA AN DIE UNI GING

Heute wird in München, Köln oder Greifswald studiert, es sind so viele Studierende eingeschrieben wie noch nie zuvor und Deutschland nennt sich selbst eine Wissensgesellschaft. Bis dahin war es aber ein langer Weg, der vor fast 1000 Jahren begann.

Bologna, etwa im Jahr 1088: Es ist ganz schön was los in der Stadt! Ständig kommen neue Reisende an, die von den Einwohnern Bolognas Scholaren genannt werden. Junge Männer mit geistlichem Background, die quer durch Europa laufen, um zu lernen. Hatte eine Stadt eine beeindruckende Bibliothek oder einen großen Gelehrten zu bieten, standen die Scholaren auf der Matte. Bologna stand als Reiseziel ganz oben auf der Liste, denn die Stadt hatte am Ende des 11. Jahrhunderts eine Rechtsschule zu bieten, die ihresgleichen suchte. Die Scholaren kamen also, und sie blieben auch. Und irgendwann ist jemand auf die Idee gekommen, diesen Haufen als eine Einheit von Studenten und Lehrern zu bezeichnen, als „Universitas Magistrorum et Scholarium" – also als „Gemeinschaft der Studierenden und Lehrenden." Daher kommt der Begriff Universität. Und weil das in Bologna schon im Jahr 1088 anfing, behauptet Bologna heute noch gerne, die älteste Universität Europas zu haben.

Darüber lässt sich aber trefflich streiten. Die Quellenlage ist recht dünn, und auch die Universität Paris und die medizinische Schule im italienischen Salerno sind im Rennen um den Titel der ältesten Universität Europas. Wir werden es allerdings auch nicht lösen können, weil diese ersten Universitäten eben nicht klassisch mit Brief und Siegel gegründet worden sind, sondern eher organisch entstanden. Zu Beginn gab es weder Grafen noch Bischöfe, die Geld in die Hand genommen haben, um eine Universität zu stiften. Die Studenten und Gelehrten fanden von allein zusammen. Aber natürlich gab es Faktoren, die das begünstigten. In Bologna war es zum Beispiel die vorherige Gründung einer Rechtsschule, in der anfangs wohl nur einige wenige Adelssöhne ausgebildet werden, oder auch die vom Kaiser ausgestellte „authentica habita" – eine Art Schutzbrief. Das Studentenleben war im Mittelalter gar nicht so leicht. Abgesehen davon, dass man ständig zu Fuß durch Europa tingeln und sich das natürlich auch erst einmal leisten können musste, wurden die Scholaren häufig sogar entführt und erpresst. Hatte zum Beispiel ein fränkischer Kaufmann in Bologna Schulden angehäuft, dann drohte einem fränkischen Scholaren quasi die Sippenhaft. Er wurde festgehalten, bis er die Schulden beglichen hatte, auch wenn er mit dem Händler außer der gemeinsamen fränkischen Heimat nichts zu tun hatte. Als der römisch-deutsche König Friedrich Barbarossa auf seinem Weg nach Rom zur Kaiserkrönung an Bologna vorbeikam, ergriffen die Scholaren die Gelegenheit und baten ihn um Schutz. Zum Kaiser gekrönt erließ er dann 1155 tatsächlich die erwähnte „authentica habita", die den Studenten und Professoren Rechtssicherheit und Privilegien in der Stadt garantierte. Manche Historiker sehen hierin zumindest so etwas Ähnliches wie eine Gründungsurkunde.

Im Übrigen hatte der Kaiser aber ein handfestes Interesse an der Etablierung der Universität: Die Krone brauchte dringend Fachkräfte, wie man heute sagen würde, um konkurrenzfähig zur Kirche zu sein, die lange das Monopol in Sachen Lehre und Bildung hatte. Gelehrte, die sich mit Staatsrecht auskannten, die vor allem aber auch Briefe und Urkunden aufsetzen konnten, waren heiß begehrt. Und Jura und Notariatsarbeit waren die Spezialitäten Bolognas.

So oder so ähnlich – erst das Zusammenfinden von Scholaren und Magistern, dann die institutionelle Absicherung – entstanden immer mehr Universitäten in ganz Europa. Wie gesagt etwa zeitgleich in Paris, dann in Oxford und Cambridge oder Salamanca in Spanien. Die erste Universität im deutschsprachigen Raum entstand dann – schon nach etwas anderem Muster – 1348 in Prag. Danach kamen Wien, Heidelberg, Erfurt und Köln. Wobei die deutsche Sprache eigentlich keine Rolle spielte, denn bis ins 17. Jahrhundert war die Sprache der Wahl an den Universitäten das Latein.

Und das verrät natürlich auch, dass es lange nur einem kleinen Kreis von Privilegierten möglich war, zu studieren. Man musste zunächst einmal Latein beherrschen, aber vor allem brauchte man einen Stifter im Hintergrund, der einem die weiten Wege und den Aufenthalt fernab der Heimat finanziell ermöglichen wollte. Die Öffnung der Hochschulen zu den Bildungsorten, wie wir sie heute kennen, begann erst viel, viel später.

Auch heute sagen kritische Stimmen, ist Studieren immer noch ein Privileg der Einkommensstarken. Denn immer wieder zeigen uns Erhebungen, dass Kinder aus sozial schwächeren Haushalten seltener den Weg an die Hochschulen finden. Trotzdem ist Studieren heute ein Massenphänomen und man muss weder männlich noch Geistlicher sein, um sich einschreiben zu dürfen.

LITERATURHINWEISE:

Walter Rüegg: Geschichte der Universität in Europa. 4 Bände. München 1993–2010

Martin Kintzinger: Wissen wird Macht. Bildung im Mittelalter. Ostfildern 2003

Jochen Hörisch: Die ungeliebte Universität. Rettet die Alma Mater! München 2006

Stefan Fisch: Geschichte der europäischen Universität. Von Bologna nach Bologna. München 2015

QR - CODE:

DAS CORPUS IURIS CIVILIS – 528
WIE ANTIKES RÖMISCHES RECHT BIS HEUTE WIRKT

Das europäische Recht ist modern und den Erfordernissen einer globalisierten und digitalisierten Welt angepasst. Einerseits ist es detailliert genug, um Streitigkeiten nach den Buchstaben der Gesetze lösen und beilegen zu können. Anderseits aber lässt es auch genügend Spielraum für neue Entwicklungen, die selbst dann juristisch bewertet werden können, wenn es nicht unablässig Novellierungen der bestehenden Gesetze gibt. Aber so modern und effizient unser europäisches Recht auch sein mag, ohne seine römischen Vorläufer wäre es nicht vorstellbar, denn viele Rechtsnormen und Grundsätze der Rechtsprechung gehen auf das Römische Reich zurück. Im Westen war dieses Reich im Jahr 476 untergegangen, im Osten herrschte der oströmische Kaiser in der mächtigen christlichen Metropole Konstantinopel, dem heutigen Istanbul.

Seit August 527 regierte Justinian I. in Konstantinopel. Sein Ziel war es, in die Geschichte einzugehen, und dazu hatte er zwei Ideen. Zunächst wollte er das alte und mächtige Imperium Romanum wiederherstellen. Deshalb sandte er seine Heere aus, um die italienische Halbinsel, die Nordküste Afrikas und Teile des heutigen Spanien zurückzuerobern. Zwar konnte er das riesige Römische Reich nur teilweise zur alten Größe zurückführen, weil ihn vermutlich die Auswirkungen der verheerenden Justinianischen Pest daran hinderte, die über 200 Jahre wütete und mit zum Ende der antiken Lebenswelt beitrug. Aber unabhängig davon hatte Justinian eine faszinierende Idee in die Welt gesetzt. Denn nach ihm werden sich erst Karl der Große, dann Otto der Große, anschließend Otto III. und Friedrich III. Barbarossa und sogar Sultan Mehmed II., der 1453 Konstantinopel erobert hatte, auf das antike Imperium Romanum beziehen. Das Römische Reich sollte nicht untergehen, sondern in den jeweiligen Herrschern weiterleben, die sich bewusst in die Tradition der alten Römer stellten.

Aber Kaiser Justinian wollte noch mehr, denn die Menschen in seinem Reich sollten in einem gemeinsamen Rechtsraum leben. Also schickte er die besten Juristen des Landes in alle Winkel seines Reiches, wo sie sämtliche Gesetze seit der Zeit des Kaisers Hadrian sammelten und kodifizierten. 533 waren sie damit fertig, nannten das Werk Codex Justinianus – später hieß es Corpus Iuris Civilis (CIC). In vier Abteilungen war damit das römische Recht seit dem Beginn des 2. Jahrhunderts gesammelt, systematisch geordnet und kommentiert.

Anschließend machte das CIC eine erstaunliche Karriere, die bis heute andauert. Im oströmischen Reich wurde durch das CIC die juristische Praxis revolutioniert, die Prozessführung vereinfacht und die Ausbildung der Juristen verbessert. Während im Osten des antiken Römischen Reichs das CIC genutzt wurde, hatten die germanischen Nachfolgestaaten im Westen nicht die Kompetenz oder die juristische Tradition, um die alten römische Gesetze anwenden zu können. Als aber am Ende des 11. Jahrhunderts in der Nähe von Bologna eine Abschrift des CIC entdeckt und dort gleichzeitig eine Universität mit einer bedeutenden juristischen Fakultät gegründet wurde, wuchs auch im Westen Europas die Bedeutung der antiken römischen Gesetze.

Überall wurden nun Laienrichter von juristischen Spezialisten und Experten ersetzt und lokale Amtsträger abgesetzt. Mit ihnen verschwanden nach und nach örtliche Rechtsgewohnheiten, die teilweise aus germanischer Vorzeit stammten. Unübersehbar nahm das CIC Einfluss bei der Gründung des Reichskammergerichts 1495, und es stand Pate bei der Entwicklung des kanonischen Rechts, aus dem sich bald das moderne Zivilrecht entwickeln sollte.

Für die Münchner Juristin Susanne Benöhr-Laqueur ist das CIC die rechtliche Grundlage für die Globalisierung am Beginn der Neuzeit gewesen. Nachdem der Seeweg nach Indien durch Vasco da Gama und Amerika durch Christoph Kolumbus entdeckt waren, erweiterte sich auch der Horizont für europäische Händler. Sie brauchten nicht nur Banken, die Finanztransaktionen von einem Ende der Welt zum anderen durchführen konnten, sondern auch einen Rechtsrahmen für ihren weltweiten Handel. Ohne das CIC wäre das nicht möglich gewesen, weil mit den römischen Rechtsnormen der internationale Handel friedlich und rechtlich abgesichert vollzogen werden konnte.

Auch heute stützen wir uns auf das alte römische Recht. Die Bücher des Bürgerlichen Gesetzbuches sind unterteilt in Schuld-, Familien- und Erbrecht. Das ist genau so eine Hinterlassenschaft der Römer, wie der Grundsatz, dass Verträge zu halten sind („pacta sunt servanda") oder dass der Angeklagte nicht die Wahrheit sagen muss und die Beweislast beim Kläger liegt. Auch das moderne Erbrecht geht auf römische Vorbilder zurück. Im Zwölf-Tafel-Gesetz von 451 v. Chr. war geregelt worden, dass das Erbe eines ohne Testament Verstorbenen an den nächsten Blutsverwandten geht, der in ununterbrochener Linie der männliche Abkömmling eines gemeinsamen Ahnen ist. Heute trifft diese antike Regelung auf alle Nachkommen unabhängig vom Geschlecht zu. Und schließlich stammt auch die Unterscheidung in eine „fahrlässige" und eine „vorsätzliche" Handlung von unseren römischen Vorfahren.

LITERATURHINWEISE:

Sérgio Fernandes Fortunato: Vom römisch-gemeinen Recht zum Bürgerlichen Gesetzbuch. In: ZJS. 4, 2009, S. 327–338

Mischa Meier: Justinian. Herrschaft, Reich und Religion. München 2004

Mischa Meier (Hrsg.): Sie schufen Europa. München 2007

J. Michael Rainer: Das Römische Recht in Europa. Von Justinian zum BGB. Wien 2012

Bastian Zahn: Einführung in die Quellen des römischen Rechts. In: JURA – Juristische Ausbildung, 2015, S. 448–454

QR – CODE:

DIE AUSSTRAHLUNG DER TV-SERIE „HOLOCAUST" – 1979

WIE EINE TV-SERIE DIE BUNDESREPUBLIK ERSCHÜT-TERTE

Wir kennen heute alle die Bilder aus den 1945 befreiten Konzentrationslagern, von Bergen mit Brillen, Schuhen, Goldzähnen oder anderen Wertgegenständen, die den Menschen vor ihrer Vergasung abgenommen wurden. Bilder von ausgemergelten Gestalten, die als Schatten ihrer selbst hinter Stacheldrahtzäunen stehen. Bilder von Eisenbahnen, in die Menschen gepfercht werden wie Vieh auf dem Weg zum Schlachter. Diese Bilder sind in Geschichtsbüchern abgedruckt, in Dokumentationen zu sehen, in Museen ausgestellt. Zur eigentlichen Zeit der Geschehnisse waren diese Bilder jedoch unbekannt, die Menschen hörten allenfalls Gerüchte – aber Grausamkeiten in diesem Ausmaß konnten sie sich nicht vorstellen. Sie kannten die Bilder, die wir uns heute ansehen können, nicht. Und sie hatten direkt nach dem Krieg genug damit zu tun, ihr eigenes Leben wieder in Gang zu bringen. Da blieb wenig Platz für eine Beschäftigung mit der eigenen, deutschen Vergangenheit.

Umso wichtiger war 1979 die Ausstrahlung der US-amerikanischen Mini-Serie „Holocaust – Die Geschichte der Familie Weiss" im deutschen Fernsehen. Gezeigt wird die Geschichte sowohl einer Opfer- als auch einer Täterfamilie. Die Sendung besteht aus vier Episoden und ist im Stil einer amerikanischen Seifenoper auf ein breites Publikum zugeschnitten, mit sehr viel Emotionen und einer leicht nachvollziehbaren Handlung. Ausgestrahlt wurde sie in den zusammengeschalteten Dritten Programmen der ARD.

Etwa die Hälfte der erwachsenen Bevölkerung, rund zwanzig Millionen Zuschauer, sah mindestens eine Folge der Serie. Immerhin 5,3 Millionen, also ein Achtel der Erwachsenen, sahen alle vier Folgen. Nach jeder Episode gab es Open-End-Fernsehdiskussionen, bei denen sich die Zuschauer telefonisch einschalten konnten. Über 23 000 Anrufe gingen beim WDR, der die Sendung betreute, ein.

Diese Debatten gab es nicht zum ersten Mal in der Bundesrepublik. Rund um die Auschwitzprozesse, die 1963 in Frankfurt starteten und in den Siebzigerjahren mit drei Nachfolgeprozessen endeten, hatte es bereits eine notwendige, juristische Aufarbeitung der Taten gegeben. Dabei ging es darum, was den Wachmannschaften des Vernichtungslagers Auschwitz-Birkenau nachzuweisen war, ob und wie sie an Mordaktionen beteiligt gewesen waren, und natürlich auch um die Strukturen dieses Lagers und die Organisation durch die SS. Diese Prozesse haben breiten Nachhall in der Bevölkerung gefunden, viele Zeitungen, Radio- und Fernsehstationen berichteten während der Prozesstage und natürlich bei den Urteilsverkündungen.

Aber die Geschichte der Familie Weiss war eine andere Art der Aufarbeitung. Die Fernsehserie erzählte Altbekanntes aus einem anderen Blickwinkel, nämlich aus dem der Opfer, zu denen die Zuschauer emotionale Bindungen aufbauen konnten. Sie konnten das Unrecht, das Teilen der Familie Weiss in der Serie widerfährt, selbst ermessen und damit zum ersten Mal das Ausmaß des Unrechts nachempfinden.

Der Widerstand gegen die TV-Serie war groß. Im Vorfeld der Ausstrahlung war das Medienecho vernichtend. Das änderte sich aber kurz vor dem Sendetermin, dann überwogen die positiven Stimmen. Aber auch innerhalb der ARD gab es laut dem damaligen Pressechef des WDR, Michael Schmid-Ospach, heftige Widerstände. Der Bayerische Rundfunk hatte gedroht, wenn der WDR „Holocaust" in das erste Programm einbringt, würden die Bayern sich aus der Senderkette ausklinken. Neben internem Ärger gab es massive Störungen von außen. Holocaustleugner und rechtsextreme Terroristen versuchten, die Ausstrahlung zu verhindern. Sie verübten Anschläge auf Sendemasten, drohten am Telefon oder per Post – etwa ein Drittel der Briefe, die beim WDR eingingen, waren offen rechtsradikal, erinnert sich Schmid-Ospach.

Die Fernsehserie wird von dem Historiker Frank Bösch als „medien- und erinnerungsgeschichtliche Zäsur" bezeichnet. Sie veränderte demnach die kollektive Vorstellung über den Holocaust und sorgte dafür, dass sich mehr Menschen mit dem Nationalsozialismus und der Vergangenheit Deutschlands auseinandergesetzt haben. Ähnlich äußert sich auch der Politologe Peter Reichel. Er sagt, nach dem ersten Erschrecken in der Bevölkerung sei viel mehr als „nur" eine ernsthafte Debatte über das Thema Holocaust entstanden. Er sieht ein neues Wahrnehmungsmuster: Laut Reichel bekam das anonyme, gar nicht begreifliche, industriell organisierte Massenverbrechen mit Millionen unbekannter Toten durch diese neue filmische Nacherzählung ein menschliches Gesicht.

Im selben Jahr wurde vom Deutschen Bundestag die Verjährungsfrist von Mord aufgehoben. Die Ausstrahlung der TV-Serie „Holocaust" gilt als einer der maßgeblichen Auslöser für diese Entscheidung. Und noch etwas für uns heute Selbstverständliches ändert sich 1979: Erst mit Ausstrahlung der Sendung etablierte sich auch im deutschen Sprachgebrauch das Wort „Holocaust", das aus der jüdisch-christlichen Tradition stammt und „Brandopfer" bedeutet. Davor hatte man vom „Völkermord an den Juden" gesprochen.

LITERATURHINWEISE:

Peter Reichel: Erfundene Erinnerung. Weltkrieg und Judenmord in Film und Theater. München 2004

Marcus Stiglegger: Auschwitz-TV. Reflexionen des Holocaust in Fernsehserien. Wiesbaden 2014

Susanne Beyer, Martin Doerry: „Mich hat Auschwitz nie verlassen". Überlebende des Konzentrationslagers berichten. München 2015

Frank Bösch: Zeitenwende 1979. Als die Welt von heute begann. München 2019

QR - CODE:

DIE WEIMARER VERFASSUNG – 1919

WIE DIE ERSTE DEUTSCHE REPUBLIK EINE VERFASSUNG BEKAM

Deutschland hat keine Verfassung, sondern ein Grundgesetz, das 1949 als Provisorium gedacht war. Es sollte gelten von der Gründung der Bundesrepublik Deutschland bis zu dem Tag, an dem „in freier Selbstbestimmung die Einheit und Freiheit Deutschlands" vollendet sein würde. So stand es in der Präambel des Grundgesetzes. Diese „Einheit und Freiheit Deutschlands" ist durch die Vereinigung von DDR und BRD im Oktober 1990 vollendet, aber das Grundgesetz hat sich als so stabiler Rahmen für unsere Demokratie bewährt, dass es nun mit kleinen Anpassungen auch für das geeinte Deutschland gilt.

Dieses Grundgesetz haben die Politikerinnen und Politiker 1949 nicht komplett neu erfunden. Es beruht auf früheren Gesetzen – vor allem auf der Verfassung der Weimarer Republik. Denn obwohl die Weimarer Republik scheiterte und in eine der größten menschengemachten Katastrophen der Weltgeschichte führte – ihre Verfassung war (von einigen Punkten abgesehen) die erste demokratische Verfassung auf deutschem Boden. Und dafür hat sie ihren Job echt gut gemacht.

Im Herbst 1918 hatte das Deutsche Kaiserreich den Ersten Weltkrieg verloren, der Kaiser musste abdanken, und die Monarchie wurde durch eine Republik ersetzt. Der Staatsrechtler Hugo Preuß wurde damit beauftragt, einen Entwurf für eine Verfassung zu erarbeiten. Außerdem brauchte der neue demokratische Staat eine vom Volk gewählte Regierung. Die Wahl dazu fand am 19. Januar 1919 statt. Gleichzeitig wurde dabei auch die verfassungsgebende Nationalversammlung gewählt. Bei dieser Wahl hatten zum ersten Mal auch Frauen sowohl das aktive als auch das passive Wahlrecht. Als Sieger ging die SPD hervor, mit knapp 38 Prozent. Sie dominierte damit auch die verfassungsgebende Nationalversammlung.

Knapp einen Monat später, am 6. Februar 1919, trat die Nationalversammlung im Deutschen Nationaltheater in Weimar zusammen. Weimar wurde deshalb als Tagungsort ausgesucht, weil Berlin zu unsicher war. In Berlin herrschte Bürgerkrieg mit Straßensperren, aufgerissenen Straßen und zerschossenen Hauswänden. Im Gefolge der Novemberrevolution, die Ende 1918 zum Sturz der Monarchie geführt hatte, beherrschte der Spartakusaufstand im Januar die politischen Schlagzeilen der jungen Weimarer Republik. Deshalb wichen die Parlamentarier ins etwa 250 Kilometer entfernte thüringische Weimar aus. Im Gespräch waren außerdem noch Bayreuth, Nürnberg und Jena. Gegen Nürnberg und Bayreuth sprach die große Distanz zu Berlin, und in Jena hätte nur das Volkshaus als Tagungsort zur Verfügung gestanden. Da das ehrwürdige Hoftheater von Weimar nicht nur größer war, sondern auch auf eine lange deutschsprachige Kulturtradition zurückblicken konnte, entschied man sich für Weimar.

Etwa drei Monate brauchten die Abgeordneten, um die erste demokratische Verfassung fertigzustellen – und sie galt als eine der fortschrittlichsten ihrer Zeit. Als Vorbild hatten sich die Mütter und Väter der Weimarer Verfassung unter anderem die Verfassung der deutschen Nationalversammlung in der Paulskirche von 1849 genommen, obwohl die natürlich unter vollkommen anderen Umständen entstanden ist. Die Verfassung, die im März 1849 in der Frankfurter Paulskirche verabschiedet wurde, war Ausdruck der Abkehr von einer monarchischen Ordnung, die keine verfassungsmäßigen Rechte der Menschen kannte, ganz zu schweigen von einer Einschränkung der Macht des Königs. Aber 1849 wurden zum ersten Mal in der deutschen Geschichte die einklagbaren Grundrechte der Menschen festgeschrieben, dahinter konnte die Weimarer

Verfassung nicht zurück. Im Gegenteil: Diese Grundrechte wurden noch einmal bestätigt und erweitert.

An der Spitze des Staates stand der Reichspräsident, der für sieben Jahre direkt vom Volk gewählt wurde. Er war auch Oberbefehlshaber der Streitkräfte und besaß das Recht, mit sogenannten Notverordnungen am Parlament vorbei zu regieren: Er konnte unter bestimmten Bedingungen den Ausnahmezustand ausrufen, Gesetze erlassen und sogar Grundrechte vorübergehend außer Kraft setzen. Zudem ernannte der Reichspräsident den Reichskanzler sowie – auf dessen Vorschlag – die Reichsminister. Damit war der Reichspräsident fast ein Ersatzkaiser, und seine starke Position war Ausdruck des Misstrauens der Nationalversammlung gegen die Parteiendemokratie.

Im Gegensatz zum Reichspräsidenten war die Regierung in der Weimarer Republik eher schwach. Ein Volksentscheid hatte mehr Gewicht als ein Beschluss des Reichstags. Die Abgeordneten wurden für vier Jahre gewählt, sie waren vom Vertrauen des Reichspräsidenten abhängig. Der konnte den Reichstag auch fast beliebig („nur einmal aus dem gleichen Anlass") auflösen. Die Abgeordneten wurden in allgemeiner, geheimer, gleicher und unmittelbarer Verhältniswahl von Personen über zwanzig Jahren gewählt. Verhältniswahl bedeutet dabei, dass die Zusammensetzung des Parlaments genau dem Verhältnis der abgegebenen Stimmen entsprach. Das führte dazu, dass auch viele Klein- und Kleinstparteien in den Reichstag einziehen konnten, was eine Zersplitterung des Parlaments zur Folge hatte. Eine stabile Regierungsmehrheit zu finden, wurde extrem schwierig.

Und genau das wurde der Weimarer Republik zum Verhängnis. In den Turbulenzen der Weltwirtschaftskrise konnte ab 1930 keine stabile Mehrheit im Parlament mehr gefunden werden. Reichspräsident Paul von Hindenburg regierte deshalb per

Notverordnung am Parlament vorbei. Dazu erstarkten links- und rechtsradikale Parteien, die nicht nur Republik und Demokratie ablehnten, sondern zusammengenommen auch mehr Sitze im Reichstag hatten als die staatstragenden demokratischen Parteien. 1933 schien eine mehrheitsfähige Regierung ohne die Nationalsozialisten nicht mehr möglich – und Hindenburg ernannte Adolf Hitler von der NSDAP zum Reichskanzler. In gewisser Weise war die Verfassung von Weimar eine Negativvorlage für das Grundgesetz von 1949: Die Position des Bundespräsidenten ist stark eingeschränkt und es gibt die Fünf-Prozent-Klausel – Gruppierungen, die weniger als fünf Prozent bei einer Wahl erringen konnten, kommen nicht ins Parlament.

- -

LITERATURHINWEISE:

Sebastian Haffner: Von Bismarck zu Hitler. Ein Rückblick. München 2015

Udo Di Fabio: Die Weimarer Verfassung. Aufbruch und Scheitern. München 2018

Christoph Gusy: 100 Jahre Weimarer Verfassung. Eine gute Verfassung in schlechter Zeit. Tübingen 2018

Jörg-Detlef Kühne (Hrsg.): Die Entstehung der Weimarer Reichsverfassung. Grundlagen und anfängliche Geltung. Düsseldorf 2018

Heinrich August Winkler: Weimar 1918–1933. Die Geschichte der ersten deutschen Demokratie. München 2018

DAS ENDE DES SPANISCHEN BÜRGER-KRIEGS – 1939

WIE SPANIEN FASCHISTISCH WURDE

Heute liegt Francisco Paulino Hermenegildo Teódulo Franco y Bahamonde Salgado Pardo in einem kleinen Vorort von Madrid begraben – auf einem stinknormalen, öffentlichen Friedhof. Jahrzehnte lang aber war ein spektakuläres Mausoleum letzte Ruhestätte dieses Mannes, den wir besser nur unter seinem Namen Franco kennen. Dabei waren er und sein Regime in Spanien verantwortlich für unsagbares Leid.

März 1939: Franco und seine Truppen marschieren in Madrid ein – kampflos. Niemand kann und will noch Widerstand leisten. Das Land ist nach drei Jahren Bürgerkrieg ausgelaugt. „La guerra ha terminado", verkündet Franco am ersten April 1939 über das Radio, der Krieg ist beendet. Franco herrscht nun als Diktator bis zu seinem Tod über ein traumatisiertes Land.

Dabei war die Euphorie noch 1931 sehr groß! Nach einem gewaltfreien Umsturz hatten sich die Spanier in freien Wahlen selbst eine Republik verordnet, die sie liebevoll „la niña bonita" nannten, ihr schönes Mädchen. Doch sie müssen schnell merken, dass die Gräben innerhalb der Bevölkerung sehr tief sitzen. Großgrundbesitzer, katholische Kirche, Monarchisten und Militär auf der einen Seite; Republikaner, Arbeiter, liberale Unternehmer und Intelektuelle auf der anderen. Es kommt zu Streiks und Kämpfen in vielen Teilen des Landes und sogar zu einem ersten Putschversuch. Schon 1933 zerbricht die Regierung von Sozialisten und Liberalen und muss nach Neuwahlen Platz machen für eine Union von Rechtskonservativen und Monarchisten. Mit dieser Regierung kommt auch Franco, der vorher schon als erfolgreicher Militär bekannt war und jetzt Berater des Kriegsministers wird, nach Madrid. Als solcher beweist er früh, zu welcher Gewalt er bereit ist: Als es im Oktober 1934 zu einem sozialistischen „revolutionären Generalstreik" kommt, lässt er ihn in Asturien brutal niederschlagen. Mindestens 1300 Menschen kommen ums Leben. Franco wird belohnt und steigt auf zum Generalstabschef, zum obersten Kommandanten des spanischen Militärs.

Aber es geht weiter wild von links nach rechts und umgekehrt in Spanien, und bald gibt es die nächste Regierungskrise, die nächsten Neuwahlen, und dieses Mal (Februar 1936) gewinnt ein linkes Wahlbündnis. Franco wird sofort abgesetzt und als Militärgouverneur auf die Kanaren versetzt – man könnte auch sagen verbannt. Er und auch andere Militärgrößen wollen das nicht auf sich sitzen lassen, und schon im Juli wird geputscht. Teile der Armee erklären den rechten Generälen die Treue, andere Teile wiederum kämpfen weiter für die Republik. Auf beiden Seiten formieren sich paramilitärische Gruppen und Milizen, und bald kämpft das ganze Land – der Beginn des Bürgerkriegs.

Franco gelingt dabei ein besonderer militärischer Coup: Er bittet im befreundeten Nazi-Deutschland um Hilfe, und mit Unterstützung deutscher Transportflieger organisiert er die erste große Luftbrücke der Militärgeschichte. Die besonders schlagkäftigen Truppen, die in Spanisch-Marokko stationiert waren, kommen so auf die iberische Halbinsel und entscheiden von Süden kommend den Krieg für die Putschisten. Franco wird nicht zuletzt deshalb schnell zum führenden General und Gesicht der Faschisten, die in einem harten Kampf immer mehr die Oberhand gewinnen.

Bis 1939, als Franco in Madrid einmarschiert, soll dieser Krieg schätzungweise 500 000 Menschenleben fordern. Massaker und Erschießungskommandos sind praktisch an der Tagesordnung, politische Gefangene werden in Fußballstadien und Stierkampfarenen interniert. Nach dem Krieg wird das Land von

Hunger und Krankheit gebeutelt, es sterben wieder Hunderttausende – über die genauen Zahlen wird bis heute gestritten.

Während aber die Faschisten und Nationalsozialisten in Deutschland und Italien am Ende des Zweiten Weltkriegs besiegt und gestürzt werden, bleibt Franco an der Macht. Spanien war im Krieg neutral geblieben, und als nach 1945 die Siegermächte beraten, was sie mit diesem Faschisten in Madrid anfangen sollen, haben die Briten folgenden Gedanken: Man wolle in Spanien keinen Bürgerkrieg und vor allem keine Kommunisten, die nach Franco kommen könnten. Als sich der Kalte Krieg zunehmend manifestiert, kommen die Amerikaner zum selben Schluss. Spanien bekommt vom Westen sogar großzügige Kredite und Wirtschaftshilfen, um das Land wieder aufzubauen. Franco-Spanien wird erfolgeich in die Nachkriegswelt integriert.

In Spanien selbst geht das Grauen weiter: Politische Gegner werden weiter zu Tausenden inhaftiert, allein im Gefängnis von Valencia sitzen 15 000 Menschen, obwohl es nur für 500 Insassen gebaut wurde. Inhaftierten Frauen werden ihre Kinder weggenommen, um sie an linientreue Familien zu geben. Zehntausende Kinder sollen so ihrer Eltern beraubt worden sein. Bis zum Ende der Fünfziger werden etwa 50 000 Spanier hingerichtet. Aber auch das sind erneut nur Schätzungen, die genauen Zahlen kennt niemand.

Am 2. April 1959 wird dann das „Nationalmonument des Heiligen Kreuzes im Tal der Gefallenen" eingeweiht. Eine Gedenkstätte zu Ehren der Gefallenen des Bürgerkriegs, das Franco von ca. 20 000 Zwangsarbeitern aus den spanischen Gefangenenlagern hat errichten lassen. Hier wird Franco – auf eigenen Wunsch – nach seinem Tod 1975 begraben.

Die Ehre, in einem der größten Mausoleen der Welt beerdigt zu sein, zusammen mit den vielen Toten, die der Bürgerkrieg gefordert hat, blieb Franco bis 2019 erwiesen. Dann wurde er exhumiert und auf einem anderen Friedhof bestattet. Jahrelang wurde über diese Umbettung gestritten, auch weil das Mausoleum zu einem Wallfahrtsort von Rechtsextremen geworden war. Wie lange es gedauert hat, verdeutlicht die nur spärlichen Versuche Spaniens, sich mit der Franco-Diktatur auseinanderzusetzen. Seit 2007 gilt ein Gesetz zur öffentlichen Erinnerungskultur, das Städte und Kommunen anhält, Straßenschilder und Gedenktafeln zu entfernen, die an die Franco-Diktatur erinnern. Dieser Aufruf musste 2019 aber erneuert werden, weil in der Zwischenzeit so gut wie nichts passiert war. Im selben Jahr feierte eine rechtsextreme Partei namens Vox erste Erfolge bei Regionalwahlen und zog gleich in mehrere Parlamente ein.

LITERATURHINWEISE:

Walther L. Bernecker: Geschichte Spaniens im 20. Jahrhundert. München 2010

Carlos Collado Seidel: Der Spanische Bürgerkrieg. Geschichte eines europäischen Konflikts. München 2010

Stefanie Schüler-Springorum: Krieg und Fliegen. Die Legion Condor im Spanischen Bürgerkrieg 1936–1939. Paderborn 2010

Carlos Collado Seidel: Franco. General – Diktator – Mythos. Stuttgart 2015

Ralph Bates: Compañero Sagasta brennt eine Kirche ab. Reportage aus den ersten Tagen des Spanischen Bürgerkriegs. Berlin 2016

QR – CODE:

DER TOD DES GEORGES DANTON – 1794

WIE DIE REVOLUTION IHRE KINDER FRASS

Heute schauen wir auf die Staaten des arabischen Frühlings und müssen feststellen, dass zum Beispiel in Libyen immer noch Krieg und in Ägypten oder Tunesien zumindest kein gesellschaftlicher Frieden herrscht. Dann heißt es oft: Die Revolution frisst ihre Kinder. Aber woher kommt das eigentlich?

Paris 1794: Georges Danton besteigt die Stufen des Schafotts. Ein großer, bulliger Typ, seine Nase von einem schweren Unfall eingedrückt, seine Oberlippe gespalten, sein Gesicht von Pocken vernarbt. Bevor er sich unter die Guillotine schnallen lässt, sagt er zum Henker: „Vergiss nicht, dem Volk meinen Kopf zu zeigen. Er ist es wert." Als das Beil fällt, stirbt einer der bekanntesten Revolutionäre Frankreichs.

Die Französische Revolution in Kurzfassung: 1789 kommt in Versailles die Ständeversammlung zusammen, also Vertreter der drei Stände von Adel, Klerus und Bürgern. Das ist schon seit über 150 Jahren nicht mehr passiert. Schließlich herrscht in Frankreich Absolutismus, der König entscheidet allein. Aber weil die Staatskassen leer sind, das Steuersystem ungerecht und ineffizient ist und die Brotpreise von Tag zu Tag steigen, muss etwas passieren. König Ludwig XVI. erscheint mit drei Stunden Verspätung vor den ungeduldig wartenden Ständen und wäre später (der Erzählung nach) beinahe eingenickt. Klar: Er will keine Reformen! Einen Monat lang wird ergebnislos diskutiert, bis der Dritte Stand, die Bürger also, sich selbst zur Nationalversammlung erklärt. Das Ziel: eine Verfassung für Frankreich! Erst schließt sich der Klerus an und dann auch noch einige einflussreiche Adelige. Am 9. Juli kommen dann Vertreter aller drei Stände erstmals als sogenannte Konstituante zusammen, um gemeinsam eine Verfassung zu entwerfen.

Was da im Schloss von Versailles vor sich geht, spricht sich in ganz Frankreich herum, und die Revolution wird zum Lauffeuer. Am 14. Juli – heute der Nationalfeiertag Frankreichs – wird die Bastille gestürmt, das Pariser Stadtgefängnis und Symbol der Unterdrückung, auch wenn dort zu diesem Zeitpunkt kein einziger politischer Gefangener eingesperrt war. Dann, am 26. August, verabschiedet die Nationalversammlung ihre Erklärung der Menschen- und Bürgerrechte: „Von ihrer Geburt an sind und bleiben die Menschen frei und an Rechten einander gleich" – ein Meilenstein der europäischen Ideengeschichte.

Etwa gleichzeitig schloss sich auch ein gewisser Georges Danton der Revolution an. Er kam aus bescheidenen Verhältnissen und hatte einige Jahre zuvor einen Job als Schreiber an einem Pariser Gericht gefunden. Hier bildete er sich quasi im „training on the job" – wie die Historikerin Susanne Lachenicht sagt – zum Juristen und Anwalt weiter, las aber auch die aufklärerischen Schriften von Voltaire und Rousseau, die den Geist der Revolution verbreiteten. 1789 tritt er dann der Nationalgarde bei, der bürgerlichen Revolutionsarmee, macht auch da wieder relativ schnell Karriere und beginnt die politischen Klubs der Stadt zu besuchen. Danton war ein für die Zeit typischer sozialer Aufsteiger, sagt Lachenicht. Ab 1791 wird er immer bekannter und beliebter, weil er ein begnadeter Redner und kategorischer Gegner der Monarchie ist.

Aber noch ist Frankreich eine Monarchie. Das Ziel der Nationalversammlung ist eine konstitutionelle Monarchie, allerdings nach den Prinzipien von Freiheit, Gleichheit und Brüderlichkeit ausgerichtet. Realpolitisch hieß das: Schutz der Person und des Eigentums, Meinungs- und Religionsfreiheit und Gewaltenteilung. Der König findet das natürlich nicht gut, sucht Hilfe bei seinen europäischen Amtskollegen in Österreich, Preußen oder auch Russland und versucht Anfang 1791 zu fliehen. Er wird aber ziemlich schnell geschnappt und wieder nach Paris gebracht. Georges Danton gehört nun zu den lautesten Stimmen, die eine komplette Abschaffung der Monarchie fordern und den König verjagen wollen.

Im August 1792 werden radikale Revolutionäre gewalttätig und stürmen das Pariser Stadtschloss. Ludwig XVI. flieht ausgerechnet in den Schoß der Nationalversammlung. Diese erklärt den König für abgesetzt. Damit ist aber auch ihr Ziel, eine konstitutionelle Monarchie einzuführen, gescheitert. Der Sturm auf das Pariser Stadtschloss wird deshalb manchmal auch die „zweite Revolution" genannt. Frankreich ist von einem Moment auf den anderen eine Republik geworden – ohne König, dafür aber mit einem Parlament, das die Geschicke des Landes bestimmt. An diesem 22. September 1792 beginnt eine neue Zeitrechnung: Tag 1 im Jahre 1 der Republik. Und Georges Danton steht ganz weit vorne.

Er will die Hinrichtung des Königs, der im Januar 1793 auch tatsächlich geköpft wird. Er fordert mit den Worten „Lasst uns schrecklich sein!" die Einführung eines Revolutionstribunals, das Gegner der Revolution sofort abfertigen und zum Tode verurteilen kann. Und er wird im April 1793 zum Gründungsmitglied und Vordenker des Wohlfahrtsausschusses, eine Art über-parlamentarisches Kontrollorgan. Dieser Wohlfahrtsausschuss wird zur Schaltstelle des „Terreur", der berühmt-berüchtigten Schreckensherrschaft. Tausende „Verräter" werden zum Tode verurteilt, an manchen Tagen fällt die Guillotine angeblich alle zwei Minuten. An einem solchen Tag stirbt auch der Abgeordnete Pierre Vergniaud. Auf dem Schafott soll er gesagt haben: „Die Revolution frisst ihre eigenen Kinder" – ein Satz, der fälschlicherweise immer Danton zugeordnet wird, weil ihm Georg Büchner das in seinem Drama „Dantons Tod" in den Mund gelegt hat.

Aber auch Danton musste aufs Schafott. Warum genau, ist im Wahnsinn der Terrorherrschaft schwer nachzuvollziehen, aber als neben Danton noch radikalere Stimmen auftauchen, gilt er plötzlich als „nachgiebig" – und damit verdächtig. Außerdem war er in fragwürdige Geldgeschäfte verwickelt. Es reichte jedenfalls, um von seinem bisherigen Weggefährten Maximilien de Robespierre als Verräter ausgemacht zu werden. Auf dem Weg zum Schafott, als Danton auf einem Karren durch die Straßen von Paris gefahren wird, kommen sie am Haus von Robespierre vorbei, und Danton schreit: „Du wirst mir folgen." Er sollte Recht behalten. Keine vier Monate später wurde auch Robespierre geköpft.

Die Französische Revolution hat viele Gedanken und Ideen von Freiheit und Gleichberechtigung in die Welt gesetzt. Aber sie hat auch früh gezeigt, dass Blut und Gewalt eine schwere Bürde für einen Neustart sind.

· ·

LITERATURHINWEISE:

Georg Büchner: Dantons Tod. Frankfurt 1835

Johannes Willms: Tugend und Terror. Geschichte der Französischen Revolution. München 2014

Susanne Lachenicht: Die Französische Revolution. Darmstadt 2016

Günter Müchler: Napoleon. Revolutionär auf dem Kaiserthron. Darmstadt 2019

QR – CODE:

DIE NELKENREVOLUTION – 1974

WIE EINE FRIEDLICHE REVOLUTION PORTUGAL VON DER MILITÄRDIKTATUR BEFREITE

Heute ist Portugal ein demokratisches Mitglied der Europäischen Union. Freie Wahlen sind ebenso eine Selbstverständlichkeit wie die Geltung der Menschenrechte. Aber das ist noch nicht lange so. Bis 1974 gab es in Portugal eine Diktatur, in der ein brutaler Polizeiapparat nach Gestapo-Vorbild für Ordnung sorgte, Spezialgefängnisse nach dem Beispiel der deutschen Konzentrationslager errichtet wurden und die Bevölkerung bewusst in Armut, Unwissenheit und Rückständigkeit gehalten wurde. Angeführt wurde der „Estado Novo" seit 1932 von Präsident António de Oliveira Salazar, der das Land in eine internationale wirtschaftliche und politische Isolation führte. Um der Bevölkerung vorzugaukeln, Portugal sei eine Wirtschaftsmacht, beutete er die Kolonien in Mosambik, Angola oder Guinea aus.

Aber in den Sechzigerjahren verschlechterte sich das Verhältnis zu den Kolonien. Weil es Unabhängigkeitsbestrebungen in den Ländern gab, führte Portugal zwischen 1961 und 1974 mehrere Kolonialkriege – vor allem in Angola und Mosambik. Diese Kriege waren nicht zu gewinnen, verschlangen aber jede Menge Geld. Etwa die Hälfte des portugiesischen Staatshaushaltes wurde in die Kriege gesteckt, knapp achtzig Prozent der 200 000 Mann starken Armee kämpfte in Afrika.

1970 starb Salazar an einem Hirnschlag, sein Nachfolger Marcelo Caetano veränderte das diktatorische Regime seines Vorgängers nicht. Seine starre Haltung, die enormen Kriegskosten und eine marode Wirtschaft führten zum Widerstand innerhalb des Militärs. Als 1973 die weltweite Ölkrise auf die angeschlagene Wirtschaft des Landes traf und enormen Schaden anrichtete, entwickelte sich Ende 1973 innerhalb der „Bewegung der Streitkräfte" (Movimento das Forças Armadas) der Gedanke eines militärischen Umsturzes in Portugal.

Nicht nur junge Offiziere der unteren Ränge, sondern auch der konservative Flügel der Armee äußerte Kritik am Staat. Der stellvertretende Generalstabschef António de Spínola veröffentlichte im Februar 1974 ein Buch mit dem Titel „Portugal und die Zukunft". Darin prophezeite er, dass die Kolonialkriege nicht zu gewinnen seien, und schlug eine neue Strategie vor. Das Volk sollte an der politischen Willensbildung teilhaben und den Kolonien sollte das Recht auf Selbstbestimmung gewährt werden.

Der Putsch beginnt in der Nacht vom 24. auf den 25. April 1974 mit einem Lied. Es läuft um kurz nach Mitternacht in einem katholischen Radiosender. „Grândola, Vila Morena" heißt das Lied von José Afonso. Wegen seiner vielen politischen Anspielungen ist es schon vor Jahren verboten worden. In dieser Nacht gilt es den aufständischen Truppen als Geheimsignal. Im ganzen Land rücken eingeweihte Offiziere und ihre Soldaten aus den Kasernen aus und fahren mit Militärfahrzeugen nach Lissabon. Sie besetzen die strategisch wichtigen Punkte der Hauptstadt: Plätze, Flughäfen, Ministerien und Rundfunksender. Panzer rollen durch die Straßen. Dann überzeugen sie die wenigen Regierungstruppen zum Überlaufen. In Radiodurchsagen bitten sie die Bevölkerung, in ihren Häusern zu bleiben. Aber die Menschen denken nicht daran. Sie wollen Teil des Umsturzes sein, laufen jubelnd und klatschend neben den Panzern her. Den Soldaten stecken sie zur Begrüßung rote Nelken in die Gewehrläufe und an die Uniformen, was der Revolution den Namen „Nelkenrevolution" einbringt.

Die rote Nelke ist weltweit das Symbol für den Sozialismus. Schon während der Französischen Revolution war sie ein Widerstandssymbol und wurde von den Adligen getragen, denen der Tod durch die Guillotine bevorstand. Auch in Deutschland, vor allem in der DDR, war die am Revers getragene rote Nelke ein Erkennungszeichen der sozialistischen Arbeiterbewegung. In Portugal wurde sie in dieser Nacht zum Symbol für eine friedliche Revolution, für den Willen der Menschen, eine Diktatur loszuwerden, unter der sie mehr als vier Jahrzehnte zu leiden gehabt haben.

Und tatsächlich verläuft die Revolution auch in den nächsten Tagen nahezu friedlich. Nur einmal droht die Situation zu kippen, als die Bevölkerung den Stützpunkt der verhassten Geheimpolizei erstürmt. Schüsse fallen, vier Menschen sterben. Trotzdem verharren die Menschen so lange vor dem Gebäude, bis sich am nächsten Morgen die dort verschanzten Polizisten ergeben. Überall im Land werden politische Gefangene befreit. Oft waren sie jahrelang ohne Gerichtsverfahren unter Folter, Isolation und Demütigungen gefangen gehalten worden. Nun endlich können sie zurück zu ihren Familien.

Der Diktator, der sich in einer Kaserne der regierungsloyalen Nationalgarde versteckt hatte, erklärt sich schon am Abend des 25. April zur Abdankung bereit – nach nur siebzehn Stunden. Er wird in einem Wagen weggebracht und geht nach Brasilien ins Exil, wo Marcelo Caetano am 26. Oktober 1980 stirbt. An seiner Stelle ernennt die militärische Übergangsregierung General António de Spínola zum ersten Präsidenten der nun ausgerufenen dritten Portugiesischen Republik. Aber der Anfang in Portugal war schwer: Einflussreiche Militärs wollten das Land in eine sozialistische Räterepublik umwandeln, während andere die Einrichtung einer parlamentarischen Demokratie vorantrieben. Auch die Frage, wie es mit den Kolonien weitergehen würde, sorgte für Spannungen. Erst zwei Jahre nach der Revolution wurden dort die ersten demokratischen Wahlen abgehalten, eine Verfassung verkündet und die Kolonien in die Unabhängigkeit entlassen.

Die Nelkenrevolution hatte übrigens weitreichende Folgen. Nach Portugal wurde 1974 auch Griechenland von der Diktatur befreit und ein Jahr später ging die Diktatur Francos in Spanien unblutig zu Ende.

LITERATURHINWEISE:

Svenja Schell: Die Ursachen und Folgen der portugiesischen Nelkenrevolution. München 2009

Janett Reinstädler, Henry Thorau (Hrsg.): Die Nelkenrevolution und ihre Folgen. Der portugiesische 25. April 1974 in Literatur und Medien. Berlin 2015

Dirk Friedrich: Salazars Estado Novo. Vom Leben und Überleben eines autoritären Regimes 1930–1974. Bonn 2016

Dieter Nake: Portugiesischer April: Die Nelkenrevolution in Portugal 1974/75. Köln 2017

Urte Sperling: Die Nelkenrevolution in Portugal. Köln 2018

QR – CODE:

DAS GRUNDGESETZ – 1949
WIE EIN PROVISORIUM ZUR STABILEN ORDNUNG EINER DEMOKRATIE WURDE

Die USA haben eine Verfassung, genauso Frankreich, Nordkorea und das kleine Südossetien irgendwo in Georgien. Deutschland hat ein Grundgesetz – ursprünglich als Übergangslösung gedacht, solange Deutschland geteilt war. Deshalb „nur" Grundgesetz und nicht Verfassung. Jetzt sind wir wieder eins – und trotzdem haben wir keine Verfassung, sondern ein Grundgesetz.

Die alliierten Siegermächte des Zweiten Weltkriegs hatten auf ihren Konferenzen festgelegt, dass Deutschland unter ihnen aufgeteilt werden sollte. Es gab also eine östliche Zone, die der Sowjetunion zuerkannt wurde, und drei westliche Zonen, die unter den USA, Großbritannien und Frankreich aufgeteilt wurden. Sehr bald nach dem Ende der Kämpfe im Mai 1945 begann der sogenannte Kalte Krieg zwischen den westlich-kapitalistischen Demokratien und der sozialistischen Sowjetunion. In diese weltweite Auseinandersetzung geriet auch die Deutschlandpolitik der Alliierten. Während die drei westlichen Sieger übereinkamen, ihre Zonen erst zur Bi- und dann zur Trizone zusammenzulegen, integrierte die Sowjetunion ihre Zone in den sogenannten Ostblock.

Als die Gegensätze immer deutlicher wurden, entschieden die Westmächte, einen westlichen Teilstaat zu errichten. Sie beauftragten deshalb die westdeutschen Ministerpräsidenten, eine Nationalversammlung einzuberufen, um eine Verfassung zu erarbeiten. Allerdings hatten die Alliierten klare Vorstellungen. Als Arbeitsgrundlage überreichten sie den Ministerpräsidenten der Länder am 1. Juli 1948 die Frankfurter Dokumente. Im ersten der drei Teile wurden die deutschen Politiker aufgefordert, eine föderale Verfassung auszuarbeiten. Die sollte einerseits ein ausgewogenes Verhältnis zwischen der Zentralmacht des Bundes und den Bundesländern beinhalten und andererseits den Bürgern unveräußerliche Rechte und Freiheiten gegenüber dem Staat garantieren. Das zweite Dokument forderte die Ministerpräsidenten auf, eine territoriale Neuordnung der drei westlichen Zonen zu erarbeiten. Im Vergleich zu den anderen dürfte dabei kein Land zu groß oder zu klein sein. Und Dokument drei informierte über den Besatzungsstatus, der nach dem Willen der Alliierten gleichzeitig mit der Verfassung in Kraft treten sollte und der unter anderem Bestimmungen zum Außenhandel, die fortlaufenden Reparationszahlungen und die Beobachtung des kommenden Demokratisierungsprozesses in Westdeutschland beinhaltete.

Die Ministerpräsidenten befürchteten aber, dass durch eine westdeutsche Verfassung die Teilung Deutschlands in die drei Westzonen auf der einen und die unter sowjetischem Einfluss stehende Ostzone auf der anderen Seite festgeschrieben würde. Deshalb bestanden sie auf einem Provisorium, das nicht durch eine verfassungsgebende Nationalversammlung, sondern durch einen Parlamentarischen Rat erarbeitet werden sollte. Dieser Rat begann am 1. September 1948 seine Arbeit und bestand aus 61 Männern, vier Frauen und fünf nicht stimmberechtigten Delegierten aus West-Berlin. Die Mitglieder wurden von den Landtagen gewählt und bestimmten bei ihrer ersten Sitzung den Kölner CDU-Politiker Konrad Adenauer zu ihrem Präsidenten.

Im Sinne eines Provisoriums entstand keine Verfassung, sondern „nur" ein Grundgesetz. Eine Verfassung sollten sich die Deutschen erst nach der Vereinigung aller vier Besatzungszonen geben. Als Vorbilder für dieses Provisorium dienten die Verfassung der Paulskirche von 1848 und die Weimarer Verfassung. Die Schwächen dieser beiden Verfassungen sollten vermieden werden, weshalb die Rechte des Staatsoberhauptes zugunsten des Parlaments eingeschränkt wurden. Der Bundeskanzler bekam eine herausgehobene Rolle und sollte vom Parlament nur abgesetzt werden können, wenn gleichzeitig ein Nachfolger gewählt würde.

Besonderes Augenmerk legten die Väter und Mütter des Grundgesetzes auf die Grundrechte, die für alle Menschen gelten sollten, unabhängig von Geschlecht, Alter, Nationalität, Hautfarbe oder religiöser Überzeugung. Sie werden in den ersten neunzehn Artikeln aufgelistet. Nur in den Artikeln 8 (Versammlungsfreiheit), 9 (Gründung von Vereinen und Gesellschaften), 11 (Freizügigkeit) und 12 (freie Berufswahl) werden Rechte an „Deutsche" vergeben. Seit der Gründung der Europäischen Union durch den Vertrag von Maastricht am 7. Februar 1992 werden die auf Deutsche bezogenen Artikel auch auf EU-Ausländer angewendet. Alle übrigen fünfzehn Grundrechtsartikel gelten für jeden Menschen, der sich im Geltungsbereich des Grundgesetzes aufhält. Dazu gehören neben dem Schutz der Menschenwürde vor allem die Meinungs-, Presse- und Glaubensfreiheit. Diese Grundrechtsartikel sind „unveräußerlich, dauerhaft und einklagbar" – also mit der „Ewigkeitsklausel" (Art. 79 Abs. 3) versehen: Niemand, auch nicht der Gesetzgeber mit einer Zweidrittelmehrheit, kann diese elementaren Grundsätze aushebeln. Juristisch formuliert versteht man unter diesen Grundrechten grundlegende Freiheitsrechte, welche Individuen gegenüber dem Staat besitzen. Der Staat ist nicht nur innerhalb der deutschen oder europäischen Staatsgrenzen, sondern weltweit an die Gültigkeit dieser Freiheitsrechte gebunden.

Am 8. Mai 1949, dem vierten Jahrestag der bedingungslosen Kapitulation Deutschlands, wurde das Grundgesetz mit 53 gegen zwölf Stimmen angenommen. Dagegen stimmten Abgeordnete der CSU, der Deutschen Partei, der Zentrumspartei und der KPD. Auch die Westmächte genehmigten den Entwurf. In einer feierlichen Zeremonie im Bonner Museum Koenig wurde das Grundgesetz für die Bundesrepublik Deutschland am 23. Mai 1949 verkündet.

Diese Entwicklung, die ein starkes Signal Großbritanniens, Frankreichs und der USA für eine Integration der Bundesrepublik in die westlich-demokratische Wertegemeinschaft war, konnte in der sowjetischen Zone nicht unbeantwortet bleiben. Als Reaktion auf die mit dem Grundgesetz verbundene Gründung der Bundesrepublik Deutschland ratifizierten die Delegierten eines Volkskongresses am 30. Mai 1949 die Verfassung der Deutschen Demokratischen Republik. Fünf Monate später wurde auf Grundlage dieser Verfassung die DDR gegründet – damit gab es zwei Staaten in Deutschland.

Als sich 1990 diese beiden deutschen Teilstaaten wiedervereinigen wollten, gab es nach dem Grundgesetz dafür zwei Wege: eine neue Verfassung für Gesamtdeutschland oder ein Beitritt der DDR zum Geltungsbereich des Grundgesetzes nach dem 1990 noch gültigen „alten" Artikel 23:

> *„Dieses Grundgesetz gilt zunächst im Gebiet der Länder Baden, Bayern, Bremen, Groß-Berlin, Hamburg, Hessen, Niedersachsen, Nordrhein-Westfalen, Rheinland-Pfalz, Schleswig-Holstein, Württemberg-Baden und Württemberg-Hohenzollern. In anderen Teilen Deutschlands ist es nach deren Beitritt in Kraft zu setzen."*

Da die überwältigende Mehrheit der Menschen in der DDR für eine schnelle Vereinigung war, beschloss die DDR-Volkskammer am 23. August 1990 den Beitritt zur Bundesrepublik nach Artikel 23. Somit wurde aus dem Provisorium ein stabiler Verfassungsrahmen für die Bundesrepublik Deutschland.

● ●

LITERATURHINWEISE:

Manfred Görtemaker: Geschichte der Bundesrepublik Deutschland. Von der Gründung bis zur Gegenwart. Berlin 2004

Oliver Wurm, Andreas Volleritsch (Hrsg.): GG. Das Grundgesetz als Magazin. Die Würde des Menschen ist unantastbar. Hamburg 2017

Hans Michael Heining, Frank Schorkopf: 70 Jahre Grundgesetz. In welcher Verfassung ist die Bundesrepublik? Göttingen 2019

Christoph Möllers: Das Grundgesetz. Geschichte und Inhalt. München 2019

DER VERSAILLER VERTRAG – 1919

WIE EIN FRIEDENSVERTRAG DOCH KEINEN FRIEDEN STIFTETE

Europa ist nicht perfekt, darin sind wir uns vermutlich einig. Aber dieses Europa hat uns einen langjährigen Frieden gebracht – etwas, das unsere Großeltern oder Urgroßeltern nicht kannten. Zwischen 1914 und 1945 hat es zwei Weltkriege gegeben, die von Europa, vor allem aber auch von Deutschland ausgegangen sind. Und diese beiden Kriege haben etwas miteinander zu tun. Denn nach dem Ersten Weltkrieg wurde der Versailler Vertrag abgeschlossen, der auf der einen Seite ein Schuldeingeständnis Deutschlands festschrieb und auf der anderen Seite deswegen in Deutschland Rachegelüste provozierte.

Die Kampfhandlungen des Ersten Weltkriegs endeten mit einem Waffenstillstand am 11. November 1918. Das Deutsche Reich hatte kapituliert und erlebte in der Folge mit der Novemberrevolution einen politischen Umbruch. Allerdings herrschte trotz Waffenstillstand offiziell weiterhin Krieg. Um diesen Zustand zu beenden und eine Friedensordnung für Europa zu finden, begann am 18. Januar 1919 die Pariser Friedenskonferenz im Spiegelsaal des Schlosses von Versailles. Ort und Datum waren nicht zufällig gewählt: An selber Stelle war am 18. Januar 1871 nach dem deutschen Sieg im Deutsch-Französischen Krieg der preußische König Wilhelm I. zum deutschen Kaiser gekürt worden – eine große Schmach für die Franzosen.

An den Verhandlungen über einen Friedensvertrag nach dem Ersten Weltkrieg nahmen 32 Staaten teil, den Vorsitz hatte der französische Regierungschef Georges Clemenceau. Federführend bei den Verhandlungen waren die Amerikaner, Briten, Franzosen und Italiener. Vertreter der Kriegsverlierer, also unter anderem Deutschland und Österreich oder auch

Russland, waren nicht zugelassen. Ausgearbeitet wurden fünf verschiedene Vorort-Verträge, die sich mit unterschiedlichen Problemen befassten. Der Versailler Vertrag bestand aus den Regelungen für Deutschland, er wurde am 7. Mai 1919 der deutschen Regierung übergeben. Im Vertrag von St. Germain ging es um die Zukunft Österreichs, der Vertrag von Neuilly-sur-Seine befasste sich mit Bulgarien, der Vertrag von Trianon mit Ungarn und schließlich löste der Vertrag von Sèvres am 10. August 1920 das Osmanische Reich zugunsten einer Reihe von Nachfolgestaaten auf. Mit diesen fünf Friedensverträgen veränderten die alliierten Sieger des Ersten Weltkriegs die geopolitische Ordnung Europas nachhaltig.

Die umstrittenste Regelung des Friedensvertrags für Deutschland war im Artikel 231 festgehalten: Deutschland und seine Verbündeten hatten die alleinige Kriegsschuld. Das war die Grundlage der alliierten Forderungen nach Reparationszahlungen, die Deutschland in den kommenden Jahrzehnten leisten sollte. Zur Wiedergutmachung der durch den Krieg entstandenen Verluste und Schäden wurde im April 1921 errechnet, dass Deutschland 132 Milliarden Goldmark zu zahlen hatte. An dieser Forderung hielten die Alliierten auch dann fest, als Deutschland seiner Zahlungsverpflichtung nicht nachkommen konnte oder als während des NS-Regimes die Zahlungen ausgesetzt und nach dem Zweiten Weltkrieg auf den Tag der Wiedervereinigung von DDR und BRD verschoben wurden. Am 3. Oktober 1990 waren noch knapp 240 Millionen D-Mark an Restschulden vorhanden, die mit der letzten Rate exakt zwanzig Jahre später beglichen wurde.

Neben den Reparationszahlungen verlor Deutschland 1919 etwa dreizehn Prozent seines Territoriums und zehn Prozent der Bevölkerung, darunter Elsass-Lothringen, fast ganz Westpreußen, Teile Niederschlesiens und alle Kolonien. Außerdem legten die Siegermächte fest, dass Deutschland keine schweren Waffen wie U-Boote, Schlachtschiffe oder Panzer mehr besitzen durfte, die Armee wurde auf 100 000 Mann beschränkt und die allgemeine Wehrpflicht abgeschafft.

Den Siegermächten ging es mit dem Versailler Vertrag laut dem Historiker Eckart Conze vor allem um Frieden nach viereinhalb Jahren Krieg und wie sie diesen Frieden dauerhaft stabilisieren konnten. Sie wollten eine friedliche internationale und globale Ordnung schaffen, um künftige Kriege zu verhindern. Aber sie hatten die Schwierigkeiten unterschätzt, die der Versailler Vertrag in Deutschland auslösen würde. Die „Alleinschuld" und die hohen Reparationsforderungen weckten quer durch alle Bevölkerungsschichten und Parteien in Deutschland einen Sturm der Entrüstung. Die deutsche Regierung versuchte zu verhandeln, aber darauf ließen sich die Alliierten nicht ein. Sie drohten, in Deutschland einzumarschieren und den Krieg wieder aufzunehmen. Um nicht die Verantwortung für die Vertragsunterzeichnung übernehmen zu müssen, trat das Kabinett von Ministerpräsident Philipp Scheidemann im Juni 1919 geschlossen zurück. Die Oberste Heeresleitung weigerte sich ebenso wie der Kaiser, Stellung zu beziehen. Paul von Hindenburg und Erich Ludendorff, die seit 1916 die Oberste Heeresleitung bildeten und für Dauer und Ausmaß der deutschen Kriegsführung verantwortlich waren, überließen es Außenminister Hermann Müller und Verkehrsminister Johannes Bell, den Vertrag am 28. Juni 1919 unterzeichnen. Sie taten das unter Protest, aber die Wut der Menschen konzentrierte sich fortan auf sie und nicht auf jene Militärs und Politiker, die Deutschland erst in den Krieg geführt und ihn dann in die Länge gezogen haben. Für viele Menschen bedeuteten die Friedensbedingungen – wie es Eckart Conze formuliert – ein Erwachen aus einer Realitätsverweigerung. Die „Schmach von Versailles" war während der Weimarer Republik einerseits Synonym für die von den Alliierten gegängelten deutschen Politiker und andererseits Ausdruck des Gefühls, eines Tages für diese Niederlage Rache nehmen zu wollen. Gleichzeitig streuten von Hindenburg und andere Militärs die Behauptung, die Armee habe den Krieg nicht verloren und sei im Felde unbesiegt geblieben. Stattdessen sei sie durch Juden, Sozialdemokraten und andere demokratische Politiker von hinten erdolcht worden. Mit dieser „Dolchstoßlegende" und der „Schmach von Versailles" brachten die nationalsozialistischen Propagandisten in den kommenden Jahren die Menschen gegen die übrigen Parteien auf. Die Republik zerbrach schließlich, als die Weltwirtschaftskrise das ökonomische und soziale Fundament der Weimarer Republik pulverisierte, und gleichzeitig rechte und linke Extremisten in Straßenschlachten gegeneinander antraten, um die erste deutsche Republik zu zerstören.

LITERATURHINWEISE:

Hans-Christof Kraus: Versailles und die Folgen. Außenpolitik zwischen Revisionismus und Verständigung 1919–1933. Berlin 2013

Eckart Conze: Die große Illusion. Versailles 1919 und die Neuordnung der Welt. München 2018

Gerd Krumeich: Die unbewältigte Niederlage. Das Trauma des Ersten Weltkriegs und die Weimarer Republik. Freiburg 2018

Jörn Leonhard: Der überforderte Frieden. Versailles und die Welt 1918–1923. München 2018

DIE EROBERUNG JERUSALEMS – 1099

WIE IM NAMEN DES HERRN EINE STADT AUSGE-LÖSCHT WURDE

Heute ist Jerusalem eine geteilte Stadt. Israelis und Palästinenser, zumeist Juden und Muslime, beanspruchen sie und ihre heiligen Stätten für sich. Extreme Islamisten unterstellen Israel dabei immer wieder, mit den Kreuzfahrern unter einer Decke zu stecken.

Jerusalem 1099: „Gott will es!", schreien die Kreuzfahrer. Die Mauern von Jerusalem sind gefallen. Jahrelang waren die Kreuzzügler zu Pferd oder zu Fuß bis ins Heilige Land gezogen, seit Wochen haben sie hungrig und durstig die Stadt belagert. Drei Tage lang haben sie gefastet und sind barfuß um die Stadt marschiert, um Gottes Segen zu erfahren. Und nun endlich überwinden sie die Mauern. Am 15. Juli dringen die Kreuzfahrer in die Stadt ein und töten so gut wie jeden, der ihnen vor das Schwert kommt – Juden und Muslime gleichermaßen. Heutigen Schätzungen nach massakrieren sie an bloß einem Tag 3000 Menschen.

Knapp vier Jahre zuvor, im November 1095, hatte Papst Urban II. zum ersten Kreuzzug aufgerufen. Die Heilige Stadt sollte befreit werden! Vordergründig ging es um einen Hilferuf aus Byzanz, wo Kaiser Alexios I. herrschte, der mit dem Papst in Rom eigentlich nicht viel zu tun hatte. Das Oströmische Reich war zwar auch christlich, ging aber seit dem großen Kirchenschisma von 1054 eigene Wege und hatte sich vom Papst losgesagt. Bis heute hält diese Trennung an, römische und orthodoxe Christen sind nicht versöhnt. Aber am Ende des 11. Jahrhunderts brauchte die orthodoxe Christenheit die Hilfe ihrer römischen Glaubensbrüder, denn sie wurden immer mehr von der aufstrebenden muslimischen Dynastie der Seldschuken bedroht, die 1095 auch in Jerusalem herrschten. Papst Urban II. wollte jetzt in einem Aufwasch den orthodoxen Christen Hilfe leisten, Jerusalem erobern und – wie er es sagte – die Stadt aus „den Klauen der Heiden" befreien.

Fürchterliche Berichte werden zu dieser Zeit verbreitet, dass die Muslime die Christen in Jerusalem lynchen oder ihnen zumindest Geld abnehmen würden, um die heiligen Stätten zu besuchen. Jesus-Figuren seien Ohren und Nase abgeschlagen worden. Und tatsächlich muss es zu dieser Zeit sehr rau und blutig in Jerusalem zugegangen sein, denn auch die verschiedenen muslimischen Häuser bekämpften sich untereinander heftig: Sie wollten die Herrschaft über die Stadt. Unter diesen Kriegen litten Christen genauso wie Juden und Muslime.

Fast 30 000 kampffähige Männer machen sich also 1095 auf den Weg nach Jerusalem. Der Weg ist lang und voller Strapazen, die Seldschuken organisieren Hinterhalte und Überfälle auf die Kreuzfahrer. 1099 sollen nur noch etwa 14 000 von ihnen am Ziel angekommen sein. Sie beginnen Jerusalem Anfang Juni zu belagern – aber ohne jeden Erfolg. Die Mauern sind unüberwindbar, sie haben kaum zu trinken und zu essen und müssen außerdem noch die Jerusalemer Christen versorgen, die aus der Stadt geworfen wurden und nun unter den Kreuzfahrern sind.

Erst nachdem es ihnen gelungen war, Holz aus Samarien, dem nördlichen Teil des heutigen Westjordanlands, heranzuschaffen, um daraus Belagerungstürme und Katapulte zu bauen, wendete sich das Blatt. Das Fasten und barfüßige Prozessieren trug – zumindest aus Sicht der christlichen Gläubigen – zum Erfolg der Unternehmung bei. Als die Kreuzfahrer die Mauern überwunden hatten, legten die Verteidiger der Stadt die Waffen nieder und wollten sich ergeben. Wenn die Überlieferungen der Wahrheit entsprechen, lässt das die anschließenden

Massaker nur noch grauenhafter erscheinen. Die Chroniken, die später von christlichen wie muslimischen Gelehrten niedergeschrieben wurden, berichten von Männern, „die in Blut bis zu ihren Knien und ihrem Zaumzeug hinauf" ritten. Hier ist allerdings Vorsicht geboten, denn oft wurde die Brutalität völlig überhöht, weil es auch im Mittelalter schon regelrechte Propagandaschlachten um solche Ereignisse gegeben hat.

Die Kreuzfahrer gründeten noch im selben Jahr das Königreich Jerusalem, und die Gewaltspirale drehte sich fortan immer weiter. Christliche und muslimische Heere bekämpften sich zwei Jahrhunderte lang, immer wieder wechselte die Kontrolle über die Stadt. 1291 aber ging das Königreich Jerusalem endgültig unter, kein Kreuzzug konnte daran noch etwas ändern, und Christen haben nie wieder über das Heilige Land geherrscht.

Heute sind zwar nur noch zwei Prozent der Jerusalemer Stadtbevölkerung Christen, aber die verschiedenen christlichen Konfessionen haben ihren Platz in der Stadt gefunden und übernehmen selbst die Verwaltung der großen Heiligtümer wie zum Beispiel der Grabeskirche. Aber der bittere Nachgeschmack der Kreuzzüge, die mit ihren Heeren in den Nahen Osten marschieren, ist immer noch präsent. Der US-Präsident George W. Bush nannte den zweiten Irakkrieg einen „Kreuzzug gegen den Terrorismus", die türkische Regierung unterstellte Papst Franziskus 2016 eine „Kreuzfahrermentalität", weil der Papst die Gräueltaten des Osmanischen Reichs an den Armeniern 101 Jahre zuvor als „Völkermord" bezeichnet hatte. Und schließlich schrieb der selbsternannte Islamische Staat im selben Jahr: „Die Bürger der Kreuzfahrernationen sollen überall angegriffen werden, wo man auf sie trifft." Und im Nahostkonflikt tauchen die Kreuzzüge auch immer wieder auf. In extremer Propaganda wird Israel als „Kreuzfahrerstaat" diffamiert, weil es mit dem Westen unter einer Decke stecke. Die Kreuzzüge sind also ein schweres Erbe auf dem Weg zum Frieden in Jerusalem.

· ·

LITERATURHINWEISE:

Guido Steinberg: Kalifat des Schreckens. IS und die Bedrohung durch den islamistischen Terror. München 2015

Thomas S. Asbridge: Die Kreuzzüge. Stuttgart 2016

Dieter Vieweger: Streit um das Heilige Land. Was jeder vom israelisch-palästinensischen Konflikt wissen sollte. Gütersloh 2017

Nikolas Jaspert: Die Kreuzzüge. Darmstadt 2020

QR – CODE:

254

DIE PORNOKRATIE – 904

WIE IM VATIKAN ORGIEN GEFEIERT WURDEN

Heute steckt die katholische Kirche in einer tiefen Krise. Der Missbrauch von Kindern in kirchlicher Obhut, der Sinn des Zölibats, die Rolle von Frauen in der Kirche – vieles gibt es aufzuarbeiten oder zu überdenken. Aber das sind auch nicht erst Themen seit gestern.

Rom im Jahre 904: Es herrscht Pornokratie im Vatikan. Es wird getrunken, es wird vergewaltigt, es wird gezockt, und es wird intrigiert. Auf dem Heiligen Stuhl sitzt ein gewisser Sergius III., der die sogenannte „Leichensynode" wieder einführt. Er lässt die Leichen seiner Vorgänger ausgraben und einkleiden, um ihnen einen Schauprozess zu machen. Im Hintergrund aber ziehen seine Geliebte Marozia und ihre Mutter Theodora I. die Fäden. „Porno" kommt aus dem Altgriechischen und heißt so viel wie Hure, „-kratie" meint die Herrschaft. Im Vatikan regieren also die Huren.

Soweit die lange verbreitete Erzählung über das „Saeculum obscurum", das dunkle 10. Jahrhundert, wie es später ein katholischer Kardinal nennen wird. Aber fast alles, was wir über diese Zeit der Pornokratie wissen, wissen wir vom Bischof Liutprand von Cremona, der ab 958 aufgeschrieben hat, was er im Vatikan gesehen haben will. Der eine oder andere Historiker von heute meint bei diesem Bischof allerdings Frauenfeindlichkeit und ein Unverständnis für die damaligen römischen Verhältnisse herauszulesen. Also: Was wissen wir eigentlich?

Wir wissen, dass Rom im 10. Jahrhundert ziemlich weit ab vom Schuss lag. Gut hundert Jahre vorher, zur Zeit Karls des Großen, der sich von Papst Leo III. zum Kaiser hatte krönen lassen, spielte der Vatikan noch eine gewichtige Rolle. Das sollte sich aber bald ändern. Die Nachfolger Karls stritten sich um sein

Erbe und befassten sich lieber mit der Welt nördlich der Alpen, weshalb Rom etwas in Vergessenheit geriet. Das nutzten reiche und clevere Adelsfamilien Italiens, um den Vatikan „einzunehmen". Durch geschickte Politik, Korruption, Beziehungen und auch Heirat erlangten sie Positionen bis hin zum Papststuhl. So kam wohl auch Sergius III. zu Amt und Würden, aber eben nicht ohne die Unterstützung von Theodora I. aus dem Hause Tusculum. Ihre Tochter Marozia ließ sich sogar auf eine Affäre mit dem Papst ein, aus der ein Sohn hervorging. Und ja, auch dieser Sohn sollte später Papst werden.

Marozia war daneben auch dreimal mit mächtigen Männern verheiratet und hatte sich dabei selbst zur Senatrix und Herrscherin Roms ernannt. Die Päpste hingegen kamen und gingen. Als sie ihren Ehemann Hugo I., den König von Italien, von ihrem Sohn, dem Papst Johannes XI., zum Kaiser krönen lassen wollte, kam es zum Eklat. Ein weiterer Sohn, Alberich II., rebellierte gegen diese Vetternwirtschaft und ließ Mutter, Stiefvater und Halbbruder einsperren. Jetzt herrschte er selbst über Rom und ließ seinen Sohn Octavian von Spoleto als Johannes XII. zum Papst wählen, also den Enkel der Marozia. Was für eine Familie!

Dieser Johannes XII. ist vielleicht derjenige, der das Klischee der Pornokratie am ehesten erfüllt. In den vatikanischen Papstbiografien heißt es, er habe „sein ganzes Leben mit Eitelkeit und Ehebruch zugebracht". 963 gerät er außerdem mit dem römisch-deutschen Kaiser Otto I. aneinander, der ihn absetzte und einen neuen Papst wählen ließ. Es ist das erste Mal, dass sich ein Kaiser traut, derart gegen Rom vorzugehen. Der Imageschaden des Papsttums war komplett. Als Johannes XII. 964 stirbt, ranken sich wilde Geschichte um seinen Tod. Der erwähnte Liutprand von Cremona schreibt, der Papst habe beim Sex einen Schlaganfall erlitten. Andere behaupten, er sei vom Ehemann seiner Geliebten zu Tode geprügelt worden.

Mit Johannes XII. endet die Pornokratie jedenfalls, und das sei „strukturell-institutionell" eine gute Sache, sagt der Historiker Klaus Herbers. Es gab zum damaligen Zeitpunkt eigentlich gültige Verfahren, einen Papst zu wählen. Und solche Verfahren bringen im Gegensatz zu Korruption und Vetternwirtschaft politische Stabilität und Zuverlässigkeit. Das ist heute immer noch so. Aber ob man deshalb tatsächlich von einer „Hurenherrschaft" sprechen kann? Theodora und Marozia spielten im Grunde nur nach den Regeln ihrer Stadt und ihrer Zeit.

Und da kommt wieder Liutprand von Cremona ins Spiel: Wollte er Rom lasterhaft darstellen, um die Kirche zu diskreditieren? Oder hatte er bloß keine Ahnung von römischer Lokalpolitik? So oder so hat er unser Bild dieser Frauen bis heute sehr geprägt. Theodora und Marozia könnten sogar Ursprung der Legende der Päpstin Johanna gewesen sein, die im 9. Jahrhundert auf dem Heiligen Stuhl gesessen haben soll; was aber angeblich von der katholischen Kirche vertuscht worden sei. Der Stoff ist schon in Opern, Romanen, teuren Spielfilmen und schließlich sogar in einem Musical umgesetzt worden.

Vor allem aber entspricht es dem bis heute gültigen Narrativ, dass die katholische Kirche ein „frommer" Männerverein sei. Wenn Frauen hier mal was zu sagen hatten, dann müssen das korrupte Huren gewesen sein. Aber es gibt Gegenwind: Die katholische Frauenbewegung „Maria 2.0" fordert zum Beispiel mehr weibliche Mitsprache in der Kirche. Und auch die Missbrauchsfälle, die in den letzten Jahren bekannt geworden sind, stellen die männliche Dominanz samt Zölibat in Frage.

LITERATURHINWEISE:

Klaus Herbers, Max Kerner: Die Päpstin Johanna. Biographie einer Legende. Freiburg 2011

Christiane Laudage: Kampf um den Stuhl Petri. Die Geschichte der Gegenpäpste. Freiburg 2012

Jürgen Erbacher: Weiter denken. Franziskus als Papst und Politiker. Ostfildern 2018

Hubert Wolf: Zölibat. 16 Thesen. München 2019

QR – CODE:

DER HITLER-STALIN-PAKT – 1939

WIE DER „PAKT DER DIKTATOREN" POLEN ZERSTÖRTE

Seit 2009 ist nach einem Beschluss des Europaparlaments der 23. August „Europäischer Tag des Gedenkens an die Opfer von Stalinismus und Nationalsozialismus". Das wird aber in Deutschland mit wenigen Ausnahmen komplett ignoriert. Warum eigentlich? Der Gedenktag wurde aus gutem Grund eingerichtet, und auch das Datum ist bewusst gewählt. Denn: Am 23. August 1939 haben das nationalsozialistische Deutschland und die stalinistische Sowjetunion einen Nichtangriffspakt und ein geheimes Zusatzprotokoll unterzeichnet. Beide Seiten leisteten nicht nur eine Unterschrift zum Weltkrieg, sondern setzten einen Vertrag in die Welt, der das Schicksal vieler Länder Osteuropas für Jahrzehnte bestimmt hat.

Seit der Machtergreifung der Nationalsozialisten war die deutsche Außenpolitik darauf angelegt, die Bestimmungen des Versailler Vertrags von 1919 rückgängig zu machen. Zu den Maßnahmen zählten neben der Wiedereinführung der allgemeinen Wehrpflicht die Rückgewinnung des Saargebiets, die Rheinlandbesetzung 1936, der „Anschluss" Österreichs ans Deutsche Reich und auch die Annexion des Sudetenlands 1938. All das wurde propagandistisch als „Komplettierung des deutschen Volkskörpers" bezeichnet. Aber ein Pakt mit dem sowjetischen Diktator Stalin widersprach Hitlers Absichten, die darauf hinausliefen, die Sowjetunion militärisch zu unterwerfen und eine deutsche Hegemonie über Europa zu etablieren. Doch die besondere politische Situation im Sommer 1939 machte einen Pakt mit der Sowjetunion zu einem nicht nur überraschenden, sondern in den Augen Hitlers vor allem auch sinnvollen Schachzug.

Zwar wollte er „Lebensraum für das deutsche Volk" auf Kosten der slawischen Völker Osteuropas gewinnen und gleichzeitig die „jüdisch-bolschewistische Gefahr" mit ihrem Machtzentrum im Kreml vernichten, aber Hitler wollte auch um jeden Preis einen Krieg an mehreren Fronten verhindern. Das deutsche Militär hatte im Sommer 1939 mit den Planungen für einen Überfall auf Polen begonnen und zudem eine Schlacht um England und Angriffe auf Frankreich und die Benelux-Staaten für 1940 ins Auge gefasst. Voraussetzung dafür war ein Stillhalteabkommen mit dem größten Feind: Stalins Sowjetunion. Hitler war übrigens nicht der Einzige, der in diesem Sommer einen Pakt mit Stalin anstrebte, denn auch Briten und Franzosen spürten, dass ein europäischer Krieg unmittelbar bevorstand, und waren auf der Suche nach Verbündeten. Sie versuchten, Stalin für eine antideutsche Koalition zu gewinnen. Aber die Gespräche scheiterten unter anderem daran, dass Stalin auf ein Durchmarschrecht für die Sowjetunion durch Polen bestand. Die polnische Regierung, die einen Beistandspakt mit Frankreich hatte, fürchtete jedoch eine Besetzung durch die Rote Armee. Als der sowjetische Außenkommissar Maxim Litwinow durch Stalins Weggefährten Wjatscheslaw Molotow abgelöst wurde, war klar, dass die „Große Allianz" gegen Hitler nicht zustande kommen würde.

Als das Scheitern der Verhandlungen in Deutschland bekannt wurde, schlug Hitler einen deutsch-sowjetischen Nichtangriffspakt vor, der in der Nacht vom 23. auf den 24. August 1939 durch den Reichsaußenminister Joachim von Ribbentrop und den Volkskommissar für Auswärtige Angelegenheiten der Union der Sozialistischen Sowjetrepubliken (UdSSR), Molotow, in Anwesenheit von Stalin unterzeichnet wurde. Darin sichern sich die Staaten gegenseitige Neutralität zu, falls einer der beiden in kriegerische Auseinandersetzungen verwickelt würde. Aber das war nur der eine, der sozusagen öffentliche Teil der

Vereinbarungen. Denn die beiden Diktatoren handelten noch ein geheimes Zusatzprotokoll aus, in dem das Deutsche Reich und die Sowjetunion ihre territorialen Interessensphären in Ost- und Südosteuropa festlegten und sich die gegenseitige Achtung dieser Einflussgebiete zusicherten:

„Für den Fall einer territorial-politischen Umgestaltung in den zu den baltischen Staaten (Finnland, Estland, Lettland, Litauen) gehörenden Gebieten bildet die nördliche Grenze Litauens zugleich die Grenze der Interessenssphären Deutschlands und der UdSSR. (...)
Für den Fall einer territorial-politischen Umgestaltung der zum polnischen Staat gehörenden Gebiete werden die Interessenssphären Deutschlands und der UdSSR ungefähr durch die Linie der Flüsse Narew, Weichsel und San abgegrenzt. Die Frage, ob die beiderseitigen Interessen die Erhaltung eines unabhängigen polnischen Staates erwünscht erscheinen lassen und wie dieser Staat abzugrenzen wäre, kann endgültig erst im Laufe der weiteren politischen Entwicklung geklärt werden. (...)
Hinsichtlich des Südostens Europas wird von sowjetischer Seite das Interesse an Bessarabien betont. Von deutscher Seite wird das völlige politische Desinteresse an diesen Gebieten erklärt.“

Damit war das Schicksal der baltischen Staaten, Polens und Bessarabiens besiegelt. Am 1. September 1939 begann mit dem Einmarsch der deutschen Truppen in Polen der Zweite Weltkrieg. Zwei Wochen später, am 17. September, marschierte die Rote Armee in den östlichen Teil Polens ein. Am

28. September 1939 musste Polen kapitulieren. Am selben Tag komplettierte ein deutsch-sowjetischer Grenz- und Freundschaftsvertrag den „Pakt der Diktatoren". Darin teilten sie Osteuropa untereinander auf: Westpolen inklusive Lublin und Warschau wurden dem Deutschen Reich angegliedert, der Rest Polens sowie Finnland, Estland, Lettland, Litauen und das heutige Rumänien gingen an die Sowjetunion. Damit war eine territoriale und politische Umgestaltung Osteuropas abgeschlossen, deren Folgen die Landkarte Europas teilweise bis heute bestimmen.

Der Hitler-Stalin-Pakt hatte aber nicht nur militärische Komponenten, sondern auch wirtschaftliche. Die Sowjetunion lieferte in den kommenden zwei Jahren Erdölprodukte, Getreide und Holz an das Deutsche Reich, während im Gegenzug Kampfflugzeuge, Sprengstoff und sogar ein Kreuzer in die UdSSR geschickt wurden. Der Nichtangriffspakt zwischen Deutschland und der Sowjetunion war eigentlich auf zehn Jahre ausgelegt, hielt aber nur knapp zwei. Am 18. Dezember 1940 erließ Hitler die „Weisung Nr. 21", mit der das „Unternehmen Barbarossa" in Gang gesetzt wurde: der Überfall auf die Sowjetunion, der am 22. Juni 1941 begann und den Kontinent ins Verderben stürzte.

LITERATURHINWEISE:

Manfred Sapper, Volker Weichsel: Der Hitler-Stalin-Pakt, der Krieg und die europäische Erinnerung. Berlin 2009

Anna Kaminsky, Dietmar Müller, Stefan Troebst (Hrsg.): Der Hitler-Stalin-Pakt 1939 in den Erinnerungskulturen der Europäer. Wallstein 2011

Christian Hartmann: Unternehmen Barbarossa. Der deutsche Krieg im Osten 1941–1945. München 2013

Claudia Weber: Der Pakt. Stalin, Hitler und die Geschichte einer mörderischen Allianz. München 2019

QR – CODE:

DAS ERSTE WARENHAUS VON LEONHARD TIETZ – 1879

WIE WIR ANFINGEN ZU SHOPPEN

Heute ist Shopping selbstverständlich. Alle Innenstädte haben Einkaufsmeilen, fast immer steht hier eines der großen Warenhäuser, bei denen man alles unter einem Dach bekommt. Die gleiche Idee haben die großen Online-Händler dann einfach ins Netz verfrachtet. Angefangen hat aber alles in einem kleinen, beschaulichen Gemischtwarenladen.

Stralsund, 14. August 1879: Leonhard Tietz öffnet die Türen seines Textilwarengeschäftes. Der Laden ist fein rausgeputzt, und es gibt Garne, Knöpfe, Borten und Quasten. Ein Laden, aber mehrere Sortimente, alles rund ums Thema Stoff auf 25 Quadratmetern. Und er hat eine Anzeige geschaltet:

> „Indem ich Sie ganz ergebens bitte, dieses mein Unternehmen durch ihre eilige Zuwendung unterstützen zu wollen, spreche ich die Versicherung aus, dass ich durch strenge, reelle Bedienung, billigste Preise stets bemüht bleiben möchte, Ihr Vertrauen zu gewinnen und dauernde Zeit zu erhalten."

Werbung im Jahr 1879! Aber es läuft, der Laden wird ein Erfolg. Die Stralsunder schätzten vor allem die cleveren Verkaufsideen von Tietz. Zum Beispiel bot er alle Waren unter Festpreis an. Das lästige Handeln gehört im Textilwarenladen des Leonhard Tietz der Vergangenheit an. Er nimmt nur Barzahlung. Anschreiben ging nicht mehr, aber dafür hatten die Kunden ein Rückgaberecht, falls ihnen die Ware nicht gefiel. Und vor allem: Jeder durfte reinkommen. Das Gewohnheitsrecht diktierte bis dahin, dass man einen Laden nur betreten durfte, wenn man auch etwas kaufte. Jetzt aber gilt: freier Eintritt, entrée libre. Eine Idee, die Tietz aus Frankreich importiert hat. Überhaupt war Frankreich schon im 19. Jahrhundert stilprägend in Sachen Shopping. 1838 war in Paris das große Kaufhaus Bon Marché gegründet worden, 1865 folgte das Printemps. Hier wurden die gleichen Prinzipien vorgelebt, die man jetzt auch in Stralsund wiederfinden konnte. Die Kaufhäuser waren der Inbegriff der Moderne. Sie kamen den Menschen entgegen, die durch die Industrialisierung immer mehr in die Städte drängten und nach einem festen Ort und Ansprechpartner suchten, um ihre Erledigungen zu machen. Leonhard Tietz kombinierte das mit seinem feinen Gespür für Stoffe, das er sich in der Ausbildung auf dem „Recylinghof" seiner Onkel angeeignet hatte. Leonhard stammte aus einer jüdischen Familie aus dem Örtchen Birnbaum (heute Polen), aus dem viele prominente deutsche Händler hervorgehen sollten. Der Einzelhandel war eine jüdische Domäne, weil hier weniger Zugangsbeschränkungen für Juden galten als in anderen Berufen.

Der Laden in Stralsund lief jedenfalls prächtig, die Leute rannten Tietz die Bude ein, und er expandierte: Koblenz, Schweinfurt, Aachen, Bonn, Mainz und schließlich 1891 Köln. Fünf Tage nach Eröffnung waren die Regale und die Lager leer – ausverkauft. 1905 wurde aus dem Familienunternehmen eine Aktiengesellschaft. Und in den Jahren 1912 bis 1914 ließ Leonhard Tietz in der Kölner Hohe Straße das zu diesem Zeitpunkt größte Warenhaus Europas bauen, mit der ersten Rolltreppe Deutschlands. Allerdings sollte er nur ein gutes halbes Jahr später versterben. Von nun an führte sein Sohn Alfred Leonhard Tietz die Geschäfte, und 1929 gehörten der Leonhard Tietz AG 43 Warenhäuser, in denen 15 000 Angestellte beschäftigt waren. Aber das NS-Regime beendet jäh diese Erfolgsgeschichte einer jüdischen Unternehmerfamilie. Als die NSDAP am

30. Januar 1933 an die Macht kam, wollten die neuen Machthaber schnellstens die jüdischen Kaufleute loswerden. Nach dem Boykott jüdischer Geschäfte am 1. April 1933, begannen die sogenannten „Arisierungen". Dabei wurden jüdische Unternehmen unter Zwang – und meistens auch unter Wert – an „arische" Geschäftsleute verkauft. Wie viele jüdische Geschäftsleute sah sich auch Alfred Leonhard Tietz gezwungen, Deutschland zu verlassen und 1934 über Amsterdam nach Palästina zu fliehen. Um alle Hinweise auf die jüdische Herkunft der Firmengründer zu vernichten, machte der NS-Staat aus der Tietz AG die Kaufhof AG – ein Name, den wir bis heute in den deutschen Einkaufsstraßen sehen können. 1939 folgte mit der „Verordnung zur Ausschaltung der Juden aus dem deutschen Wirtschaftsleben" das endgültige Ende des jüdischen Geschäftslebens in Deutschland: Die noch verbliebenen jüdischen Unternehmen wurden an „Arier" übergeben.

Nach 1945 galten alle diese erzwungenen Verkäufe als rechtlich anfechtbar. Den ehemaligen Besitzern konnte eine Differenz zwischen dem eigentlichen Wert ihrer Kaufhäuser und dem Nazi-Preis zurückgezahlt werden. Häufig lief das auf Schätzungen und Vergleiche hinaus. Vor allem aber blieb das eigentliche Ergebnis der Arisierung unberührt: Jüdische Geschäftsleute, ihre Familien und Nachfahren befanden sich, wenn sie überlebt hatten, jetzt im Ausland und waren nicht mehr Teil des deutschen Wirtschaftslebens.

Viele Unternehmen wie zum Beispiel auch Galeria Kaufhof haben aber das Erbe dieser jüdischen Kaufleute wie Leonhard Tietz erkannt und anerkannt. Und wir spüren ihren Einfluss bis heute: feste Preise, Rückgaberecht, freier Eintritt. Heute allerdings vermehrt online, und nicht mehr nur auf 25 Quadratmetern.

LITERATURHINWEISE:

Constantin Goschler, Jürgen Lillteicher: „Arisierung" und Restitution. Die Rückerstattung jüdischen Eigentums in Deutschland und Österreich nach 1945 und 1989. Göttingen 2002

Nils Busch-Petersen: Leonhard Tietz (1849–1914). Fuhrmannssohn und Warenhauskönig. Von der Warthe an den Rhein. Berlin 2010

Birgit Adam: Alles, was das Herz begehrt! Von Wunderkammern und Konsumtempeln. Hildesheim 2012

Theresa Schleicher, Janine Seitz: Retail Report 2020. Frankfurt a. M. 2019

QR - CODE:

DER VERTRAG VON TORDESILLAS – 1494

WIE DIE WELT UNTER DEN HAMMER KAM

Heute spricht fast ganz Lateinamerika Spanisch. Und im größten Land des Kontinents, in Brasilien, spricht man Portugiesisch. Ein Überbleibsel zweier Supermächte, die einmal so mächtig waren, dass sie mit ein paar Federstrichen die Welt unter sich aufteilten.

Oktober 1492: Christoph Kolumbus setzt seinen Fuß auf die Neue Welt. Unter spanischer Flagge war der Italiener Richtung Westen gesegelt – in der Hoffnung, einen kürzeren Seeweg nach Indien zu finden. Er glaubt seinem Logbuch zufolge in diesem Moment auch tatsächlich, dass er irgendwo südlich von Japan sei. Aber bald sollte sich herausstellen: Die Spanier haben Amerika erreicht. Und sie haben es nicht nur erreicht, es soll ihnen jetzt auch gehören.

Die spanische Krone, genauer Königin Isabella von Kastilien und König Ferdinand von Aragón, melden sich deshalb beim Papst. Er soll ihnen schriftlich garantieren, dass der durch Kolumbus entdeckte Kontinent ihnen gehört. Im Gegenzug wollen sie die Neue Welt katholisch missionieren. Papst Alexander VI. – selbst Spanier – findet die Idee soweit ganz gut, verlangt aber noch einen kleinen Gegenwert: Sein Sohn soll ein Herzogtum in Spanien erhalten. So wird die halbe Welt für ein Herzogtum verschenkt. Er schreibt am 4. Mai 1493 die Bulle „Inter caetera", in der folgendes steht:

„Da Ihr sorgfältig alle Dinge erwogen habt, (…) beschlosset Ihr nach dem Brauch Eurer Vorgänger, Könige berühmten Andenkens, die genannten Länder und Inseln und deren Bewohner zu unterwerfen und diese mit Hilfe der göttlichen

Barmherzigkeit zum katholischen Glauben zu bekehren. (...) Damit ihr freier und mutiger den Auftrag zu einer so bedeutenden Unternehmung annehmt (...), gewähren und zuteilen wir Euch und Euren Erben und Nachfolgern (...) auf immer alle entdeckten und zu entdeckenden Inseln und Festländer in Richtung nach Westen und Süden (...). "

Längs durch den Atlantik, von Nord- bis Südpol, wird gedanklich und machtpolitisch eine Linie gezogen, und alles westlich dieser Linie soll fortan Spanien gehören. Spaniens größter Konkurrent zu dieser Zeit ist das Königreich Portugal. Die Portugiesen kriegen von der Bulle natürlich Wind und sind überhaupt nicht glücklich. Also werden Papst und Spanier an den Verhandlungstisch gezwungen, denn niemand möchte einen Krieg zwischen den beiden großen, katholischen Seefahrernationen vom Zaun brechen. Verhandelt wird im spanischen Tordesillas, und im Ergebnis wird die Linie durch den Atlantik so weit nach Westen verschoben, dass sie ein ordentliches Stück von Amerika schneidet. Alles östlich dieser Linie soll ab sofort Portugal gehören: Das meint neben Afrika und Asien also auch den östlichen Zipfel Südamerikas – das Gebiet, aus dem später Brasilien werden sollte.

Mit diesem Vertrag von Tordesillas begann auch der große Run auf Amerika und die Zeit der Konquistadoren. Größtenteils einfache Leute zogen aus Europa nach Amerika, um ein neues Leben zu beginnen; neue Länder, Schätze und Reichtum zu erbeuten. Leidtragende waren die indigenen Bevölkerungen Südamerikas, schätzungsweise zwischen 20 und 100 Millionen Einwohner. Die Siedler nahmen ihnen das Land, überzogen sie mit Kriegen, versklavten sie und schleppten Krankheiten ein, an denen viele Indigene zugrunde gingen. Manche Historiker sprechen hier von einem Genozid. Und ganz nebenbei bringen die Konquistadoren wie versprochen den Katholizismus – allerdings mit Feuer und Schwert. Die katholische Kirche war bis dahin eigentlich auf den europäischen Kontinent beschränkt und stand unter dem Druck des expandierenden Islams. Nun aber konnte sie einen Anspruch als Weltreligion erheben. Was Papst Alexander VI. wahrscheinlich ziemlich zufrieden gemacht hat, denn als Namensvetter hatte er sich keinen anderen als den großen Eroberer der griechischen Antike ausgesucht.

Der Vertrag von Tordesillas hatte also nicht bloß zur Folge, dass heute in Lateinamerika Spanisch und in Brasilien Portugiesisch gesprochen wird. Er hat die kommenden Jahrhunderte geprägt, indem er den Anspruch Europas auf Amerika und im Grunde den ganzen Rest der Welt schriftlich fixiert hat. Wer hierin die Anfänge des europäischen Kolonialismus sehen möchte, liegt sicher nicht ganz falsch. Der Vertrag von Tordesillas hat gleichzeitig das Ende vieler indigener Hochkulturen bedeutet und sicher auch den Grundstein für die Marginalisierung von Indigenen bis heute gelegt.

Und er hat zuletzt tiefe Gräben zwischen Brasilien und dem Rest Südamerikas hinterlassen, die auch heute noch spürbar sind – nicht nur beim Fußball. Projekte wirtschaftlicher Zusammenarbeit sind nur zarte Pflänzchen, vieles ist in den letzten Jahren wieder eingeschlafen. Und Ideen einer politischen Zusammenarbeit oder sogar Integration, wie wir sie vielleicht aus Europa kennen, sind bis heute undenkbar. Genauso wie es schwer vorstellbar ist, wie sich der südamerikanische Kontinent wohl ohne europäischen Einfluss entwickelt hätte.

LITERATURHINWEISE:

Hartmut-Emanuel Kayser: Die Rechte der indigenen Völker Brasiliens – historische Entwicklung und gegenwärtiger Stand. Aachen 2005

Volker Reinhardt: Der unheimliche Papst. Alexander VI. Borgia 1431–1503. München 2005

Ursula Prutsch: Brasilien: eine Kulturgeschichte. Bielefeld 2013

Stefan Rinke u.a.: Weltreich Spanien. Das Goldene Zeitalter. Darmstadt 2019

QR – CODE:

DAS BRANDENBURGISCHE TOLERANZ-EDIKT – 1664

WIE EIN MACHTWORT KONFESSIONELLEN FRIEDEN VERORDNETE

Religiöse Toleranz und Glaubensfreiheit zählen zu den höchsten Werten, die durch den Artikel 4 des Grundgesetzes geschützt sind: „Die Freiheit des Glaubens, des Gewissens und die Freiheit des religiösen und weltanschaulichen Bekenntnisses sind unverletzlich", heißt es dort ebenso kurz wie klar. Der Weg zu dieser eindeutigen Erklärung war lang, und Konflikte gab es nicht nur zwischen unterschiedlichen Religionen, sondern auch innerhalb der christlichen Konfessionen.

Das Kurfürstentum Brandenburg hatte im 17. Jahrhundert besonders schwer unter den Folgen des Dreißigjährigen Kriegs zu leiden, der zwischen 1618 und 1648 teilweise im lutherisch geprägten Nordosten Deutschlands stattgefunden hatte. In manchen Teilen des Landes lebte nur noch ein Drittel der Vorkriegsbevölkerung, Weide- und Ackerland waren zerstört, Städte und Dörfer lagen in Trümmern, und überall bestimmten Hunger und die in Wellen auftauchenden Seuchen den Alltag der Menschen in Brandenburg. Seit 1640 regierte Friedrich Wilhelm in Personalunion als Kurfürst von Brandenburg und Herzog von Preußen das heruntergekommene Land. Er stammte aus dem Haus Hohenzollern und war Angehöriger der „reformierten Kirche", die sich zum Calvinismus bekannte. Nach dem Ende der Kampfhandlungen des Dreißigjährigen Kriegs lag sein Augenmerk vor allem auf der Beseitigung der immensen Kriegsschäden, die überall im Land zu sehen waren. Den Konflikt mit den Bauern, Handwerkern und den Ständen in Kauf nehmend, trieb er Steuern und Kontributionen ein, um den Wiederaufbau und den Unterhalt eines modernen Heeres zu finanzieren.

Die ersten Jahre nach dem Dreißigjährigen Krieg waren von andauernden innenpolitischen Auseinandersetzungen gekennzeichnet, in denen die lokalen Territorialherren ihre Interessen gegen die kurfürstliche Staatsräson verteidigen und erhalten wollten. Letzten Endes aber setzte sich Friedrich Wilhelm durch und legte den Grundstein für einen absolutistischen preußischen Staat. Dabei kam ihm ein Umstand entgegen, der sich in Frankreich zutrug. Dort hatte 1598 das Edikt von Nantes eine zeitweilige Beruhigung des Religionskonflikts zwischen Hugenotten und Katholiken bewirkt. Aber unter der Regentschaft Ludwigs XIV. flammte der Streit zwischen der katholischen Bevölkerungsmehrheit und den calvinistischen Hugenotten wieder auf. Der Sonnenkönig war Katholik und wollte das Land wieder zum „richtigen" Glauben zurückführen. Er befahl katholische Missionierungsaktionen und erließ gleichzeitig ein Auswanderungsverbot, weil er die Arbeitskräfte im Land halten wollte. Aber die Zerstörung zahlreicher protestantischer Kirchen, die Verhaftungen von Priestern und die berüchtigten „Dragonaden", bei denen Soldaten zur Kontrolle in den Wohnungen der Hugenotten zwangsweise einquartiert wurden, trieben trotzdem 200 000 Hugenotten aus dem Land.

Die Hugenotten suchten eine neue Heimat in Europa und Amerika, 20 000 siedelten in Brandenburg. Kurfürst Friedrich Wilhelm hatte seine calvinistischen Glaubensbrüder und -schwestern mit Privilegien gelockt, denn für den Wiederaufbau des Landes waren die Hugenotten willkommen. Sie waren ein Ausweg aus der Misere, in der sich Brandenburg befand. Der Kurfürst konnte die handwerklich und kaufmännisch hoch qualifizierten Einwanderer gut gebrauchen. Während Adel und Intellektuelle die neuen Bürger begrüßten, verhielt sich die Bevölkerung größtenteils ablehnend. Vor allem akzeptierten sie ihre calvinistische Religion nicht und lehnten die Vergünstigungen ab, die der Kurfürst den Neubürgern gewährte. Die Hugenotten mussten weniger Steuern zahlen, durften ihre Predigten in französischer Sprache halten, bekamen alle brandenburgischen Bürgerrechte, und bei der Gründung von Handwerksbetrieben erhielten sie großzügige staatliche Hilfen.

Lutherische Pfarrer polemisierten gegen die Hugenotten von den Kanzeln, fühlten sich und ihre Gemeinden an den Rand der Gesellschaft gedrängt und forderten, die Rücknahme der Privilegien für Hugenotten oder gleiche Behandlung der beiden christlichen Konfessionen. 1662 wurde das erste kurfürstliche Toleranzedikt erlassen, dem zwei Jahre später ein weiteres folgen musste, weil das erste wirkungslos geblieben war. Mit dem brandenburgischen Toleranzedikt verbot Friedrich Wilhelm 1664 jede Kanzelpolemik. Pfarrer konnte nur noch werden, wer sich dazu bekannte, auf dem gemeinsamen Fundament des christlichen Glaubens einen offenen Dialog über die Unterschiede zwischen Lutheranern und Hugenotten zu führen.

Dieses Edikt musste von den lutherischen Pfarrern sogar unterschrieben werden. Das sorgte unter den Kirchenmännern für große Aufregung, die nicht weniger wurde, als sie wegen einer verweigerten Unterschrift ihre Anstellung verloren. Eines der prominentesten Opfer dieser Vorschrift war der Theologe und Kirchenlieddichter Paul Gerhardt, der Mitte Februar 1666 seine Stelle verlor und nach Protesten des Berliner Magistrats und der märkischen Landesstände ein Jahr später zwar wieder in sein Amt eingesetzt werden sollte, sich aber weigerte, seine alte Stelle wieder zu bekleiden. Die Auseinandersetzung endete schließlich im endgültigen Rauswurf Gerhardts. Aber allen Verboten und Einschränkungen zum Trotz polemisierten lutherische Pfarrer weiter gegen die Hugenotten und deren calvinistische Lehre, die angeblich gegen die Grundfeste des Glaubens gerichtet war.

Der Historiker beim Geheimen Staatsarchiv Preußischer Kulturbesitz, Mathis Leibetseder, stellt fest, dass es einerseits weiterhin Störungen im Verhältnis der Konfessionen gegeben hat. Andererseits aber habe sich auch eine Alltagstoleranz eingestellt, weil viele gemischte Ehen geschlossen wurden, in denen der Streit der Konfessionen als nicht so wichtig erachtet wurde. Dem Kurfürsten Friedrich Wilhelm wird es egal gewesen sein, denn ihm ging es bei der Ansiedlung der Hugenotten in erster Linie um ökonomische Aspekte: Er brauchte Fachkräfte und Know-how beim Wiederaufbau und Urbarmachung seines Landes. Den Bevölkerungsverlust durch den Dreißigjährigen Krieg konnte er nur durch Einwanderung von Fachkräften ausgleichen, seine Standortpolitik war weniger von religiösen als vielmehr von ökonomischen Aspekten geprägt.

LITERATURHINWEISE:

Matthias Asche: Neusiedler im verheerten Land. Kriegsfolgenbewältigung, Migrationssteuerung und Konfessionspolitik im Zeichen des Landeswiederaufbaus. Die Mark Brandenburg nach den Kriegen des 17. Jahrhunderts. Münster 2006

Ulrich Niggemann: Hugenotten. Köln, Weimar, Wien 2011

Herfried Münkler: Der Dreißigjährige Krieg. Europäische Katastrophe, deutsches Trauma 1618–1648. Berlin 2017

Jürgen Luh: Der Große Kurfürst – Sein Leben neu betrachtet. München 2020

DER PROZESS GEGEN DIE „HEXE VON WALDSHUT" – 1479

WIE EINE FRAU ZUR HEXE WURDE

Schuld sind immer die anderen. Die, die Fledermäuse essen, lösen eine weltweite Pandemie aus. Die, die vor Krieg und Armut fliehen, nehmen uns die Arbeitsplätze weg. Und auch ganz alltäglich: Die, die neben uns am Straßenverkehr teilnehmen, machen immer die Fehler. Solange derjenige, der als Sündenbock herhalten muss, wechselt, ist das ja kein allzu großes Problem. Es sind eben alle schuld, und man selbst macht alles richtig.

Was aber, wenn sich Menschen zusammentun und einen bestimmten Sündenbock ausfindig und für alles, was schief geht, verantwortlich machen? Frauen zum Beispiel. Weil sie schon bei der Schöpfung benachteiligt worden sind – immerhin wurden sie nur aus einer Rippe von Adam geschaffen. Deshalb sind sie ein „notwendiges Übel", eine „begehrenswerte Katastrophe", sexsüchtig und anfällig für die „schwarze Magie". Und weil sie die Menschen in ihrer Umgebung verhexen, Kinder im Mutterleib sterben lassen und für Hunger und Krankheiten verantwortlich sind, müssen sie ausgerottet werden. So steht es im „Hexenhammer" des Theologen und Dominikanermönchs Heinrich Kramer. Dieser 1486 in Speyer veröffentlichte Kriminalcodex war die Grundlage der Hexenverfolgung im späten Mittelalter.

Einer der ersten Prozesse gegen eine Hexe in Deutschland war der gegen die „Hexe von Waldshut". Sie wurde schon 1479 verurteilt und hingerichtet. Ihr richtiger Name ist nicht überliefert, aber der Name ihres Inquisitors, also jenes Mannes, der das kirchliche Verfahren geleitet hat: der Theologe Johannes Gremper. Er arbeitete mit Heinrich Kramer zusammen, der den

„Hexenhammer" verfasste und dort den Prozess gegen die „Hexe von Waldshut" ein paar Jahre später beschrieben hat. Nach Einschätzung Kramers ist der Waldshuter Prozess „gut" verlaufen.

Schon im Anfangsteil wird geschildert, dass die Hexe bei den Einwohnern von Waldshut sehr verhasst war und deshalb nicht zu einer Hochzeitsfeier eingeladen worden sei. Aus Ärger soll sie den Dämon gerufen und ihn gebeten haben, die Feier mit einem Hagelschauer zu stören. Der sagte zu und trug sie zu einem Berg, wo beide, so wird behauptet, ein Ritual durchgeführt haben. Anschließend habe der Dämon einen Hagelschauer über den feiernden Dorfbewohnern niedergehen lassen. Die Hexe wurde dabei angeblich von Hirten beobachtet, die gegen sie aussagten und letztendlich für ihre Verhaftung sorgten. Wegen dieser und „vieler anderen Hexentaten, die sie vollbracht hatte, ward sie eingeäschert", endet der Bericht im „Hexenhammer".

Seinem Buch voran stellt Kramer eine päpstliche Bulle, die sogenannte „Hexenbulle", mit dem lateinischen Namen „Summis desiderantes affectibus". Diese Bulle hatte er selbst verfasst, war damit (wie damals üblich) zum Papst gegangen und hatte um dessen Unterschrift gebeten. Weil der Sachverhalt aber nicht für jedes einzelne dieser Gesetze durch die Kanzlei des Papstes geprüft werden konnte, beruhte die Unterschrift des Papstes auf der Annahme, dass die vorgetragenen Behauptungen wahr seien. Damit bestätigte Papst Innozenz VIII. die Existenz der Hexerei und verlieh durch seine Unterschrift Heinrich Kramer Vollmacht und Autorität zur Zurechtweisung, Inhaftierung und Bestrafung verdächtiger Personen. In der vom Papst genehmigten „Hexenbulle" ist jedoch keine Rede von Verbrennungen, die aber in den folgenden Jahrzehnten vieltausendfach als Strafe angeordnet und durchgeführt worden sind. Kramers Buch umfasste also den „Hexenhammer" und die „Hexenbulle" und wurde angeblich 30 000 Mal gedruckt. Das wäre für das späte Mittelalter eine sehr hohe Auflage. Und offenbar wurde sein Buch auch gelesen, denn zu seinen Lebzeiten gab es Hunderte von Hinrichtungen.

Natürlich war der Glaube an Hexen damals nichts Neues. Viele Menschen waren abergläubisch und glaubten fest daran, dass Zauberei möglich ist. Und auch die Verfolgung und Anklage von Andersdenkenden und scheinbar Andersartigen hat es schon in den Jahrhunderten davor im Rahmen der kirchlich organisierten Inquisition gegeben. Sogar schon in der Antike wurden Magie und Zauber verfolgt: Im alten Ägypten gab es Liebes- und Bildzauber, bei Homer wird von der Zauberin Kirke berichtet, und auch dem Mathematiker Pythagoras sagte man magische Kräfte nach, dabei hat er nur den berühmten Satz des Pythagoras ausgeknobelt: $a^2+b^2=c^2$. Während die Griechen einen relativ lockeren Umgang mit Magie hatten, stellten die Römer sie im Zwölftafelgesetz 450 v. Chr. unter Strafe.

Es gibt verschiedene Gründe, warum es ausgerechnet im 15. Jahrhundert einen Anstieg von Prozessen gegen Hexen, Häretiker oder Ketzer gegeben hat. Die Wissenschaft geht von religiösen, aber auch von persönlichen Gründen aus, weil man zum Beispiel durch einen Hexenprozess einen Gläubiger loswerden konnte. Aber auch Veränderungen in der Welt könnten ein Grund gewesen sein: Es gab wieder mehr Kriege und Seuchen, zum Beispiel den Schwarzen Tod, der zwischen 1346 und 1353 etwa ein Drittel der europäischen Bevölkerung zu Tode brachte. Die Angst vor einem erneuten Pestausbruch verfolgte die Menschen auch in den folgenden Jahrhunderten. Außerdem spielte das Wetter verrückt: Mitte des 15. Jahrhunderts herrschte in Europa die sogenannte Kleine Eiszeit. Es wurde deutlich kälter, was zu Missernten, Dürreperioden und Hungersnöten führte. Die Verfolgung der Hexen könnte also eine Reaktion auf die Verunsicherung der Menschen gewesen sein. Kurz gesagt: Sie brauchten einen Sündenbock – und haben ihn in den „Hexen" gefunden.

Wie viele Menschen durch die Hexenverfolgung ums Leben kamen, ist nicht bekannt. Schätzungen gehen davon aus, dass in ganz Europa etwa drei Millionen Menschen der Prozess gemacht wurde. Bis zu 60 000 Menschen – die meisten von ihnen Frauen – sollen hingerichtet worden sein.

· ·

LITERATURHINWEISE:

Wolfgang Behringer (Hrsg.): Hexen und Hexenprozesse in Deutschland. München 2000

Heinrich Kramer alias Institoris: Der Hexenhammer. Malleus maleficarum. Kommentierte Neuübersetzung. München 2006

Rainer Decker: Die Päpste und die Hexen. Aus den geheimen Akten der Inquisition. Darmstadt 2013

Andreas Schmauder: Frühe Hexenverfolgung in Ravensburg und am Bodensee. Konstanz 2017

Johannes Dillinger: Hexen und Magie. Frankfurt am Main 2018

DIE WELTWIRTSCHAFTSKRISE – 1929

WIE EINE SPEKULATIONSBLASE DIE WELT IN DEN ABGRUND RISS

Am 15. September 2008 wurde die Welt von der Nachricht erschüttert, dass die US-amerikanische Investmentbank Lehman Brothers pleite ist. Sofort setzte hektische Betriebsamkeit ein, um die weltweiten Folgen dieser Pleite abzumildern. Der damalige deutsche Finanzminister Peer Steinbrück sagte, man habe in den Abgrund geschaut, und meinte damit die Situation der Weltwirtschaft. In Deutschland wurden Erinnerungen an die Weltwirtschaftskrise des Jahres 1929 wach, und eine Panik wie damals galt es unter allen Umständen zu verhindern.

Nach dem Ersten Weltkrieg waren die kriegführenden Länder Europas in den USA hoch verschuldet. Sie hatten dort Anleihen aufgenommen, die nun zurückgezahlt werden mussten. Damit sie diese Tilgungen leisten konnten, waren sie auf Reparationsleistungen Deutschlands angewiesen, die 1919 im Friedensvertrag von Versailles im Artikel 231 festgelegt worden waren:

> „Die alliierten und assoziierten Regierungen erklären, und Deutschland erkennt an, dass Deutschland und seine Verbündeten als Urheber für alle Verluste und Schäden verantwortlich sind, die die alliierten und assoziierten Regierungen und ihre Staatsangehörigen infolge des Krieges, der ihnen durch den Angriff Deutschlands und seiner Verbündeten aufgezwungen wurde, erlitten haben."

Jener Artikel 231 war die Grundlage für die Reparationszahlungen, die die Alliierten von Deutschland erwartet, aber nur zum Teil erhalten haben.

Unmittelbar nach Unterzeichnung des Versailler Vertrags im Mai 1919 war die durch den Krieg und die Demontage von Industrieanlagen und Maschinen in Mitleidenschaft gezogene deutsche Wirtschaft nicht in der Lage, die geforderten Reparationen regelmäßig zu bezahlen. Erst 1924 leitete der nach dem amerikanischen Vizepräsidenten benannte Dawes-Plan eine wirtschaftliche Konsolidierung Deutschlands ein. Der Dawes-Plan legte den Gesamtbetrag der Reparationen fest. Er sollte zu 55 Prozent in Geldleistungen und zu 45 Prozent in Sachwerten beglichen werden. Da klar war, dass dieses Geld von der deutschen Regierung nicht regelmäßig aufgebracht werden konnte, gab es eine Internationale Anleihe zur Abdeckung der Reparationsforderungen. Gesichert wurden die Anleihen mit der Privatisierung der Reichsbahn und der Deutschen Reichsbank. Nun war zwar ein Großteil der Reparationen gesichert, dafür häufte Deutschland nicht nur immer neue Schulden auf, um alte Schulden abzubauen, sondern bot den rechtsextremen Agitatoren ein weites Betätigungsfeld. Der Dawes-Plan, so verkündete deren Propaganda, sei ein „Ausverkauf nationaler Interessen" und eine nicht akzeptable „Beschränkung der deutschen Souveränität".

Während sich die Länder Europas nur langsam von den Folgen des Krieges erholten, begann in den USA ein Wirtschaftsboom, der durch eine anhaltend hohe Binnenkonjunktur angeheizt wurde. Aber diese Inlandsnachfrage war bis 1929 mit Krediten in Höhe von sieben Milliarden US-Dollar finanziert worden. Diese „geliehene" Kaufkraft setzte eine Spirale von Lohnsteigerungen, Umsatz- und Produktionssteigerungen, immer neuen Kreditfinanzierungen und entsprechenden Ratenzahlungsverträgen in Gang. Die Katastrophe begann, als immer mehr Menschen auch an den rasant steigenden Aktienkursen teilhaben wollten und in Aktien investierten. Die nun beginnende „Dienstmädchenhausse" war ebenfalls durch

Kredite finanziert, und die meisten der neuen Aktienbesitzer verstanden nicht wirklich, wie ein Aktienmarkt funktioniert.

Der durch Kredite finanzierte Boom an der Wall Street war eine latente Gefahr für die amerikanische und damit auch für die Weltwirtschaft. Erste Warnzeichen gab es im Juni 1929, als die Stahlproduktion zurückging und damit eine Abschwächung der Wirtschaftsleistung signalisierte. Wer nun seine Aktien verkaufte, kam ungeschoren davon. Wer zögerte, wurde in den folgenden Wochen Zeuge eines weiteren schrittweisen Rückgangs der Kurse an der Wall Street. Am 24. Oktober 1929 kam es zum Börsencrash und zu dramatischen Kurseinbrüchen, die die ganze Welt ins Chaos stürzten. Innerhalb weniger Augenblicke waren die mit Krediten finanzierten Aktien wertlos und ihre Besitzer hochverschuldet. Der amerikanische Ökonom John Kenneth Galbraith hat errechnet, dass an diesem Tag 12 895 000 Aktien „zu einem Preis verkauft wurden, der die Hoffnungen und Träume der bisherigen Besitzer restlos zerstörte".

Die Auswirkungen dieses Börsentages waren verheerend, denn das amerikanische Geld, das in Europa und vor allem in Deutschland investiert werden sollte, wurde zur Bewältigung der eigenen Krise abgerufen. In Deutschland löste das rasch aufeinander folgend Geldknappheit, Deflation und Massenarbeitslosigkeit aus. Die deutsche Regierung konnte keine Reparationen mehr zahlen und löste damit entsprechende Probleme in den Ländern aus, die auf die Reparationen zur Tilgung der eigenen Schulden angewiesen waren. Eine der unmittelbaren Folgen dieses „schwarzen Donnerstags" war die Abwanderung vieler Wähler in Deutschland zur rechtsextremen NSDAP. Zwischen der Reichstagswahl im September 1930, bei der die Hitler-Partei von 2,6 auf 18,3 Prozent emporschnellte und der Wahl im November 1932 gewannen die Nationalsozialisten weitere fünfzehn Prozent hinzu.

Sie profitierten davon, dass auf dem Höhepunkt der Krise im Februar 1932 mehr als sechs Millionen Menschen arbeitslos waren und gleichzeitig Arbeitslosenhilfe und Sozialhilfe gekürzt wurden. Mitte 1932 konnten sich die Regierungsparteien im Reichstag auf ein Konjunkturprogramm einigen, das aber erst ein Jahr später seine Wirkung entfaltete. Den politischen Umbruch vom 30. Januar 1933, als Reichspräsident Paul von Hindenburg den Anführer der NSDAP, Adolf Hitler, mit der Regierungsbildung beauftragte, konnte das Konjunkturprogramm nicht mehr verhindern.

LITERATURHINWEISE:

Harold James: Deutschland in der Weltwirtschaftskrise. 1924–1936. Stuttgart 1988

John Kenneth Galbraith: Der große Crash 1929. Ursachen, Verlauf, Folgen. München 2005

Hans-Christof Kraus: Versailles und die Folgen. Außenpolitik zwischen Revisionismus und Verständigung 1919–1933. Berlin 2013

Jan-Otmar Hesse, Roman Köster, Werner Plumpe: Die Große Depression. Die Weltwirtschaftskrise 1929–1939. Frankfurt a. M./New York 2014

DAS KONZIL VON KONSTANZ – 1414

WIE DREI PÄPSTE AB- UND EINER EINGESETZT WURDEN

Religiöser Frieden ist ein hohes Gut und manchmal nicht leicht zu bewahren. Ein Blick in die Kriegsregionen des Mittleren und Nahen Ostens, in denen im Namen der Religion gekämpft wird, macht klar, wie sehr Frieden und religiöse Toleranz zwei Seiten einer Medaille sind. Auch in Europa herrschten oft Streit und Zwietracht nicht nur zwischen verschiedenen Religionen, sondern auch unter den Christen.

Seit 1378 gab es in Rom und Avignon zwei konkurrierende Päpste, die lateinische Kirche war gespalten. Ab 1409 steigerte sich die Verwirrung noch durch Wahl eines dritten Pontifex. Neben den römischen Papst Gregor XII. und den in Avignon residierenden Benedikt XIII. traten zuerst Alexander V. und dann Johannes XXIII. ihre Ämter an.

Das Abendländische Kirchenschisma, das die römische Kirche zwischen 1378 und 1417 an den Rand einer endgültigen Spaltung brachte, trieb seinem Höhepunkt entgegen. Jeder der Päpste konnte sich auf eine „Hausmacht" stützen, was auch für die weltlichen Herrscher Vorteile brachte, denn beim Streit mit dem „eigenen" Papst konnte man drohen, die Seiten zu wechseln und Gefolgsmann eines anderen Papstes zu werden.

Das Konstanzer Konzil war 1414 einberufen worden, um das Abendländische Schisma zu beenden. Aber am Ende stand die Erkenntnis, dass selbst ein vierjähriges Konzil nicht ausreichte, um diesen Anspruch einzulösen. Zwar war mit dem Italiener Martin V. zum ersten und einzigen Mal auf deutschem Boden ein alleiniger Papst gewählt und die drei anderen Päpste für abgesetzt erklärt worden. Aber die Spaltung der römischen

Kirche mit Gegenpapst Benedikt XIII. konnte auch auf einem Nachfolgekonzil in Pavia nicht aufgehoben werden. Als Benedikt XIII. im Mai 1423 starb, befürwortete der spanische König die Wahl von Clemens VIII. als Gegenpapst. Jener Clemens VIII. einigte sich aber 1429 mit Papst Martin V. und gab sein Amt auf. Damit endete elf Jahre nach dem Konstanzer Konzil das Abendländische Kirchenschisma tatsächlich.

Aber die römische Kirche hatte nicht nur drei Päpste gleichzeitig, sondern auch ein Problem mit Häretikern, also Theologen, die von der offiziellen Lehre der Kirche abwichen und dabei nicht klein beigeben wollten. Rund 50 Jahre vor dem Konstanzer Konzil hatte der englische Philosoph und Theologe John Wycliff Reformen gefordert, die denen sehr ähnlich waren, die der Wittenberger Mönch Martin Luther am Beginn des 16. Jahrhunderts verkünden sollte. In Prag lehrte am Beginn des 15. Jahrhunderts der Philosoph Hieronymus, der mit dem böhmischen Prediger und Reformator Jan Hus die Vorschläge Wycliffs aufnahm und in Böhmen verbreitete. Beide erfuhren große Unterstützung in der Bevölkerung. Jan Hus predigte in der Landessprache, trat für Gewissensfreiheit ein, prangerte die Habsucht und den lasterhaften Lebenswandel des Klerus an und forderte Reformen der verweltlichten Kirche.

Für die Kirchenführer ging es bei diesen Vorwürfen um den Bestand der Kirche, deshalb luden sie Jan Hus unter dem Versprechen des freien Geleits nach Konstanz, um mit ihm über seine theologischen Auffassungen zu reden. Jan Hus erschien im November 1414 vor dem Kardinalskollegium in Konstanz, bereit seine Reformvorschläge gegen die Argumente der Kurie zu verteidigen. Aber dazu kam es zunächst nicht, denn die Kardinäle ließen ihn erst einmal acht Monate einsperren. Im Juni 1415 schließlich begann die Debatte zwischen Jan Hus und den Kardinälen. Als er nicht nur den Widerruf seiner Werke verweigerte, sondern auch noch die höchste Lehrautorität des Konzils anzweifelte und die Abschwörung seiner Irrtümer ablehnte, wurde er als Ketzer zum Tod durch den Scheiterhaufen verurteilt. Der Konstanzer Chronist des Konzils, Ulrich von Richental, hat die Hinrichtung beschrieben. Mehr als 1000 bewaffnete Männer sollen den zum Tode Verurteilten vor die Tore der Stadt geführt haben. An der Brücke am Geltinger Tor, so von Richental, habe man die Schaulustigen aufhalten müssen, weil die Brücke so viele Menschen gleichzeitig nicht aushalten konnte. Dann sei der Henker zur Tat geschritten und „band ihn in seinen Kleidern an den Pfahl und stellte ihm einen Schemel unter die Füße und legte Holz und Stroh um ihn und schüttete ein wenig Pech darein und zündete es an."

Hieronymus von Prag, der seinem inhaftierten Mitstreiter Jan Hus in Konstanz beistehen wollte, wurde ebenfalls dem „Feuer übergeben". Die Hinrichtungen von Jan Hus und von Hieronymus von Prag lösten in ihrer böhmischen Heimat schwere Unruhen aus, es sammelten sich bewaffnete Kämpfer, die nicht nur ihre Lehre verteidigten, sondern sich auch gegen den König erhoben. Die nun folgenden „Hussitenkriege" dauerten bis 1436. Am Ende siegten böhmische Adlige, aber das Königreich Böhmen verlor für lange Zeit seine führende Stellung in Europa.

LITERATURHINWEISE:

Jan Keupp, Jörg Schwarz: Konstanz 1414–1418. Eine Stadt und ihr Konzil. Darmstadt 2013

Eugen Drewermann: Jan Hus im Feuer Gottes. Impulse eines unbeugsamen Reformators. Ostfildern 2015

Ulrich Büttner, Egon Schwär: Konstanzer Konzilgeschichte(n) – erklärt durch unterhaltsame Erzählungen. Konstanz 2016

Thomas A. Fudge: Hieronymus von Prag und die Grundlagen der Hussitischen Bewegung. Eine Biographie. Münster 2018

Thomas Martin Buck (Hrsg.): Ulrich von Richental: Chronik des Konstanzer Konzils 1414–1418. München 2019

QR - CODE:

DER FALL DER BERLINER MAUER – 1989

WIE DIE DEUTSCHE TEILUNG FRIEDLICH ÜBERWUNDEN WURDE

Heute kann der Kölner seine Schwester in Leipzig besuchen, die Rostockerin zum Studium nach Freiburg gehen und der Hamburger sich in eine Erfurterin verlieben. Wir bewegen uns völlig frei in einem geeinten Deutschland. Dafür musste aber erst eine Mauer fallen.

24. Oktober 1989, etwa halb eins in der Nacht: Uli Schueppel sitzt im Studio von Radio 100, einem West-Berliner Sender, und verkündet folgende Meldung: „Die SED-Führung hat in geheimer Sitzung die völlige Öffnung der innerdeutschen Grenze in beide Richtungen beschlossen." Die Telefone in der Redaktion laufen heiß. Bitte was ist passiert? Die Leute jubeln, stammeln, schreien und weinen vor Freude am Telefon.

Das Ganze war ein recht spontaner Fake, nur ein Scherz, den sich Schueppel und seine Kollegen bei Radio 100 ausgedacht hatten, die im Nachtprogramm so ziemlich alles anstellen konnten, was sie wollten. Schueppel fliegt nach der Aktion beim Sender zwar raus, aber die Reaktionen der Anrufer zeigten, was los ist im Land – in beiden Ländern. Schon seit September 1989 protestieren bei den sogenannten Montagsdemonstrationen zuerst Tausende, dann Hunderttausende auf den Straßen der DDR, egal ob in Leipzig, Dresden, Rostock oder Magdeburg. Sie riefen: „Wir sind das Volk". Die DDR erlebte in diesen Wochen eine nie dagewesene Ausreisewelle, nachdem die Grenzen zur Tschechoslowakei und Ungarn geöffnet worden waren.

Die SED, die Sozialistische Einheitspartei Deutschlands, die staatstragende und alles kontrollierende Partei der DDR, steht unter Druck. Im Herbst 1989 arbeitet sie deshalb an einem neuen Reisegesetz. Am 9. November wird der Text Günter Schabowski in die Hand gedrückt, der gerade einmal vor drei Tagen seinen neuen Job angetreten hat: Sekretär für Informationswesen der SED. Um 18 Uhr tritt er für eine Pressekonferenz vor Journalisten. 50 Minuten bleierne Langeweile, dann kommt Schabowski aber zur neuen Reiseregelung. Nachfragen der Journalisten: Wann tritt das in Kraft? Schabowski: „Das tritt nach meiner Kenntnis ... ist das sofort. Unverzüglich." Die Leute in Ost-Berlin hören im Grunde nur noch die Worte „Ausreise" und „sofort". Noch am selben Abend stehen sie an den Grenzübergängen der Berliner der Mauer und wollen raus. Diese etwa 160 Kilometer lange Grenze aus Beton und Stacheldraht trennte seit 1961 zwei Welten. Nicht nur West- und Ost-Berlin, sondern den globalen Westen und Osten. Systeme von Kapitalismus und Sozialismus. Die Militärbündnisse von NATO und Warschauer Pakt. Die Großmächte USA und Sowjetunion. Natürlich auch Bundesrepublik Deutschland (BRD) und Deutsche Demokratische Republik (DDR). Nirgendwo waren Kalter Krieg und Eiserner Vorgang so sichtbar wie in Berlin. Vor allem aber trennte diese verfluchte Mauer Freunde und Familien voneinander, beraubte alle Deutschen und besonders die Bürger der DDR ihrer Freiheit.

Bis 23 Uhr wird es an den Grenzübergängen immer voller. Die Grenzwächter telefonieren mit ihren vorgesetzten Behörden, wollen wissen, ob sie die Kontrollen einstellen dürfen. Die Antwort lautet „Nein", aber es gibt auch keine anderen Anweisungen. Die Bewacher des „antifaschistischen Grenzwalls", wie die Mauer im offiziellen DDR-Jargon hieß, fühlen sich in dieser Nacht alleingelassen. Allein mit vielen tausend DDR-Bürgern, deren Anliegen sie zwar verstehen, es aber trotzdem nicht dulden dürfen. Kurz vor Mitternacht dieses historischen 9. November 1989 entscheidet Oberstleutnant Harald Jäger am Grenzübergang Bornholmer Straße eigenmächtig, den

Schlagbaum zu öffnen. Jetzt ist nichts mehr zu halten. Gegen ein Uhr nachts tanzen die Leute auf der Mauer. Und sie reißen das Ding auseinander. Sie rufen jetzt nicht mehr „Wir sind das Volk", sondern „Wir sind ein Volk".

Die deutsche Wiedervereinigung war zu diesem Zeitpunkt natürlich noch nicht erreicht, aber innerhalb eines Jahres sollte es geschehen. Am 28. November stellte BRD-Bundeskanzler Helmut Kohl im Bundestag das berühmte Zehn-Punkte-Programm vor, an dessen Ende ein geeinter deutscher Staat stehen sollte:

> „Mit dieser Politik wird auf einen Zustand des europäischen Friedens hingewirkt, in dem das deutsche Volk in freier Selbstbestimmung seine Einheit wiedererlangen kann. Die Wiedervereinigung, das heißt die Wiedergewinnung der staatlichen Einheit Deutschlands, bleibt das politische Ziel der Bundesregierung."

Im März 1990 gab es erstmals in der DDR freie Volkskammer-Wahlen, bei denen die SED unter ihrem neuen Namen PDS zwar noch antrat und auf sechzehn Prozent der Stimmen kam. Aber es gewann deutlich ein Wahlbündnis unter Führung der CDU, die auch den letzten Ministerpräsidenten der DDR stellte, Lothar de Maizière. Die beiden deutschen Regierungen de Maizière und Kohl handelten in den kommenden Wochen einen Einigungsvertrag aus, der die Auflösung der DDR und die deutsche Einheit besiegelte. Mit der Zustimmung der DDR-Volkskammer trat der Vertrag am 3. Oktober 1990 in Kraft, und 45 Jahre nach dem Ende des Zweiten Weltkriegs war die deutsche Einheit erreicht. Natürlich wurden Fehler im Einigungsprozess und danach gemacht. Trotzdem gilt der Fall der Berliner Mauer bis heute als eine der wenigen gelungenen friedlichen Revolutionen. Und nicht nur hat diese Revolution eine Stadt und ein ganzes Land vereint, sondern sie hat geholfen, den Eisernen Vorhang weltweit niederzureißen.

LITERATURHINWEISE:

Wolfgang Schäuble: Der Vertrag. Wie ich über die deutsche Einheit verhandelte. Stuttgart 1991

Iko-Sascha Kowalczuk: Endspiel. Die Revolution von 1989 in der DDR. München 2009

Thomas Mayer: Helden der Friedlichen Revolution. 18 Porträts von Wegbereitern aus Leipzig. Leipzig 2009

Wolfgang Schuller: Die deutsche Revolution 1989. Rowohlt, Berlin 2009

Andreas Rödder: Deutschland einig Vaterland. Die Geschichte der Wiedervereinigung. München 2009

QR - CODE:

DIE GEBURT VON ERNST MORITZ ARNDT – 1769

WIE EIN SCHRIFTSTELLER VOM SOCKEL GESTOSSEN WURDE

Es gibt die Ernst-Moritz-Arndt Grundschule in Köln, eine weitere in Itzehoe, außerdem tragen die Regionale Schule in Greifswald und ein Gymnasium in Osnabrück seinen Namen. In Bonn, Plettenberg, Augsburg, Leipzig und in vielen weiteren Städten sind Straßen nach dem Dichter benannt, und sogar Universitäten feiern den Dichterfürsten aus Rügen. Damit ist klar: Ernst Moritz Arndt ist zweifelsohne eine bedeutende historische Persönlichkeit, sonst würde ihm nicht so viel Ehre erwiesen.

Aber wie geht man damit um, wenn diese Persönlichkeit auch Dinge gesagt hat, die heute ein absolutes No-Go sind? Wenn er zum Beispiel darüber zeterte, dass aus allen Gegenden Europas Juden nach Deutschland kämen und „es mit ihrem Schmutz und ihrer Pest zu überschwemmen drohen". Sollte man einen solchen Menschen ehren, seinen Namen in Erinnerung halten?

Ernst Moritz Arndt wurde am 26. Dezember 1769 auf Rügen geboren, das damals zu Schweden gehörte. Seine Geburt fiel somit in die Zeit zwischen dem Siebenjährigen Krieg, der von 1756 bis 1763 stattfand, und der Französischen Revolution von 1789. Erst kurz vor Arndts Geburt hatte sich sein Vater aus der Leibeigenschaft bei einem Grafen freikaufen können. Er war zu Geld gekommen und konnte für seinen Sohn sogar einen Hauslehrer engagieren. Später ging Arndt in Stralsund auf ein Gymnasium. Es folgte eine etwas holprige Schulkarriere, die aber mit dem Abitur endete und in ein Studium führte, das es in sich hatte. Arndt studierte nämlich evangelische Theologie, Geschichte, Erd- und Völkerkunde und auch Sprachen und Naturwissenschaften. Er unternahm Bildungsreisen nach Österreich, Italien, Frankreich und Belgien und schrieb darüber lesenswerte Reiseberichte.

Im Frühjahr 1800 wurde er an der Universität in Greifswald habilitiert mit einer Schrift gegen den französischen Aufklärer und Philosophen Jean-Jacques Rousseau. Kurz darauf forschte er als Privatdozent in Greifswald über die „Geschichte der Leibeigenschaft in Pommern und Rügen" und veröffentlichte seine Ergebnisse in einem Buch, das später – so meint Arndt es jedenfalls – zur Aufhebung der Leibeigenschaft in Schwedisch-Pommern geführt haben soll. Das Buch, das ihm ziemlichen Ärger mit Adel und Gutsbesitzern einbrachte, war teilweise autobiografisch, da sein Vater ja von der Leibeigenschaft noch betroffen gewesen war.

Im frühen 19. Jahrhundert wurde Arndts Leben von den Napoleonischen Kriegen und der französischen Besatzung geprägt. 1806 musste er nach Schweden fliehen, nachdem die französischen Truppen Schwedisch-Pommern besetzt hatten. Dort stellte er sein Wirken in den Dienst der schwedisch-antinapoleonischen Propaganda, verfasste politische und patriotische Werke und schloss sich dem Widerstand gegen Napoleon an. 1841 wurde er zum Rektor der neu gegründeten Bonner Universität berufen, sieben Jahre später zog er als Mitglied der Nationalversammlung in die Frankfurter Paulskirche ein. Er war zwar fraktionslos, gehörte aber der sogenannten Kaiserdeputation an, die es sich zum Ziel gesetzt hatte, dem preußischen König Friedrich Wilhelm IV. die Krone eines deutschen Kaisers anzutragen. Aber Friedrich Wilhelm IV. hatte Arndt schon vor Beginn der parlamentarischen Beratungen in der Frankfurter Paulskirche wissen lassen, dass er eine solche Krone als „Krone aus der Gosse" und „Hundehalsband der Revolution" nicht annehmen werde. Nachdem der preußische König die offizielle Anfrage der deutschen Nationalversammlung tatsächlich brüsk abgelehnt hatte, legte Ernst Moritz Arndt sein Mandat nieder und widmete sich wieder der Wissenschaft. Er starb neunzigjährig am 29. Januar 1860 in Bonn.

In seinem Leben hat Ernst Moritz Arndt die verschiedensten Texte geschrieben: Märchen und Sagen, Gedichte und politische Texte. Und so widersprüchlich es scheint: In ihnen verarbeitete er seinen Hass auf die Franzosen und Juden ebenso wie seinen Nationalismus und seinen Glauben an die Demokratie. Wobei man – wie es Berliner Historiker Christian Jansen formuliert – den Nationalismus der damaligen Zeit nicht mit dem heutigen Rechtsradikalismus gleichsetzen darf. In ihren Grundzügen seien die beiden zwar vergleichbar, so Jansen, in Arndts Zeit sei der Nationalismus aber eine Oppositionsideologie gewesen, stark verbunden mit dem Streben nach Demokratie. Das Volk sollte in doppeltem Sinne aufgewertet werden: zum einen im völkischen Sinne, indem Arndt das Volk als „Blutsgemeinschaft" einschätzte, aber zum anderen auch im demokratischen Sinne. Der Nationalismus, den Arndt verfolgte und propagierte, schätzt Christian Jansen als politisch links ein – als eine Art Opposition gegen Feudalismus und gegen die damals herrschenden Verhältnisse.

Dennoch bleibt: Arndts Antisemitismus und Franzosenhass wurden immer wieder von Propagandisten des deutschen Nationalismus zitiert, bis hin zu den Nationalsozialisten, und das macht bis heute seinen fragwürdigen Ruf aus: Dichter und Denker mit demokratischen Ambitionen auf der einen Seite und radikaler Franzosen- und Judenhasser auf der anderen Seite.

Die Universität in Greifswald hat deshalb vor einigen Jahren nach langer Diskussion entschieden, nicht mehr Ernst-Moritz-Arndt-Universität heißen zu wollen. Den Namen hatten ihr die Nationalsozialisten 1933 gegeben, und er war auch in der DDR mit fast identischen Argumenten verehrt worden. Damit wollten sich 2017 Studenten der Universität nicht mehr identifizieren und forderten eine Umbenennung – mit Erfolg. Seit 2018 trägt die Universität wieder ihren früheren Namen: Universität Greifswald.

• •

LITERATURHINWEISE:

Christian Jansen, Henning Borggräfe: Nation, Nationalität, Nationalismus. Frankfurt a. M. 2007

Dirk Alvermann, Imfried Garbe (Hrsg.): Ernst Moritz Arndt. Anstöße und Wirkungen. Köln 2011

Hans-Ulrich Wehler: Nationalismus. Geschichte, Formen, Folgen. München 2011

Wilhelm Baur: Ernst Moritz Arndt. Biographie. Einer der bedeutendsten Lyriker zur Epoche der Befreiungskriege (1813–1815) gegen die napoleonische Vorherrschaft in Europa. Hamburg 2017

Michael Fahlbusch, Ingo Haar, Alexander Pinwinkler (Hrsg.): Handbuch der völkischen Wissenschaften. Akteure, Netzwerke, Forschungsprogramme. Berlin 2017

DIE GRÜNDUNG DER GRÜNEN – 1980
WIE EINE NEUE FARBE IN DIE POLITIK KAM

Wenn die Menschen mit dem, was die etablierten Parteien machen, nicht einverstanden sind, dann wählen viele von ihnen eine Protestpartei. Eine, die anders ist als die anderen, die anders auftritt als die „Altparteien". Eine, deren Rednerinnen und Redner endlich sagen, was das Volk denkt; die die Stimmung der Straße aufnehmen und eine Politik für alle machen. Diese Partei bietet den Menschen eine Alternative zu dem an, was scheinbar unwählbar geworden ist.

Deshalb taten sich Anfang 1980 Menschen zusammen, um eine Partei zu gründen, die sich selbst als „Anti-Parteien-Partei" verstand: die Grünen. Es war ein bunter Haufen, der sich in Karlsruhe zum Gründungsparteitag zusammenfand. Männer und Frauen, bunt gewürfelt in alternativen Klamotten und sich einer Sprache bedienend, die im „normalen" Politikalltag der Bundesrepublik Deutschland ungewöhnlich war. Dass die Grünen mehr als eine kurzfristige Polit-Clownerie und sie eines Tages sogar an der Bundesregierung beteiligt sein würden, haben die Delegierten in Karlsruhe weder vorhergesehen noch gewollt.

Aber sie hatten ein gutes Gespür für das, was um sie herum geschehen war. Die neue Partei wurde genau zur rechten Zeit gegründet. Es war die Dekade des Protests, des Aufbruchs und der Veränderung, die die Grünen an die Oberfläche der westdeutschen Politik gespült hatte. Seit Mitte der 1970er Jahre gab es die Anti-Atomkraft-Bewegung, die vor allem in Brokdorf und Gorleben gegen die Kernenergie demonstriert hatte. Die Umweltbewegung war entstanden und hatte mit dem Waldsterben, verunreinigten Flüssen und Wolken aus Kohlestaub, die den Himmel über dem Ruhrgebiet verdunkelten, vieldiskutierte Themen. Neben dem Fisch- und Baumsterben kam als Treibsatz für die Umwelt- und Friedensbewegung noch der NATO-Doppelbeschluss hinzu. Jener Beschluss sah vor, atomare Mittelstreckenraketen vom Typ Pershing II in der Bundesrepublik zu stationieren, wenn die UdSSR nicht ihre einseitig aufgerüsteten und westeuropäische Metropolen bedrohenden SS-20-Raketen abziehen würde.

Mit einer Mischung aus Umwelt- und Friedensthemen zogen grüne Redner durch die Lande und sammelten Sympathisanten und Wähler für ihre Partei. Ende der Siebzigerjahre hatte es schon in einigen Bundesländern grüne Vorläufer gegeben. Die Grüne Liste Umweltschutz wurde bei den Landtagswahlen in Niedersachsen 1978 viertstärkste Kraft, in Hamburg trat die Bunte Liste an, der CDU-Mann Herbert Gruhl gründete im selben Jahr mit der Grünen Aktion Zukunft die erste bundesweite Umweltpartei. Sie alle waren zwei Jahre später an der Gründung der neuen Partei Die Grünen beteiligt. Auch beteiligt waren einige der sogenannten K-Gruppen. Das waren linke, oft maoistisch orientierte Kleinparteien und Vereinigungen, die nach dem Tod ihrer Leitfigur Mao Zedong 1976 eine neue politische Heimat suchten.

Für sich genommen war jede der Gruppen zu klein, um politisch wahrgenommen zu werden. Deshalb schlug der Bundesverband Bürgerinitiativen Umweltschutz vor, gemeinsam an der Europawahl 1979 teilzunehmen. Anders als bei Bundestagswahlen war für die Teilnahme dieser Wahl keine Parteigründung nötig. Deshalb schlossen sich verschiedene grüne Gruppierungen zur „Sonstigen Politischen Vereinigung – Die Grünen" zusammen, gewannen auf Anhieb 3,2 Prozent, scheiterten damit aber an der Fünf-Prozent-Klausel. Zwar waren keine grünen Abgeordneten im Europaparlament, aber es flossen rund 4,5 Millionen D-Mark Wahlkampfkostenerstattung in die Parteikassen – die Grundlage für die spätere Parteigründung.

Am 12. und 13. Januar 1980 war es dann soweit: 1004 Delegierte trafen sich in Karlsruhe zur Gründungsversammlung. Die Eröffnungsrede hielt der ehemalige CDU-Politiker Herbert Gruhl, der das Buch „Ein Planet wird geplündert" geschrieben hatte. Das Bundesprogramm beschrieb die neue Partei als „ökologisch, sozial, basisdemokratisch und gewaltfrei".

Nur drei Jahre später zog sie zum ersten Mal in den Bundestag ein und bot einen krassen Gegensatz zu den etablierten Parteien: Jeans und Turnschuhe statt schickem Anzug, lange Haare und Bart statt Kurzhaarfrisur.

Allerdings war die Partei Anfang der Achtzigerjahre auch mit innerparteilichen Richtungskämpfen beschäftigt. Es gab laut dem Parteienforscher Jürgen Falter zu viele unterschiedliche Weltanschauungen in der jungen Partei: von strammen Konservativen über Leute, die sich im rechten Spektrum verankerten bis zu völkisch-nationalen Öko-Landwirten. Daneben saßen Öko-Sozialisten und jene Abgeordneten, die politisch in der Mitte angesiedelt waren und denen es vor allem um den Umweltschutz ging. Deshalb begann ein Abspaltungsprozess. Zunächst kehrten die konservativ-bürgerlichen Vertreter den Grünen den Rücken. Danach ging es vor allem um die Frage einer möglichen Regierungsbeteiligung. Die „Realos", die gemäßigten Linken, strebten diese Möglichkeit prinzipiell an, von den „Fundis", den radikal linken Fundamentalisten, wurde sie entschieden abgelehnt. Diese Auseinandersetzung dauerte bis 1991, dann hatte sich die realpolitische Linie in der Partei durchgesetzt.

Im Zuge der deutsch-deutschen Wiedervereinigung vereinigten sich die Grünen mit den Bürgerbewegungen Bündnis 90, die ihre Wurzeln in der Friedens- und Bürgerrechtsbewegung der DDR hatten. Das Zusammenwachsen gestaltete sich aber zunächst schwierig, was sich auch in den Wahlergebnissen zeigte: 1990 verpassten die Grünen den Einzug ins Parlament, lediglich die ostdeutschen „Bündnisgrünen" waren von der Fünf-Prozent-Klausel ausgenommen und schickten acht Abgeordnete ins Parlament. 1994 gelang der Sprung über die Fünf-Prozent-Hürde wieder und bei der Bundestagswahl 1998 reichte es zu einer Regierungskoalition mit der SPD.

LITERATURHINWEISE:

Joachim Raschke: Die Zukunft der Grünen. „So kann man nicht regieren". Frankfurt a. M. 2001

Markus Klein, Jürgen W. Falter: Der lange Weg der Grünen. Eine Partei zwischen Protest und Regierung. München 2003

Silke Mende: „Nicht rechts, nicht links, sondern vorn". Eine Geschichte der Gründungsgrünen. München 2011

Jürgen Trittin: Stillstand made in Germany. Ein anderes Land ist möglich! München 2016

QR-CODE:

DAS EDIKT CUNCTOS POPULOS – 380

WIE DAS CHRISTENTUM KAISERLICHEN SEGEN ERHIELT

Am Beginn des 21. Jahrhunderts herrscht in Europa – abgesehen von der Gewalt gegen Flüchtlinge aus islamischen Ländern – religiöser Frieden. Ein Blick in andere Regionen der Welt, in denen sich Religionsgruppen bewaffnet gegenüberstehen, zeigt, wie wichtig dieser Frieden für uns ist. Die Geschichte Europas war über einen langen Zeitraum von religiösen Streitereien gezeichnet. 200 Jahre zogen Ritter mit dem Kreuz der Christen auf ihren Rüstungen in den Nahen Osten, um Jerusalem von den Muslimen zu „befreien", und richteten ein Blutbad an. Im 17. Jahrhundert wurde dreißig Jahre lang erbittert um die Religionsfreiheit gekämpft, am Ende war der Kontinent in weiten Teilen zerstört – gut ein Drittel seiner Bewohner hatten das Inferno nicht überlebt. Kurz danach mobilisierte das christliche Europa seine Heere gegen die Türken, die 1683 vor Wien lagerten und die Stadt einnehmen wollten.

Oftmals haben sich die Christen Europas hinter einem gemeinsamen Ziel versammelt und sich als Teil der „Universitas Christiana" – der vielleicht ersten „christlichen europäischen Union" – verstanden. Das war am Anfang der Geschichte der europäischen Christen anders. Im 2. Jahrhundert flüchteten sie in Rom mitunter in die Katakomben, die eigentlich Grabkammern mit einem weitverzweigten unterirdischen Wegesystem waren. Regelrechte Wohnstätten waren die Katakomben nicht – wohl aber Zufluchtsorte. Christliche Gemeinden waren eine unterdrückte Minderheit in einer römischen Gesellschaft, in der kultische Rituale vorherrschten. Das gab offenen Streit und religiöse Konflikte in Rom und in einigen der römischen

Provinzen. Zudem stritten sich römische und arianische Christen um den richtigen Glauben.

Während des Konzils von Nicäa, in dem es um die Trinität von Gott als Vater, Sohn und Heiligem Geist ging, musste sich Kaiser Konstantin 325 höchstpersönlich in den Streit einschalten. Konstantin hoffte durch das „Bekenntnis von Nicäa", das sich gegen die Lehre der Arianer wandte, den religiösen Frieden im Römischen Reich herstellen zu können. Aber diese Hoffnung sollte sich nicht erfüllen. Auch sechzig Jahre später gab es offene Konflikte zwischen Anhängern verschiedener christlicher Glaubensrichtungen. In Konstantinopel kam es zu Straßenkämpfen, selbst in Friseurstuben ließen die Streithähne nicht locker. Es ging – wie beim Konzil von Nicäa – immer noch darum, zu klären, welche denn nun die „richtige" christliche Lehre sei. Um das zu entscheiden, lud der oströmische Kaiser Theodosius im Februar 380 die im Weströmischen Reich herrschenden Kaiser Gratian und Valentinian II. nach Thessaloniki ein. Nach einigen Tagen der Beratung entschlossen sie sich dazu, die bis dahin geltende Religionsfreiheit quasi aufzuheben und das römische Christentum durchzusetzen.

Das von ihnen verfasste Edikt Cunctos populos richtete sich an „alle Völker", die im Römischen Reich lebten, und legte fest, dass die Religion, „die der göttliche Apostel Petrus den Römern überliefert hat", die einzig erlaubte Religion sei. Fortan sollten – nach den Buchstaben des Edikts – alle Bewohner des Römischen Reichs an „eine Gottheit des Vaters, Sohnes und Heiligen Geistes in gleicher Majestät und heiliger Dreifaltigkeit glauben". Allen anderen wurde Ketzerei unterstellt:

„Die übrigen, die wir für wahrhaft toll und wahnsinnig erklären, haben die Schande ketzerischer Lehre zu tragen. (...) Endlich soll sie vorab die göttliche Vergeltung, dann aber auch unsere

Strafgerechtigkeit ereilen, die uns durch himmlisches Urteil übertragen worden ist."

Aber der religiöse Frieden kehrte nicht sofort ein. Nach wie vor wurden heidnische Rituale vollzogen, die keineswegs untersagt oder verfolgt wurden. Die Arianer, denen das Edikt Cunctos populos Strafen androht, wurden nicht verboten. Erst später folgten Erlasse, die die Ausübung der arianischen Religion einschränkten. Die römischen Christen hingegen, die knapp sechzig Jahre zuvor noch eine verfolgte Minderheit waren, genossen nun den besonderen Schutz der Kaiser in Rom und Konstantinopel. Und etwas später trat auch die beabsichtigte Wirkung des Edikts ein: Theodosius sicherte sich über den Religionserlass eine treue (römisch-christliche) Gefolgschaft, und im übrigen Reich beruhigten sich allmählich die Verhältnisse.

Das Römische Reich und das Christentum sind mit dem Edikt der drei Kaiser Theodosius I., Valentinian II. und Gratian eine Einheit eingegangen. Die beiden Strömungen, aus denen sich die Kultur Europas speist, treffen aufeinander: das griechisch-römische Erbe und die jüdisch-christliche Religion. Dieser Moment hat mit dem Konzil von Nicäa 325 begonnen und im Edikt Cunctos populos seine Fortsetzung gefunden. Während das Christentum per Edikt plötzlich zur einzig legitimen Religion wurde, verlagerte sich der politische Schwerpunkt des Römischen Reichs nach Konstantinopel. Die Ruhestätte des „ersten Papstes", Petrus, markiert fortan die in Rom befindliche „christlichen Urzelle". Jerusalem bleibt das spirituelle Zentrum der christlichen Religion. Rom verlor an Bedeutung, Konstantinopel wurde bis zur Eroberung durch die Osmanen 1453 zur östlichen Christenmetropole.

LITERATURHINWEISE:

Otto Seeck: Geschichte des Untergangs der antiken Welt. Band 5, Darmstadt 2000

Hartmut Leppin: Theodosius der Große. Auf dem Weg zum christlichen Imperium. Darmstadt 2003

Mischa Meier (Hrsg.): Sie schufen Europa. München 2007

Christoph Markschies: Das antike Christentum. Frömmigkeit, Lebensformen, Institutionen. München 2016

QR – CODE:

DIE LUFTANGRIFFE AUF DRESDEN 1945

WIE EINE STADT IN DREI TAGEN ZERSTÖRT WURDE

Jedes Jahr gehen tausende Bürgerinnen und Bürger Dresdens mit Kerzen in der Hand auf die Straße und erinnern an die Bombardierung ihrer Stadt durch die Alliierten im Februar 1945. Dieses zivilgesellschaftliche Engagement ist nötig, denn die Zerstörung der Stadt wurde oft instrumentalisiert: Die NS-Propaganda machte aus der Bombardierung einen „Massenmord mit fast 200 000 Toten" in einer militärisch unbedeutenden Stadt und forderte den Durchhaltewillen der Bevölkerung. Die DDR-Geschichtsschreibung bezeichnete die Angriffe als „militärisch vollkommen sinnlos" und legte das nur den westlichen Alliierten und nicht der Roten Armee zur Last. Nach 1990 sprachen neonazistische Gruppierungen vom „Völkermord" oder „Bombenholocaust", der in Dresden verübt worden sei, und auch heute versuchen Rechtspopulisten das Ereignis für ihre Zwecke zu missbrauchen.

Dabei war Dresden in der militärischen Logik der Alliierten keineswegs unbedeutend und in ihrer Perspektive die Bombardierung deshalb auch nicht „sinnlos". Anfang Februar 1945 trafen sich der britische Premierminister Winston Churchill, US-Präsident Franklin D. Roosevelt und der sowjetische Machthaber Josef Stalin in dem auf der Krim gelegenen Badeort Jalta. Dort ging es neben der Aufteilung Deutschlands nach dem Krieg und der Einrichtung eines Alliierten Kontrollrats auch um die Ostfront, wo die Rote Armee auf eine sich heftig wehrende deutsche Wehrmacht traf. Der sowjetische Generaloberst Alexei Antonow drängte auf die Bombardierung ostdeutscher Verkehrsknotenpunkte, um deutsche Nachschub- und Transportwege an die Ostfront zu zerstören. Dadurch sollte die Rote Armee entlastet werden und schneller nach Berlin vorrücken können. Am 7. Februar 1945 einigten sich die alliierten Luftwaffenstäbe auf ostdeutsche Ziele: Neben Berlin, Leipzig und Chemnitz stand auch Dresden auf Liste der zu bombardierenden Ziele in Ostdeutschland.

Dresden unterhielt die drittgrößte Bahnanlage des Deutschen Reichs, hier kreuzten sich Strecken nach Prag, Breslau, Warschau und Berlin. Über Dresden führte der Bahnverkehr an die Ostfront, in die Bergbaugebiete des Erzgebirges und in die sächsischen Industriegebiete rund um Görlitz. Die Deutsche Reichsbahn führte über Dresden mit dem Reichssicherheitshauptamt unter Federführung des SS-Obersturmbannführers Adolf Eichmann die Transporte in die Vernichtungslager durch. Insofern war Dresden entgegen der nachträglichen Darstellungen kein unwichtiges Ziel, sondern ein entscheidender Verkehrsknotenpunkt.

Die Luftangriffe begannen in der Nacht des 13. Februar 1945 gegen 22 Uhr. Zuerst wurden Lichtkaskaden aus Magnesium abgeworfen – die sogenannten „Christbäume". Ihnen folgten rote Markierungen, an denen sich knapp 250 britische Lancaster-Bomber orientierten. Innerhalb von fünfzehn Minuten gingen Brand- und Sprengbomben mit einem Gewicht von etwa 900 Tonnen über Dresden nieder. Dreiviertel der Altstadt standen in Flammen. Als die Menschen aus den Luftschutzkellern herauskamen, gerieten sie in den Sog der glühend heißen Luft, die das Feuer immer wieder anfachte und die Stadt zu einem brennenden Inferno machte.

Die Brände in der Innenstadt dienten bei der zweiten Angriffswelle, die am frühen Morgen des 14. Februar begann und etwa zwanzig Minuten dauerte, den Piloten als Zielmarkierung. Sie warfen mehr als eine halbe Million Stabbrandbomben über der ohnehin brennenden Stadt ab und behinderten die gerade einsetzenden Löscharbeiten der Brände, die die erste Angriffswelle ausgelöst hatte. Am Mittag des 14. Februar folgte der dritte Angriff. Dieses Mal warfen amerikanische B-17 Bomber mehr als 750 Tonnen Spreng- und Stabbrandbomben über der Stadt ab. Den Angriffen dieser beiden Tage fielen etwa 25 000 Menschen zum Opfer, auf dem Altmarkt türmte sich am Tag danach ein riesiger Leichenberg.

Viele der Überlebenden waren traumatisiert, manche hatten sich über Mauerdurchbrüche in die Keller von weniger zerstörten Straßenzüge gerettet. Tausende Familien wurden auseinandergerissen, Kinder und Jugendliche irrten durch die zerstörte Stadt auf der Suche nach Eltern oder anderen Familienangehörigen. Auch die Einrichtungen von NSDAP oder Gestapo waren zerstört. Der letzte geplante Deportationszug mit knapp 200 Juden konnte nicht mehr auf seine grausame Reise geschickt werden. Sie hatten überlebt, mussten sich aber verstecken, weil die Gestapo am Tag nach den Luftangriffen begann, nach ihnen zu suchen. Unter den siebzig Dresdner Juden, die der Verfolgung entkamen, war auch der Literaturwissenschaftler Victor Klemperer. Nach dem Krieg verfasste er ein Tagebuch, in dem er tiefe Einblicke in den Alltag eines Juden im nationalsozialistischen Deutschland gewährte und die Bombardierung Dresdens beschrieb: „Die Bomben fielen, die Häuser stürzten, der Phosphor strömte, die brennenden Balken krachten auf arische und nichtarische Köpfe, und derselbe Feuersturm riss Jud und Christ in den Tod; wen aber von den etwa 70 Sternträgern diese Nacht verschonte, dem bedeutete sie Errettung, denn im allgemeinen Chaos konnte er der Gestapo entkommen.“

LITERATURHINWEISE:

Matthias Neutzner: Martha Heinrich Acht. Leben im Bombenkrieg. Dresden 1944/45. Dresden 1995

Jost Dülffer: Jalta, 4. Februar 1945, der Zweite Weltkrieg und die Entstehung der bipolaren Welt. München 1998

Rolf-Dieter Müller, Nicole Schönherr, Thomas Widera (Hrsg.): Die Zerstörung Dresdens am 13./15. Februar 1945. Gutachten und Ergebnisse der Dresdner Historikerkommission zur Ermittlung der Opferzahlen. Göttingen 2010

Elke Fröhlich (Hrsg.): Die Unbewältigte Sprache. Aus dem Notizbuch eines Philologen LTI. Stuttgart 2010

Dietmar Süß: Tod aus der Luft. Kriegsgesellschaft und Luftkrieg in Deutschland und England. München 2011

Victor Klemperer: Ich will Zeugnis ablegen bis zum letzten. Tagebücher 1933–1945. Berlin 2015

QR – CODE:

DIE GRÜNDUNG DER NSDAP – 1920

WIE DAS BÖSE IN EIN POLITISCHES PROGRAMM GEGOSSEN WURDE

Der Münchner Wirtschaftshistoriker Davide Cantoni hat 2019 eine Studie veröffentlicht, in der er untersuchte, ob sich politische Einstellungen, die die Menschen schon in den Dreißigerjahren hatten, bis heute erhalten haben. Dafür verglich er in 11 000 deutschen Gemeinden die Ergebnisse der Bundestagswahl 2017 mit den Wahlergebnissen der NSDAP in eben jenen Jahren. Das Ergebnis: Wo früher die NSDAP gewählt wurde, wird heute die AfD, die Alternative für Deutschland, gewählt.

Zwar sei ein direkter inhaltlicher Vergleich der AfD mit der NSDAP falsch, sagte Cantoni anschließend der „Süddeutschen Zeitung". Gemeinsam aber sprachen und sprechen diese beiden Parteien Menschen mit ihren rechtspopulistischen Denkmustern an. Damals wie heute, so Cantoni, würden schnelle und national gefärbte Lösungen für Probleme und Krisen angeboten, die eben nicht schnell und einfach zu lösen sind.

Die NSDAP wurde im Februar 1920 gegründet. Das Ende des Ersten Weltkriegs ist etwas mehr als ein Jahr her, und die Weimarer Republik kämpft vom ersten Tag ihrer Existenz ums Überleben: Reparationsforderungen der alliierten Siegermächte, der Alleinschuld-Artikel, mit dem Deutschland die Hauptlast am Ersten Weltkrieg aufgebürdet wird, und eine desaströse wirtschaftliche Situation, die das Leben der Menschen vor immer wieder neue Herausforderungen stellt. Und mitten drin: hunderttausende, oft stark traumatisierte ehemalige Soldaten, die von der Westfront in die neue Republik strömen und integriert werden müssen. Mit der „Dolchstoßlegende" heizt die militärische Elite des Landes viele Menschen auf, indem sie behauptete, die Demokraten und die Juden seien schuld am verlorenen Krieg. Das facht vielfach den ohnehin in der Gesellschaft vorhandenen Antisemitismus an, der sich mit der Angst vor einer bolschewistischen Revolution in Deutschland zu einem irrationalen Gemisch verband.

Viele Deutsche wollen sich mit ihrer Lage nicht abfinden und suchen politische Gruppierungen, deren Programm auf Rache aus ist, damit die Ergebnisse des Ersten Weltkriegs revidiert werden. Überall sind in den ersten Monaten nach dem Krieg rechtsradikale und militante Gruppen, Kameradschaften oder reaktionäre Freikorps entstanden. Eine von ihnen ist die Deutsche Arbeiterpartei (DAP). Anfang Januar 1919 hatten der Ingenieur Gottfried Feder, der Werkzeugschlosser Anton Drexler und der Sportjournalist Karl Harrer diese Partei gegründet, die anschließend das Dasein einer weithin unbekannten Splittergruppe fristet. Das ändert sich, als am 12. September 1919 ein gewisser Adolf Hitler als V-Mann im Auftrag einer Propagandaabteilung der Reichswehr auf die DAP aufmerksam wird, eine Parteiveranstaltung beobachtet, darüber einen Bericht verfasst und bald selbst Mitglied der DAP wird. Mitte Oktober hält Hitler seine erste Rede für die DAP – vor 111 Besuchern.

Knapp ein halbes Jahr später gibt die Parteiführung am 24. Februar 1920 auf einem Parteitag im Festsaal des Münchner Hofbräuhauses die Änderung des Parteinamens in NSDAP bekannt: Nationalsozialistische Deutsche Arbeiterpartei. Die NSDAP wendet sich fortan nicht nur an „deutsche Arbeiter", sondern propagiert obendrein auch noch einen „nationalen Sozialismus". Das war Alleinstellungsmerkmal und Ausdruck des Kampfes gegen den Bolschewismus, der 1917 in Russland gesiegt hatte.

Am Abend des 24. Februar 1920 wird auch das 25-Punkte-Programm der NSDAP vorgestellt, das radikal war. 1925 erläuterte lediglich eine Fußnote, dass die Forderung nach „unentgeltlicher Enteignung für gemeinnützige Zwecke" nur angewendet werden sollte, wenn Boden auf unrechtmäßige Weise erworben worden sei und nicht „nach den Gesichtspunkten des Volkswohls" verwaltet wird: „Dies richtet sich demgemäß in erster Linie gegen die jüdischen Grundstücksspekulations-Gesellschaften."

Ansonsten führt das 25-Punkte-Programm drei Schwerpunktthemen auf. An erster Stelle steht die Revision des Versailler Vertrags, den die große Mehrheit der Deutschen aller politischen Lager als ungerecht und unerfüllbar empfindet. Sie sind für revisionistische Propaganda empfänglich. Zweitens sollen die Rechte für Juden in Deutschland eingeschränkt und ihre deutsche Staatsbürgerschaft aberkannt werden. Einen deutschen Pass sollen in Zukunft nur diejenigen bekommen, in deren Adern „deutsches Blut" fließt:

> „Staatsbürger kann nur sein, wer Volksgenosse ist. Volksgenosse kann nur sein, wer deutschen Blutes ist, ohne Rücksichtnahme auf Konfession. Kein Jude kann daher Volksgenosse sein."

Und drittens soll die sogenannte „Volksgemeinschaft" vom Staat gestärkt werden, Mutter und Kind sollen besser geschützt, die deutsche Presse gefördert und Zeitungen, die gegen das „Gemeinwohl" verstoßen, verboten werden. Damit war schon mit diesem Programm vom Februar 1920 klar, worauf eine Regierungsübernahme durch die NSDAP hinauslaufen würde.

Die ließ aber noch ein bisschen auf sich warten, denn zunächst folgten 1922 eine Reihe von Parteiverboten, unter anderem in Hamburg, Preußen und Mecklenburg-Vorpommern. Nach einem am 9. November 1923 missglückten Putschversuch, an dem Adolf Hitler und Erich Ludendorff an vorderster Front teilgenommen hatten, wird die NSDAP im ganzen Land verboten, ihre Unterorganisationen müssen aufgelöst werden, und Hitler muss als einer der Rädelsführer eine fünfjährige Haftstrafe in Landsberg antreten. Er sitzt davon lediglich neun Monate „wegen guter Führung" ab und verfasst in dieser Zeit den ersten Band seines Buches „Mein Kampf", das im Juli 1925 veröffentlicht wird. In „Mein Kampf" erläutert Hitler ausführlich seine Weltanschauung und seine politischen Überzeugungen, die vor allem nationalistisch und antisemitisch geprägt waren.

Nach seiner Haftentlassung gründet Hitler die NSDAP im Februar 1925 neu – doch auch jetzt bleiben die Wahlerfolge zunächst aus. Erst bei den Reichstagswahlen 1930 wird die Partei die zweitstärkste Kraft im Reichstag. Reichspräsident Paul von Hindenburg verweigert Hitler mehrfach die Kanzlerschaft, weil er von dessen Unfähigkeit, das Amt des Reichskanzlers seriös zu führen, überzeugt ist. Als sich aber Ende 1932 die Krise immer weiter zuspitzt und auch nach Weihnachten keine stabile Regierungsmehrheit in Sicht ist, die mit einer engagierten Wirtschaftspolitik die Folgen der Weltwirtschaftskrise bekämpfen könnte, ist Hitlers Stunde gekommen. Nach Fürsprache des ehemaligen Kanzlers Franz von Papen ernennt Paul von Hindenburg den Anführer der NSDAP, Adolf Hitler, zum neuen Reichskanzler.

LITERATURHINWEISE:

Ian Kershaw: Hitler. 2 Bände. Stuttgart/München 1998 ff.

Benno Nietzel: Handeln und Überleben. Jüdische Unternehmer aus Frankfurt a. Main 1924–1964. Göttingen 2012

Volker Ullrich: Adolf Hitler. Die Jahre des Aufstiegs 1889–1939. Frankfurt a. M. 2013

Jürgen W. Falter: Hitlers Parteigenossen. Die Mitglieder der NSDAP 1919–1945. Frankfurt a. M. 2020

Hans-Ulrich Thamer: Die NSDAP. Von der Gründung bis zum Ende des Dritten Reiches. München 2020

QR – CODE:

DER VÖLKERMORD AN DEN ARMENIERN – 1915

WIE EIN VOLK VERSCHWINDEN SOLLTE

Heute sprechen wir von einem Völkermord – dem ersten Genozid des 20. Jahrhunderts: der Völkermord an den Armeniern, bei dem Hunderttausende im Osmanischen Reich umgebracht wurden. Um die Deutungshoheit der Ereignisse wird aber immer noch gekämpft.

Der Abend des 24. April 1915: Die Polizei von Konstantinopel zieht durch die Stadt, klopft an Türen und nimmt über 200 Leute fest. Ärzte, Anwälte, Lehrer, Kaufleute, Bankiers – sie gehören zur gebildeten Elite der Stadt. Vor allem aber haben sie gemeinsam, dass sie Armenier sind. In Zügen werden sie ins Landesinnere gebracht, teilweise geht es zusammengepfercht in Pferdewagen weiter in Sammellager. Manche Historiker sprechen auch von Konzentrationslagern, denn kaum ein Armenier sollte diese Reise überleben.

Der 24. April 1915 ist der Auftakt zum Völkermord an den Armeniern: In den kommenden Wochen und Monaten folgen Deportationen im ganzen Land, die knapp zwei Millionen Armenier sollen „das Land verlassen". Offiziell ist von einer Umsiedlungskampagne die Rede, aber ein deutscher Vizekonsul in der Türkei schreibt schon damals über die Vertreter einer „schroffen Richtung":

„Von den Anhängern letzterer wird übrigens unumwunden zugegeben, dass das Endziel ihres Vorgehens gegen die Armenier die gänzliche Ausrottung derselben in der Türkei ist."

Den damaligen deutschen Reichskanzler Theobald von Beth-mann Hollweg kratzt das nur wenig:

„Unser einziges Ziel ist, die Türkei bis zum Ende des Krieges an unserer Seite zu halten. Gleich-gültig, ob darüber Armenier zugrunde gehen oder nicht. "

Deutschland und das Osmanische Reich kämpften damals Seite an Seite im Ersten Weltkrieg. Für diese Zusammenarbeit gab es viele Gründe, einer war der gemeinsame Feind Russ-land. Die Osmanen hatten in den letzten drei Jahrhunderten elf Kriege gegen Russland geführt, häufig verlustreich, und zuletzt hatten sie auch Teile Armeniens an das Zarenreich verloren. Dabei lebten die christlichen Armenier schon seit dem Mittelalter unter der Herrschaft türkischer Dynastien und waren seit dem 16. Jahrhundert Teil des islamischen Reichs der Osmanen. Sie konnten sich zwar in führende Positionen hocharbeiten, blieben aber als orthodoxe Christen immer eine religiöse Minderheit im Osmanischen Reich. Deshalb sahen viele Armenier das ebenfalls christlich-orthodoxe Russland als Schutzmacht.

Als dann im Ersten Weltkrieg die Osmanen daran scheitern, die verlorenen Gebiete zurückzugewinnen, kontern die Rus-sen mit einer erfolgreichen Gegenoffensive. Viele armenische Soldaten auf Seiten der Osmanen desertieren und schlagen sich auf die Seite des Gegners. Für die Jungtürken, eine neue, selbstbewusste und extrem nationalistische Bewegung, die seit kurzem in der Türkei das Sagen hat, war das der letzte Be-weis: Armenier sind Verräter und Staatsfeinde. Die „Begrün-dung" für den Völkermord war gefunden.

Die Armenier werden ab April 1915 in Lager deportiert, teilwei-se in Zügen „made in Germany", auf Strecken der deutschen

Anatolischen Eisenbahngesellschaft. Viele Armenier finden gleich in den Lagern den Tod. Manche werden in Booten aufs offene Meer gesetzt, um sie dort ertrinken zu lassen. Mehr als 20 000 Armenier werden in Gruppen aneinander gebunden in die Kemachschlucht im Osten der Türkei gestürzt – ein vorläufiger und grausamer Höhepunkt der systematischen Tötungen. Zeitzeugen berichten, dass wochenlang Leichen den Euphrat heruntergespült kamen. Eigentliches Ziel der Deportationen ist aber die Wüste am östlichen Rand des Osmanischen Reichs. Von dort sollen sich die Armenier – ohne Essen und Wasser – zu Fuß nach Aleppo im heutigen Nordsyrien durchschlagen. Über ein Jahr seien sie auf der Flucht gewesen, berichtet eine Überlebende dieser Todesmärsche.

> „Auf dem Weg an der Straße wurden die Männer erschlagen, erschossen. Die Köpfe wurden abgeschnitten."

Wie viele Armenier bei diesem Völkermord ums Leben kommen, lässt sich heute kaum feststellen. Die Schätzungen schwanken zwischen 300 000 und 1,5 Millionen Toten. Aber tausende Kinder sollen außerdem in türkische Familien oder Umerziehungslager gegeben worden seien. Genauso wie über die Zahlen, wird aber auch über den Begriff Völkermord gestritten. Die heutige türkische Republik ist Rechtsnachfolgerin des Osmanischen Reiches, aber die amtierende türkische Regierung spricht lediglich von „kriegsbedingten Sicherheitsmaßnahmen" und führt damit das Bild der Armenier als Verräter bis heute weiter. Der Deutsche Bundestag hingegen hat 2016 eine Resolution verabschiedet, die von Völkermord spricht und auch die Rolle Deutschlands im Geschehen bedauert, was zu großer Wut in Ankara geführt hat. Aber auch die Vereinten Nationen, die Europäische Union und der Großteil aller (auch türkischer Historiker) ist sich sicher, dass es für die Deportationen, Massaker und Todesmärsche 1915 nur ein Wort gibt: Völkermord.

LITERATURHINWEISE:

Taner Akçam: Armenien und der Völkermord. Die Istanbuler Prozesse und die türkische Nationalbewegung. Hamburg 2004

Wilhelm Litten: Der Todesgang des armenischen Volkes Augenzeugenbericht des Konsuls Litten von seiner Fahrt von Bagdad nach Aleppo – Berlin 1925. Berlin 2014

Jürgen Gottschlich: Beihilfe zum Völkermord. Deutschlands Rolle bei der Vernichtung der Armenier. Berlin 2015

Rolf Hosfeld: Tod in der Wüste. Völkermord an den Armeniern. München 2015

Mihran Dabag, Kristin Platt: Verlust und Vermächtnis. Überlebende des Genozids an den Armeniern erinnern sich. Paderborn 2016

QR – CODE:

DIE FLUCHT ADOLF EICHMANNS NACH ARGENTINIEN – 1950

WIE „RICARDO KLEMENT" FLÜCHTEN KONNTE

Ratten verlassen das sinkende Schiff – das ist eigentlich ein sehr passendes Bild für die Zeit um 1945, direkt nach dem Zweiten Weltkrieg. In diesem Fall ist das Schiff das untergegangene NS-Deutschland, und die Ratten sind kleine, mittlere und große Nazis wie Klaus Barbie, der Schlächter von Lyon, Josef Mengele, der Lagerarzt von Auschwitz, oder Adolf Eichmann, der Organisator des Holocaust. Sie alle sind vor einer Verfolgung durch die Alliierten geflohen, auf sogenannten „Rattenlinien", vor allem nach Südamerika. Der amerikanische Geheimdienst hatte diesen Begriff für die Fluchtrouten hochrangiger Vertreter des NS-Regimes geprägt. Da sich bald herausstellte, dass auch Vertreter der katholischen Kirche an dieser Fluchthilfe beteiligt waren, hießen sie eine Zeitlang auch „Klosterrouten". Mithilfe solcher Routen konnten sich einige NS-Verbrecher vor einer Strafverfolgung bis an ihr Lebensende retten. Aber manche wurden doch von ihrer Vergangenheit eingeholt: Adolf Eichmann zum Beispiel, der 1950 unter dem falschen Namen Ricardo Klement auf einer solchen Rattenlinie nach Argentinien auswanderte.

Eichmann wird 1906 in Solingen geboren, wandert 1914 mit seiner Familie nach Linz in Österreich aus. Dort schafft er weder einen Schul- noch einen Ausbildungsabschluss. Aber er trifft Ernst Kaltenbrunner, der später beim Reichssicherheitshauptamt und der Sicherheitspolizei sein Chef wird. 1932 wird er Mitglied der ein Jahr später verbotenen österreichischen NSDAP. Wegen des Parteiverbots zieht Eichmann nach Bayern, wo er eine paramilitärische Ausbildung bei der SS absolviert. Ende 1934 meldet er sich freiwillig zum Sicherheitsdienst der SS in

Berlin. Zunächst arbeitet er dort in der Abteilung, die für den Aufbau der sogenannten „Freimaurerkartei" zuständig ist, später wechselt er ins neugeschaffene Referat „Juden" und ist dort für die zwangsweise Auswanderung der Juden aus Europa verantwortlich. Diese Abteilung baut er 1938 erst in Wien und 1939 auch in Prag auf.

1941 wird er schließlich als Leiter des Referats IV B 4 zurück nach Berlin ins Reichssicherheitshauptamt versetzt und ist dort für die Deportation der Juden aus Deutschland und den von Deutschland besetzten Ländern in die Vernichtungslager in Polen und Weißrussland zuständig. Er wird zum „Buchhalter" des Holocaust: Täglich bekommt er Zahlen über den Stand der Vernichtungen, bei der Wannseekonferenz am 20. Januar 1942 führt er Protokoll und veranlasst schließlich, dass Vernichtungszüge im Schienenverkehr Vorfahrt haben. Aber er inspizierte auch selbst die Vernichtungslager, um zu überprüfen, ob seine Vorgaben eingehalten werden – also ob genug Menschen pro Tag ermordet werden.

Zum Kriegsende taucht Eichmann ab, gerät unter falschem Namen in Kriegsgefangenschaft der Amerikaner, kann aber fliehen und taucht mithilfe alter SS-Kameraden in der Lüneburger Heide unter. 1950 hat er genug Ersparnisse zusammen, um zu fliehen. Dabei bekommt er Hilfe durch die katholische Kirche. Die sieht in ihm einen Verfolgten und unterstützt ihn bei seiner Flucht über eine Klosterroute. Mithilfe eines Pfarrers aus Südtirol überquert Eichmann die Alpen und kommt im Franziskanerkloster in Bozen unter. Er beschafft sich Empfehlungsschreiben aus dem Vatikan, bekommt damit neue Papiere und wird zu „Ricardo Klement" aus Bozen. Da der Status Südtirols de jure zwar seit der Pariser Friedenskonferenz im September 1946 zwischen Österreich und Italien geklärt war, de facto aber gewalttätigen Separatismus hervorgerufen hatte, galten Südtiroler Anfang der Fünfzigerjahre als staatenlos. Damit hat

„Ricardo Klement" Anspruch auf einen Reisepass des Internationalen Komitees vom Roten Kreuz (IKRK), mit dem er seine Flucht nach Argentinien bewerkstelligt. Wie er machen es viele ehemalige NS-Größen: Mengele, Barbie und auch SS-Hauptsturmführer Erich Priebke fliehen über Südtirol nach Südamerika.

Eine zentrale Fluchthilfestelle, wie die oft genannte Odessa (Organisation der ehemaligen SS-Angehörigen), gab es nicht, sagt der Historiker Gerald Steinacher. Um diese angeblich geheime, fast allmächtige Organisation ehemaliger SS-Angehöriger rankten sich seit 1945 Mythen und Legenden, die vor allem durch Simon Wiesenthal bekannt wurden. Wiesenthal leitete in Wien das Dokumentationszentrum des Bundes Jüdischer Verfolgter des Naziregimes und hatte sich als „Nazi-Jäger" einen Namen gemacht. Gerald Steinacher meint, es habe gute Gründe gegeben, warum Wiesenthal diese Organisation so in den Vordergrund gestellt habe. Aber die Realität sei eine andere gewesen, und jede Flucht habe anders ausgesehen. Während Josef Mengele reich war und sich und seiner Familie eine luxuriöse Flucht in Hotelbetten finanzieren konnte, musste Eichmann auf die Hilfe von Gönnern vertrauen und in Klöstern schlafen. Dementsprechend habe es zwar ein Netzwerk von Helfern gegeben, aber das seien eben Privatinitiativen von ehemaligen Nazi-Sympathisanten oder selbst untergetauchten Kriegsverbrechern gewesen.

Adolf Eichmann schaffte es nach Argentinien, wenig später holte er seine Frau Vera und die drei Söhne nach. 1955 kam noch ein weiterer Sohn zur Welt. Die Familie Eichmann baute sich in Argentinien eine neue Existenz auf und wiegte sich in Sicherheit. Adolf Eichmann gab sogar Interviews, in denen er sich seiner Taten rühmte, nichts bereute und im Gegenteil „alles nochmal so machen" würde. Schließlich wurde ihm die Freundschaft seines Sohnes zur Tochter eines deutschen

Juden und KZ-Überlebenden, der ebenfalls nach Argentinien ausgewandert war, zum Verhängnis. Weil Eichmanns Sohn sich antisemitisch äußerte, schrieb Lothar Hermann 1957 an den hessischen Generalstaatsanwalt Fritz Bauer, der in Frankfurt den Auschwitzprozess vorbereitete. Bauer leitete den Brief mit dem Hinweis auf Eichmanns Aufenthaltsort an die israelische Regierung weiter. Aber es dauerte noch drei Jahre, bis der israelische Geheimdienst Mossad Eichmann Mitte Mai 1960 in Buenos Aires kidnappte und nach Tel Aviv brachte. Dort wurde ihm der Prozess gemacht, der mit der Todesstrafe endete. Adolf Eichmann wurde am 1. Juni 1962 hingerichtet.

2011 stellte sich nach der Freigabe von geheimen Akten des Bundesnachrichtendienstes heraus, dass die Vorgängerorganisation des BND, die Organisation Gehlen, und die CIA seit den frühen Fünfzigerjahren wussten, wo sich Eichmann in Buenos Aires aufhielt.

• •

LITERATURHINWEISE:

Gerald Steinacher: Nazis auf der Flucht. Wie Kriegsverbrecher über Italien nach Übersee entkamen. Frankfurt a. M. 2010

Hannah Arendt: Eichmann in Jerusalem. Ein Bericht von der Banalität des Bösen. München 2011

Uki Goñi: Odessa. Die wahre Geschichte. Fluchthilfe für NS-Kriegsverbrecher. Berlin 2020

DAS AFRIKANISCHE JAHR – 1960

WIE SICH EIN KONTINENT BEFREITE

Heute liegen in Afrika einige der reichsten und gleichzeitig ärmsten Länder der Welt. Manchmal liegen Start-Up-Boom und Bürgerkrieg eng beieinander. Aber immerhin sind die afrikanischen Staaten nun ihres eigenen Glückes Schmied.

27. April 1960: „Wächter! Ist die Nacht noch lang?", fragt Sylvanus Olympio vor laufenden Mikrofonen. „Die Nacht ist lang! Aber der Tag kommt!" Olympio ist seit wenigen Stunden der erste Präsident der Republik Togo. Fast achtzig Jahre lang war Togo eine Kolonie europäischer Kolonialmächte gewesen. Jetzt erklärt sich das Land für unabhängig. Und genauso tun es siebzehn weitere Kolonien noch im selben Jahr, weshalb 1960 auch als das Afrikanische Jahr bekannt wird.

Schon im 15. Jahrhundert hatten portugiesische Seefahrer das Kap der Guten Hoffnung, also die Spitze Südafrikas umschifft und ein Auge auf den afrikanischen Kontinent und seine Schätze geworfen. Der „Wettlauf um Afrika", wie er von Zeitgenossen genannt wurde, begann so richtig aber erst im 19. Jahrhundert – mit der Kartografierung des Kontinents. Erst jetzt wussten die Europäer nämlich, was es auf dem afrikanischen Kontinent tatsächlich zu holen gab und wie sie drankommen konnten. Sind in den 1830er Jahren nur ungefähr zehn Prozent des afrikanischen Kontinents von Europäern besetzt, gibt es bis Ende des Jahrhunderts praktisch keinen freien Quadratkilometer mehr.

Beispiel Togo: 1884 wurden einzelne Orte des heutigen Togo, gelegen im Westen Afrikas am Golf von Guinea, zum deutschen Schutzgebiet und damit zur deutschen Kolonie, im Ersten Weltkrieg eroberten Briten und Franzosen das Land und erklärten den britischen besetzten Teil zum Mandatsgebiet des Völkerbundes. In den Statuten des Völkerbundes heißt es:

„Das Wohlergehen und die Entwicklung dieser Völker bilden eine heilige Aufgabe der Zivilisation. Der beste Weg (...) ist die Übertragung der Vormundschaft über diese Völker an die fortgeschrittenen Nationen."

Also teilten die „fortgeschrittenen Nationen" Frankreich und Großbritannien Togo unter sich auf. So wie alle anderen Kolonialmächte zogen sie willkürlich Linien und Grenzen um ihre Herrschaftsbereiche und behandelten die togoische Bevölkerung wie Sklaven. Die Männer und Frauen Togos wurden auf ihre Arbeitskraft reduziert. Sie hatten keinerlei politische Rechte, mussten dabei helfen, die Ressourcen ihres eigenen Landes auszubeuten und wurden mit Gewalt unter Kontrolle gehalten.

Aber die europäischen Kolonialmächte führten auch untereinander Kriege. Es ging ihnen um die Hegemonie über Europa und – wenn möglich – den Rest der Welt. Dieses maßlose Kräftemessen eskalierte zu Beginn des 20. Jahrhunderts und mündete im Ersten Weltkrieg. Spätestens nach dem Zweiten Weltkrieg waren die Europäer derart ruiniert und bankrott, dass sie die Kolonien kaum noch halten konnten. In Afrika – wie auch in anderen Teilen der Welt – entstanden Unabhängigkeitsbewegungen, die zunächst noch brutal niedergeschlagen wurden. Aber der harte Griff der Kolonialherren lockerte sich immer mehr. Schon 1951 wird beispielsweise Libyen unabhängig, 1957 ist Ghana an der Reihe. Auf die Seite des neuen Ghana schlägt sich dann auch der britische Teil Togos, während Französisch-Togoland noch drei Jahre auf seine Unabhängigkeit warten muss. 1958 aber änderte auch Frankreich seine Kolonialpolitik, bündelte all seine militärischen Kräfte im Algerienkrieg und signalisierte damit seine Bereitschaft, die anderen französischen Kolonien in die Unabhängigkeit zu entlassen. „Im Übrigen: Wer die Unabhängigkeit will, kann sie sich sogleich nehmen. Frankreich wird sich dem nicht widersetzen", sagte der damalige Präsident Charles de Gaulle. Dass es dann ausgerechnet das Jahr 1960 wird, in dem insgesamt achtzehn Kolonien auf einen Schlag ihre Unabhängigkeit erklären, ist wohl „historischer Zufall", wie etwa der Historiker Andreas Eckert sagt. Allerdings einer, der sich schon lange abgezeichnet hatte. Damit war ein Großteil Afrikas frei – wenn auch mit erheblichen Ausnahmen wie Algerien, Angola oder im Grunde auch Südafrika, die noch einige Jahre unter kolonialer Herrschaft zu leiden hatten.

Ist der Kolonialismus aber überwunden, wenn die Kolonialherren weg sind? Diese Frage stellen sich Historiker und Politologen bis heute, und für Andreas Eckert ist die Dekolonialisierung „auf halbem Wege stecken geblieben". Wir Europäer hätten immer noch mit einer durch die Kolonialzeit geprägten, rassistischen Perspektive auf Afrika zu kämpfen. Afrikanische Staaten stehen unter wirtschaftlichen Zwängen, die man immer noch als teilweise kolonialistische Strukturen bezeichnen könne: Rohstoffe liefern, Land verkaufen, fertige Produkte auf dem Weltmarkt einkaufen. Und nicht zuletzt sind in Afrika bis heute die Grenzziehungen der Europäer spürbar, durch die politische und religiöse Traditionen zerbrochen, Ethnien gespalten oder willkürlich wieder zusammengefügt wurden. Viele der afrikanischen Bürgerkriege wurden hierdurch befeuert, auch wenn die neuen afrikanischen Eliten daran ihren Anteil hatten und nicht aus der Verantwortung zu nehmen sind. Aber natürlich gibt es auch eine junge afrikanische Generation, die die Kolonialzeit nicht mehr erlebt hat und zwischen Kapstadt und Lagos an der Zukunft des freien Afrikas arbeitet.

LITERATURHINWEISE:

Andreas Eckert: Kolonialismus. Frankfurt a. M. 2006

Sebastian Conrad: Deutsche Kolonialgeschichte. München 2009

Fabian Klose: Menschenrechte im Schatten kolonialer Gewalt. Die Dekolonisierungskriege in Kenia und Algerien 1945–1962. München 2009

Andreas Eckert, Ingeborg Grau u. Arno Sonderegger: Afrika 1500–1900 Geschichte und Gesellschaft. Wien 2010

Bartholomäus Grill: Wir Herrenmenschen. Unser rassistisches Erbe. Eine Reise in die deutsche Kolonialgeschichte. München 2019

QR – CODE:

DER BOXERAUFSTAND IN CHINA – 1900

WIE EUROPÄISCHE KOLONIALHERREN EINE REVOLTE NIEDERSCHLUGEN

Manchmal verraten Straßennamen mehr als nur den Namen desjenigen, nach dem die Straße benannt ist. In Berlin gibt es zum Beispiel die Taku-, die Iltis- und die Lansstraße, hinter denen sich Hinweise auf ein dunkles Kapitel deutscher Kolonialgeschichte verbergen. Mit der SMS Iltis fuhr Korvettenkapitän Wilhelm von Lans, der Kommandeur dieses deutschen Kanonenbootes, in die Kiautschou-Bucht, um an der Zerstörung des Taku-Forts im Nordosten Chinas teilzunehmen.

Dabei sah es lange nicht danach aus, als wollte das Deutsche Reich Kolonien oder überseeische Militärstützpunkte erwerben. Nach der Gründung des Deutschen Reichs im Januar 1871 hatte Reichskanzler Otto von Bismarck erklärt, Deutschland sei auch ohne Kolonien „saturiert". Das änderte sich, als der neue Kaiser Wilhelm II. 1888 den Thron bestieg. Er ließ am 6. Dezember 1897 durch den Staatssekretär im Auswärtigen Amt, Bernhard von Bülow, verkünden, er werde es nicht zulassen, „dass sich in China die Ansicht festsetze, uns gegenüber sei erlaubt, was man sich anderen gegenüber nicht herausnehmen würde". Bülow fuhr dann fort, dass Deutschland auch einen „Platz an der Sonne" beanspruche und dass man deshalb „in Ostasien wie in Westindien (...) ohne Schwäche unsere Rechte und Interessen" wahren werde.

Der wichtigste deutsche Stützpunkt in China lag in Tsingtau in der Bucht von Kiautschou. Dort wurden deutsche Schiffe aufgetankt und Ladungen umgeschlagen. Viele Chinesen empfanden dies als eine gewalttätige Form der Landnahme, für die sie zwar eine „Pacht" bekamen, ansonsten aber nicht um Erlaubnis gefragt wurden. Ohnehin befand sich China zu Beginn des 20. Jahrhunderts in einer prekären Lage. Einerseits war es gegenüber den europäischen Staaten unterentwickelt, andererseits wurden viele chinesischen Firmen von Europäern kontrolliert und ausgebeutet. Gleichzeitig war das Land in eine dramatische soziale Schieflage geraten, gegen die chinesische Aufständische mit gleicher Entschlossenheit angingen wie gegen die in ihren Augen imperialistische Ausbeutung Chinas durch die Kolonialmächte.

Die Aufständischen wurden von den Kolonialherren Boxer genannt, weil sie in der traditionellen chinesischen Kampfkunst ausgebildet waren. Sie selbst nannten sich „Yihétuán – Verband für Gerechtigkeit und Harmonie". Die „Boxer" traten für eine gerechtere Sozialordnung ein und waren dabei in der Wahl ihrer Mittel nicht zimperlich. Sie agierten einerseits gegen die europäische Dominanz in Asien und die christlichen Missionen, die nicht nur eine andere Religion mitbrachten, sondern häufig auch Sonderrechte für sich in Anspruch nahmen. Andererseits aber wollten sie auch die konservative Vorherrschaft am chinesischen Kaiserhof brechen und dadurch eine andere Gesellschaftsordnung durchsetzen. Nach ihrer Meinung trugen Europäer und konservative Chinesen die Verantwortung für das Elend im Land. Die Boxer attackierten europäische Konsulate und Botschaften und wurden dabei von Teilen der kaiserlichen Armee, die sich mit ihnen verbündet hatten, unterstützt. Am 15. April 1900 wurde ihre Organisation zwar verboten, aber die Auseinandersetzung ging weiter. Mitte Mai waren schon mehr als siebzig Tote zu beklagen.

Die Kolonialmächte sahen der Entwicklung nicht tatenlos zu und zogen Marineeinheiten im Ostchinesischen Meer zusammen. Nach der Niederlage eines großen britischen Expeditionskorps überreichten die Europäer der chinesischen Regierung ein Ultimatum, das die Übergabe der Küstenbefestigungen vorsah. Am 20. Juni 1900 eskalierte die Lage weiter, als der deutsche Gesandte Clemens von Ketteler auf offener Straße in Peking ermordet wurde. Nun wurde aus dem Bürgerkrieg ein Krieg mit regulären Truppen, weil der chinesische Kaiser entschied, dass seine Truppen an der Seite der Boxer kämpfen sollten. Diese Entwicklung veranlasste sechs europäische Staaten, die USA und Japan ein gemeinsames Expeditionskorps unter dem Oberbefehl des preußischen Generalfeldmarschalls Alfred von Waldersee nach Asien zu entsenden. Am 27. Juli 1900 versammelten sich die deutschen Truppen in Bremerhaven, um mit markigen Worten von Kaiser Wilhelm II. verabschiedet zu werden:

„Kommt ihr vor den Feind, so wird er geschlagen. Pardon wird nicht gegeben, Gefangene nicht gemacht. (...) Wie vor tausend Jahren die Hunnen unter ihrem König Etzel sich einen Namen gemacht, (...) so möge der Name Deutschlands in China in einer solchen Weise bekannt werden, dass niemals wieder ein Chinese es wagt, etwa einen Deutschen auch nur scheel anzusehen."

So von ihrem Kaiser verabschiedet, schlugen deutsche Soldaten den Aufstand in China nieder. Gemeinsam mit ihren alliierten Kameraden plünderten sie Dörfer oder brannten sie ab. Als Höhepunkt der Demütigungen hielten sie eine Truppenparade in der Verbotenen Stadt ab. Im Frieden von Peking musste die chinesische Regierung am 7. September 1901 dem Bau des „Ketteler-Bogens" in Peking, der Bestrafung der Aufständischen und der Zahlung von Reparationen zustimmen. Und als besondere Erniedrigung musste der Vater des letzten Kaisers von China – Puyi – nach Berlin reisen, um offiziell um Entschuldigung für den Mord am Gesandten von Ketteler zu bitten.

LITERATURHINWEISE:

Susanne Kuß u. Bernd Martin (Hrsg.): Das Deutsche Reich und der Boxeraufstand. München 2002

Eckard Michels: Das „Ostasiatische Expeditionskorps" des Deutschen Reiches in China 1900/01. In: Tanja Bührer u. a. (Hrsg.): Imperialkriege von 1500 bis heute. Strukturen, Akteure, Lernprozesse. Paderborn 2011

Klaus Mühlhahn u. Mechthild Leutner (Hrsg.): Kolonialkrieg in China. Berlin 2007

Thoralf Klein: Die Hunnenrede (1900). In: Jürgen Zimmerer (Hrsg.): Kein Platz an der Sonne. Erinnerungsorte der deutschen Kolonialgeschichte. Frankfurt 2013

QR – CODE:

DIE KAPITULATION DES DEUTSCHEN REICHS – 1945

WIE DER ZWEITE WELTKRIEG ENDETE

„Ja, wir Deutsche dürfen heute sagen: Der Tag der Befreiung ist ein Tag der Dankbarkeit! Drei Generationen hat es gedauert, bis wir uns dazu aus vollem Herzen bekennen können. "

Das sagte Bundespräsident Frank-Walter Steinmeier zum 75. Jahrestag des Kriegsendes am 8. Mai 2020. Aber ist es wirklich ein Tag der Befreiung? Ist es für uns, das Volk der früheren Täter, ein Tag der Befreiung, obwohl unser Land von den alliierten Siegermächten des Zweiten Weltkriegs besetzt wurde? Sollte dieser 8. Mai deshalb ein bundesweiter Gedenktag werden? Oder sollten wir versuchen, ihn zu vergessen, weil wir Deutschen an diesem Tag – nach der Niederlage im Ersten Weltkrieg – wieder eine Niederlage einstecken mussten? Was er auf jeden Fall war, dieser 8. Mai 1945, war die Kapitulation der Nationalsozialisten.

Im Grunde war das Ende des Krieges bereits Monate vorher absehbar gewesen. Von Osten rückte die Rote Armee vor und verbreitete auf ihrem Weg nach Berlin Angst und Schrecken. An vielen Orten war es zu Plünderungen, Vergewaltigungen, Verschleppungen und Tötungen von Zivilisten gekommen. Im Westen drangen die Streitkräfte der US-Amerikaner, der Briten und der Franzosen immer weiter vor. Großstädte wie Köln und Hamburg waren schon von ihnen eingenommen, genauso das strategisch wichtige Ruhrgebiet. Für Millionen Menschen begann der Weg in eine ungewisse Zukunft bereits vor dem 8. Mai 1945.

Adolf Hitler entzog sich seiner Verantwortung. Er beging am 30. April 1945 zusammen mit seiner kurz zuvor angetrauten Frau Eva Selbstmord im Führerbunker. Sieben Tage später unterschrieb die Führung der deutschen Wehrmacht die bedingungslose Kapitulation, die einen Tag später – am 8. Mai – in Kraft trat. Die Bilanz des Krieges war erschütternd. Mehr als zehn Millionen Menschen waren in den Konzentrationslagern der Nationalsozialisten ermordet worden, darunter etwa sechs Millionen europäische Juden. In weiten Teilen Europas war das jüdische Leben ausgelöscht. Insgesamt verloren durch den Zweiten Weltkrieg sechzig bis siebzig Millionen Menschen ihr Leben.

Nach dem Ende der NS-Herrschaft übernahmen die Siegermächte – Frankreich, Großbritannien, die USA und die Sowjetunion – die Kontrolle über Deutschland. Im Potsdamer Abkommen vom 2. August 1945 legten sie fest, dass Deutschland von einem Alliierten Kontrollrat regiert werden sollte, in dem die vier Siegermächte durch ihre Militärgouverneure vertreten waren. Zudem wurde Deutschland entmilitarisiert, entnazifiziert, demokratisiert und dezentralisiert. Gleichzeitig legten die Siegermächte fest, dass der Osten Deutschlands Teil einer groß angelegten Gebietsverschiebung wurde. Ein etwa 200 Kilometer breites Gebiet östlich von Oder und Neiße wurde Polen zugeschlagen, gleichzeitig kam ein etwa gleich großes Gebiet in Ostpolen an die Sowjetunion. Vorlage dieser territorialen Verschiebung war der Hitler-Stalin-Pakt vom 23. August 1939, in dem die beiden Diktatoren Polen unter sich aufgeteilt hatten und Stalin den 1939 sowjetisch besetzten Teil nun endgültig für sich reklamierte. 1945 bedeutete das die Vertreibung von rund zwölf Millionen Deutschen aus ihrer Heimat und der Verlust etwa eines Drittels des deutschen Territoriums.

Zudem teilten die Siegermächte Deutschland in vier Besatzungszonen auf. Jede Siegermacht bestimmte in ihrer Zone die wirtschaftliche und politische Entwicklung nach eigenem Ermessen. In den drei Westzonen wurden demokratische Systeme eingerichtet, die sowjetischen Besatzer dagegen begannen mit dem Aufbau eines sozialistischen Staates. Die unterschiedlichen Weltanschauungen der vier Siegermächte führten deshalb bald zu ersten Spannungen und zu einer allmählichen Spaltung Deutschlands. Besonders deutlich waren die Spannungen zwischen den Alliierten in Berlin zu spüren. Die ehemalige Hauptstadt des Dritten Reichs war ebenfalls in vier Besatzungszonen, drei westliche und eine sowjetische, aufgeteilt. Eigentlich sollten die Stadt und das übrige Deutschland gemeinsam verwaltet werden, aber der dazu geschaffene Alliierte Kontrollrat offenbarte schon wenige Monate nach Kriegsende mehr Trennendes als Gemeinsames zwischen den Besatzern. Es war schnell klar, dass eine gemeinsame Verwaltung in einem vereinten Deutschland vorerst nicht denkbar war. Das hatte nicht nur für Deutschland Konsequenzen, sondern veränderte die politische und militärische Lage in weiten Teilen der Welt. Zwischen Ost und West begannen zwar keine kriegerischen Auseinandersetzungen, aber ein Kalter Krieg – in dem es manchmal ganz schön brenzlig wurde.

Für die Menschen im besiegten, besetzten und weitgehend zerstörten Deutschland war das formale Kriegsende von nur geringem Interesse. Ihre Sorgen galten dem alltäglichen Überlebenskampf. Zusammenbruch, Vertreibung, Besatzung, deutsche Teilung und Verlust von Heimat – das waren die Gedanken, die viele Menschen in Westdeutschland mit dem Kriegsende verbanden. Dementsprechend urteilte der spätere Bundespräsident Theodor Heuss 1949, der 8. Mai 1945 bleibe für Deutschland die „tragischste und fragwürdigste Paradoxie der Geschichte", weil „wir erlöst und vernichtet in einem gewesen sind". Erst 1985 sagte der damalige Bundespräsident Richard von Weizsäcker in einer Rede vor dem Bundestag, der

8. Mai 1945 sei für viele Menschen ein Tag mit unterschiedlichen Erfahrungen gewesen. Mit der Zeit habe sich aber gezeigt, was der Tag für die Gesellschaft als Ganzes bedeute: „Der 8. Mai war ein Tag der Befreiung. Er hat uns alle befreit von dem menschenverachtenden System der nationalsozialistischen Gewaltherrschaft."

• •

LITERATURHINWEISE:

Volker Ullrich: Acht Tage im Mai. Die letzte Woche des Dritten Reiches. München 2020

Rolf-Dieter Müller: Das Deutsche Reich und der Zweite Weltkrieg. Bd. 10: Das Ende des Dritten Reiches. Der Zusammenbruch des Deutschen Reiches 1945. Die militärische Niederwerfung der Wehrmacht. München 2008

Norbert Frei: Der Führerstaat. Nationalsozialistische Herrschaft 1933 bis 1945. München 2013

Moritz Hoffmann: Als der Krieg nach Hause kam. Heute vor 70 Jahren. Chronik des Kriegsendes in Deutschland. Berlin 2015

Martin Verg, Jürgen Hübner: Gestern war noch Krieg. Die Zeit um 1945 in Erzählungen und Sachtexten. Stuttgart 2020

QR – CODE:

DIE DEUTSCHE WÄHRUNGSUNION – 1990

WIE AUS ZWEI WÄHRUNGEN EINE WURDE

Heute ist es für uns selbstverständlich, eine Währung zu benutzen – egal ob wir in Frankreich sind, in Griechenland oder in Deutschland. Zumindest in den meisten Mitgliedsländern der Europäischen Union können wir immer mit dem Euro zahlen. Das sieht schon anders aus, wenn wir zum Beispiel nach Großbritannien wollen. Dafür müssten wir auf einer Bank oder in Wechselstuben englische Pfund tauschen. Für die Bürger der DDR war nicht einmal das so ohne Weiteres möglich, denn die Mark der DDR war eine Binnenwährung und konnte nur gegen Währungen der anderen sozialistischen Staaten getauscht werden.

Im November 1989 fiel die Mauer zwischen Ost- und West-Berlin, und in den folgenden Wochen wurde auch der Rest der Sperranlagen zwischen den beiden deutschen Staaten nach und nach abgebaut. Deutschland sollte nach dem Willen der Mehrheit seiner Bürger wiedervereinigt werden, und als Vorstufe dazu sollte es schon mal eine gemeinsame Währung geben, die D-Mark. Dieser Schritt wurde im deutsch-deutschen Staatsvertrag zur Bildung einer Währungs-, Wirtschafts- und Sozialunion geregelt, der am 18. Mai 1990 von Bundesfinanzminister Theo Waigel und dem DDR-Minister der Finanzen, Walter Romberg, in Bonn unterschrieben wurde.

Der Wunsch nach einer einheitlichen Währung war sehr bald nach dem Fall der Mauer in der DDR-Bevölkerung zu hören. „Kommt die D-Mark, bleiben wir, kommt sie nicht, geh'n wir zu ihr!", wurde wochenlang auf Kundgebungen skandiert. Allein im Januar 1990 verließen etwa 200 000 Menschen die DDR, um in der Bundesrepublik Arbeit zu finden. Das war das Dreifache der Flüchtlingszahlen der Zeit vor dem Mauerbau 1961.

Weil dadurch der DDR aber vor allem junge und leistungsfähige Arbeitskräfte verloren gingen, bot Bundeskanzler Helmut Kohl der DDR-Regierung Anfang Februar 1990 Verhandlungen über eine Währungsunion an. Aber die Probleme waren größer als zunächst angenommen, denn durch eine Verschmelzung der beiden Währungen wurden gleichzeitig auch zwei Staaten mit vollkommen unterschiedlichen Wirtschaftsordnungen zusammengeführt. Der DDR fehlte es nicht nur an einem Banken- und Finanzsystem mit marktwirtschaftlicher Ausrichtung, sondern vor allem auch an einem intakten Wirtschaftssystem.

Daran angeknüpft stellte sich die Frage, in welchem Umtauschverhältnis die Mark der DDR zur westdeutschen D-Mark getauscht werden sollte. Der Wert der beiden Währungen ließ sich nicht am Devisenmarkt ablesen, weil die DDR-Mark dort nicht gehandelt wurde. Auf dem Schwarzmarkt bekam man eine D-Mark-West für acht Mark-Ost. Offiziell hatten Ost- und Westmark einen Umtauschkurs von etwa eins zu sieben. Aber hätte man die beiden Währungen in diesem Verhältnis einander angeglichen, wäre aus einer Ost-Rente von 1000 Ostmark eine gesamtdeutsche Rente von etwas mehr als 140 D-Mark geworden.

Deshalb einigte man sich auf gestaffelte Umtauschkurse: Löhne, Gehälter, Renten und andere wiederkehrende Transferleistungen wurden im Kurs eins zu eins umgetauscht. Bei Bargeld und Spargutaben waren die Regelungen komplizierter. Kinder unter vierzehn Jahren konnten bis zu 2000 DDR-Mark im Verhältnis eins zu eins umtauschen, Erwachsene bis zu 4000 DDR-Mark und Bürger ab sechzig Jahren 6000 DDR-Mark. Beträge darüber wurden im Verhältnis zwei zu eins umgestellt. Eine andere Möglichkeit sieht der damalige Finanzminister Theo Waigel auch heute nicht. Hätte man zum Beispiel die Ostmark in dem Verhältnis umgetauscht, das ihrem eigentlichen Wert entsprach,

„dann hätte das bedeutet, dass wir zum Beispiel auch Löhne und Gehälter nach der Produktivität hätten umstellen müssen. Die Produktivität im Osten lag bei etwa dreißig Prozent, zum Teil darunter. Dann hätte man die Löhne in Ostdeutschland mit etwa einem Drittel von dem ansetzen müssen, was in Westdeutschland bezahlt wurde. Dann hätten wir eine neue Mauer errichten müssen, Zuzugsbeschränkungen, den Menschen verbieten, von Ost nach West zu gehen."

So alternativlos dieser Umtauschkurs auch gewesen sein mag, er führte zu neuen Problemen. Viele Unternehmen konnten nach der Währungsunion die Löhne ihrer Mitarbeiter nicht mehr zahlen. Denn das Produktionsniveau der ostdeutschen Unternehmen war nicht zeitgleich auf West-Niveau gestiegen. Viele Maschinen und Anlagen waren veraltet, Produkte nicht konkurrenzfähig.

Um die DDR-Wirtschaft neu zu organisieren und staatliche DDR-Betriebe in Privatunternehmen umzuwandeln, wurde Anfang 1990 die Treuhandanstalt gegründet. Die sollte eigentlich durch die Privatisierung der gesamten DDR-Wirtschaft Gewinne erzielen, um daraus Finanzierungsmöglichkeiten für die deutsche Einheit zu bekommen. Die Mitarbeiter der Treuhandanstalt standen vor einer gigantischen Aufgabe: Mehr als 8000 Betriebe, siebzehn Milliarden Quadratmeter Agrarflächen, knapp zwanzig Milliarden Quadratmeter Forstflächen, 25 Milliarden Quadratmeter Immobilien und 40 000 Einzelhandelsgeschäfte sollten privatisiert werden. Aber viele dieser Betriebe waren nicht produktiv, Käufer fanden sich nur für Sahnestückchen, und oft wurden Betriebe von westdeutschen Firmen gekauft und stillgelegt, um sich damit lästige Konkurrenz vom Hals zu schaffen. Anstatt Geld für die Finanzierung der deutschen Einheit einzunehmen, machte die Treuhandanstalt einen milliardenschweren Verlust.

Obwohl die deutsche Währungsunion 1990 nicht perfekt gelaufen ist, war sie wohl wirklich alternativlos: Die Menschen in der DDR wollten eine schnelle Wiedervereinigung, sie wollten nicht länger in der DDR ohne Reise- und Meinungsfreiheit leben. Ohne die schnellen politischen Entscheidungen wären vermutlich viele tausende DDR-Bürger in die Bundesrepublik übergesiedelt. Die Bundesregierung wollte den Massenexodus aus der DDR verhindern, weil es vermutlich in der westdeutschen Bevölkerung einige Gegenwehr gegeben hätte. Dementsprechend wurde die offizielle Einführung der D-Mark am 1. Juli 1990 in der DDR auch gefeiert. Ab Mitternacht war die D-Mark dort alleiniges Zahlungsmittel, mitten in der Nacht feierten die Menschen auf der Straße, Böllerschüsse, Feuerwerk und Hupkonzerte begleiteten das Ereignis.

· ·

LITERATURHINWEISE:

Klaus Stern, Bruno Schmidt-Bleibtreu: Staatsvertrag zur Währungs-, Wirtschafts- und Sozialunion: Mit Vertragsgesetz, Begründungen und Materialien. München 1990

Marcus Böick: Die Treuhand. Idee – Praxis – Erfahrung 1990–1994. Berlin 2020

QR – CODE:

DIE GRÜNDUNG DER SOZIALISTISCHEN ARBEITERPARTEI – 1875

WIE DIE ARBEITER EINE PARTEI BEKAMEN

Heute tritt die SPD als eine Partei auf, die staatstreu und gegen revolutionäre Veränderungen ist. Sie war seit 1966 in unterschiedlichen Konstellationen an verschiedenen Bundesregierungen beteiligt. Die SPD stellt viele Ministerpräsidenten in den Bundesländern und ist als Partei bekannt, die zwar gesellschaftliche Veränderungen anstrebt, sich aber letzten Endes immer der Staatsräson unterordnet. Die SPD war in der Weimarer Republik und ist in der Bundesrepublik eine staatstragende Partei. Während der NS-Herrschaft war die Partei verboten, ihre Organisationen aufgelöst und der Parteivorstand ging erst nach Prag ins Exil, dann nach Paris und löste sich schließlich im November 1940 in Lissabon auf.

Die wechselvolle Geschichte der deutschen Sozialdemokratie begann im Mai 1863, als sich der Allgemeine Deutsche Arbeiterverein (ADAV) in Leipzig gründete. Ferdinand Lassalle, der an der Gründung maßgeblich beteiligt war, strebte die Gründung von Produktivgenossenschaften an, um das „eherne Lohngesetz" zu umgehen. Dieses Gesetz besagte, dass bei steigenden Löhnen mehr Menschen bereit sind, eine Arbeit anzunehmen. Aber sobald sie das getan haben, bewirkt das Überangebot an Arbeitskräften die Senkung der Löhne. Diesen Umstand würden sich Arbeitgeber zunutze machen, weswegen sich die Löhne immer in der Nähe des Existenzminiums einpendelten. Deshalb müsste der ADAV parlamentarische Macht erringen und per Gesetz diesen Zyklus stoppen. Bei den Wahlen zum Reichstag des Norddeutschen Bundes kam der ADAV 1867 auf knapp über ein Prozent der Stimmen. Ähnlich bedeutungslos war die 1869 gegründete Sozialdemokratische Arbeiterpartei (SDAP). Sie forderte eine an den Ideen von Karl Marx ausgerichtete Politik. Nur so könne man die Klassenherrschaft beenden, in der allein jene Vorteile hätten, die die Produktionsmittel besitzen. Diese Ungerechtigkeit, die zigtausendfaches Leid und Elend hervorgerufen habe, müsse in einer sozialistischen Gesellschaft beendet werden, in der es eine direkte Gesetzgebung durch das Volk gebe.

Neben diesen unterschiedlichen gesellschaftspolitischen Vorstellungen plädierte der ADAV für die sogenannte kleindeutsche Lösung eines zukünftigen geeinten deutschen Staats. Die Staaten des Deutschen Bundes, der 1815 beim Wiener Kongress ins Leben gerufen worden war und 34 Länder und vier freie Städte umfasste, sollten mit Preußen, aber ohne Österreich einen deutschen Gesamtstaat bilden. Die SDAP hingegen plädierte für die großdeutsche Lösung, die alle Länder des Deutschen Bundes und Preußen unter einer österreichischen Kaiserkrone einschloss. Aber dieser Gegensatz wurde im Januar 1871 durch die Gründung des deutschen Kaiserreichs im Spiegelsaal von Versailles aus der Welt geschafft. Unter preußischer Führung wurde das kleindeutsche Kaiserreich gegründet, und Preußens König Wilhelm I. wurde deutscher Kaiser. Im Berliner Reichstag stellten die Abgeordneten von ADAV und SDAP zudem fest, dass ihre ideologischen Gegensätze nicht mehr so deutlich waren und sie bei der praktischen Umsetzung in politisches Handeln oft gemeinsam agierten. Also riefen die beiden Parteien eine Programmkommission ins Leben, die ein gemeinsames Parteiprogramm erarbeitete.

Nach sechs Tagen intensiven Debattierens war das Gothaer Programm am 27. Mai 1875 fertig, und aus den beiden sozialistischen Parteien ADAV und SDAP wurde die Sozialistische Arbeiterpartei (SAP). Im Zentrum stand die Forderung eine „sozialistische Gesellschaft" zu schaffen, das „System der Lohnarbeit" zu beenden und die „Beseitigung aller sozialen und politischen Ungleichheiten". Karl Marx kritisierte das Programm, weil es sich zu sehr an die gemäßigten Vorstellungen Ferdinand Lasalles anlehne und kein Aktionsprogramm für die komplette Umgestaltung der Gesellschaft sei. Aber selbst dieses von Marx als fehlerhaft abqualifizierte Programm der SAP reichte aus, um drei Jahre später die Sozialdemokratie per Gesetz zu verbieten. Anlass waren zwei fehlgeschlagene Attentatsversuche auf Kaiser Wilhelm I., die Reichskanzler Otto von Bismarck der SAP in die Schuhe schob und als Auslöser für das „Gesetz gegen die gemeingefährlichen Bestrebungen der Sozialdemokratie" instrumentalisierte.

Dieses Sozialistengesetz wurde am 21. Oktober 1878 erlassen und hatte bis zum 30. September 1890 Bestand. Alle Unterorganisationen und Vereine der SAP und der Gewerkschaften waren in dieser Zeit verboten, es galt ein landesweites Versammlungsverbot, sämtliche Zeitschriften und Zeitungen durften nicht mehr erscheinen, und der Verstoß gegen eines dieser Verbote zog drastische Geld- oder Haftstrafen nach sich. Aber die Abgeordneten der SAP durften weiterhin im Reichstag reden, und der Partei war es erlaubt, an Wahlen teilzunehmen. Nach zwölf Jahren wurde dieser Zustand mit dem erstaunlichen Ergebnis beendet, dass die SAP bei den Reichstagswahlen 1890 mit knapp zwanzig Prozent zur stärksten Fraktion wurde.

Gleichzeitig änderte die SAP ihren Parteinamen in Sozialdemokratische Partei Deutschlands und gab sich im Oktober 1890 in Erfurt ein wieder mehr an den Marxismus angelehntes Parteiprogramm. Es begann die Blütezeit der Sozialdemokratie, die in den Reichstagswahlen bis zum Ersten Weltkrieg immer die mit Abstand größte Fraktion stellte.

LITERATURHINWEISE:

Arno Klönne: Die deutsche Arbeiterbewegung – Geschichte, Ziele, Wirkungen. München 1989

Susanne Miller, Heinrich Potthoff: Kleine Geschichte der SPD 1848–2002. Bonn 2002

Wolfgang Beutin: „Nicht zählen wir den Feind, nicht die Gefahren all". Die unter dem Sozialistengesetz verbotene und verfolgte Literatur. In: Jahrbuch für Forschungen zur Geschichte der Arbeiterbewegung. Heft 2, 2004

Ralf Hoffrogge: Sozialismus und Arbeiterbewegung in Deutschland – von den Anfängen bis 1914. Stuttgart 2011

QR – CODE:

DIE GRÜNDUNG DER GEWERKSCHAFT SOLIDARNOŚĆ – 1980

WIE IN POLEN DIE SOLIDARITÄT SIEGTE

Polen war seit dem Ende des Zweiten Weltkriegs Mitglied des Warschauer Pakts und des sozialistischen Wirtschaftssystems Comecon. 1956 und 1980 formierte sich Widerstand gegen die Vorherrschaft der Sowjetunion und gegen das als ineffizient erlebte politische System des Ostblocks. Deshalb gab es eine große Euphorie, als das Land nach dem Ende des Kalten Krieges Mitglied der Europäischen Union und der NATO wurde. Aber trotz dieser Begeisterung für Europa, die bis heute anhält, ist eine polnische Regierung im Amt, die europafeindliche Gesetze beschließt und beispielsweise jeden Versuch einer gemeinsamen europäischen Migrationspolitik torpediert. Das ist umso erstaunlicher, weil die politische Wende in Europa und das Ende des weltweiten Kalten Kriegs ihre Anfänge in Polen nahmen.

Ende der Siebzigerjahre: In Polen brodelte es schon eine geraume Weile. Arbeiter waren unzufrieden mit den Arbeitsbedingungen. Die Menschen wollten Reise- und Meinungsfreiheit und keine Gängelung durch die kommunistische Polnische Vereinigte Arbeiterpartei. Im Sommer 1980 sprang dieser Funke auf die Arbeiter der Danziger Leninwerft über. Am 1. Juli hatte die Regierung die Fleischpreise verdoppelt und damit landesweite Proteste ausgelöst. Am 7. August wurde die Kranführerin und Mitbegründerin der Gewerkschaftsbewegung Solicarność Anna Walentynowicz verhaftet, weil sie bessere Arbeitsbedingungen, ein warmes Essen für die Belegschaft und beheizte Werkshallen gefordert hatte.

Ihre Verhaftung löste eine Woche später einen Streik aus, an dessen Spitze der Elektriker Lech Wałęsa stand. Er war für die

Behörden kein Unbekannter, denn schon 1970 hatte er einen illegalen Streik auf der Leninwerft organisiert, der blutig niedergeschlagen worden war und mehr als achtzig Menschenleben gefordert hatte. Wałęsa war zu einer Haftstrafe verurteilt worden. Im Gefängnis soll er nicht nur Kontakt zum polnischen Geheimdienst aufgenommen, sondern auch Unterschriften für die Errichtung eines Mahnmals für die Opfer des Streiks gesammelt haben. 1979 wurde Wałęsa erneut verhaftet, weil er im Untergrund eine illegale Gewerkschaft gründen wollte, er wurde aber freigesprochen.

Er hatte nichts mehr zu verlieren, als er Anfang August 1980 zum Streikführer auf der Leninwerft erkoren wurde. Von seinen Kollegen aufgefordert, mit der Regierung in Verhandlungen zu treten, erreichte er am 31. August 1980 das Danziger Abkommen, in dem die Regierung die Gründung einer Gewerkschaft, die Errichtung eines Mahnmals für die Opfer des Aufstands von 1970, Lohnerhöhungen, die Abschaffung der Zensur und die Veröffentlichung der KSZE-Schlussakte von Helsinki vom 1. August 1975 akzeptierte. Noch ahnte niemand, dass dies der Startschuss nicht nur für den Untergang der polnischen Kommunisten, sondern auch für das Ende des von der Sowjetunion bestimmten Ostblocks war.

Aber bis dahin vergingen noch knapp zehn Jahre, denn das Plenum des Zentralkomitees der Polnischen Vereinigten Arbeiterpartei bestimmte am 18. Oktober 1981 mit General Wojciech Jaruzelski einen Hartliner zum neuen Ministerpräsidenten. Zwei Monate später wurde in Polen das Kriegsrecht verhängt, die Verteidigungsminister des Warschauer Paktes berieten über eine militärische Intervention in Polen und weckten damit Erinnerungen an die Aufstände in der DDR 1953, in Ungarn und Polen 1956 und in der ČSSR 1968, die allesamt von Truppen der Roten Armee und des Warschauer Pakts niedergeschlagen worden waren. Ende 1981 wurde die Führung der polnischen

Gewerkschaft inhaftiert und Solidarność wieder verboten. Im Gegenzug bildeten sich Solidarność-Auslandsbüros, die den Kontakt zu anderen Gewerkschaften in Europa aufrechterhielten. In Rom überlegte der polnische Papst Johannes Paul II., im Falle des Einmarschs der Truppen des Warschauer Pakts ebenfalls nach Polen zu reisen und sich vor seine Landsleute zu stellen. Eine militärische Intervention in Polen erfolgte 1981 nicht, was Anlass zu Spekulationen bot, die Vorstellung eines Papstes, der sich gegen sowjetische Panzer stellt, könnte dafür ausschlaggebend gewesen sein.

Das Kriegsrecht wurde in Polen bis 1983 aufrechterhalten, aber auch danach hatte das Land unter den Repressionen eines aufgeblähten Staatssicherheitsdienstes mit mehr als 70 000 festen Mitarbeitern zu leiden. Das Klima änderte sich erst, als am 11. März 1985 Michail Gorbatschow neuer Generalsekretär der Kommunistischen Partei der Sowjetunion wurde. Mit ihm verbreiten sich die Schlagworte „Glasnost" (Offenheit) und „Perestroika" (Umbau) in den sozialistischen Ländern. Viele Menschen in Osteuropa schöpften Mut und forderten Veränderungen auch in ihren Ländern. In Polen führte das im August 1988 zu ersten Gesprächen zwischen der Regierung und der verbotenen Gewerkschaft Solidarność. Im Frühjahr 1989 kam der Runde Tisch zustande, an dem Vertreter der Gewerkschaft und der Regierung unter anderem über freie Wahlen verhandelten. Am 5. April 1989 wurde nicht nur Solidarność offiziell wieder zugelassen, sondern freie Wahlen für den Sommer 1989 verabredet. Am 4. Juni 1989 gewann Solidarność die Wahl mit einer überwältigenden Mehrheit. Nur die vorher verhandelte Sitzverteilung sorgte dafür, dass die Polnische Arbeiterpartei die Mehrheit behielt.

Die Solidarność-Abgeordneten forderten eine Beteiligung an der Regierung, stellten mit Tadeusz Mazowiecki den ersten nichtkommunistischen Ministerpräsidenten und mit Lech

Wałęsa ein Jahr später auch den Staatspräsidenten. Was mit einem Streik auf der Danziger Leninwerft im Sommer 1980 begonnen hatte, veränderte innerhalb von zehn Jahren die politische Landkarte Europas: Polen, Ungarn, die ČSSR, die DDR, Bulgarien, Rumänien und die baltischen Staaten lösten die sozialistische Staatengemeinschaft auf und wählten demokratisch legitimierte Regierungen. Nach dem Ende der Sowjetunion im Dezember 1991 war der Kalte Krieg endgültig beendet.

LITERATURHINWEISE:

Hartmut Kühn: Das Jahrzehnt der Solicarnosc. Die politische Geschichte Polens 1980–1990. Berlin 1999

Henrik Bispinck, Jürgen Danyel, Hans-Hermann Hertle, Hermann Wentker: Aufstände im Ostblock. Zur Krisengeschichte des realen Sozialismus. Berlin 2004

Joachim Jauer: Urbi et Gorbi. Freiburg 2009

Reinhold Vetter: Polens eigensinniger Held. Wie Lech Wałęsa die Kommunisten überlistete. Berlin 2010

QR – CODE:

DIE EMSER DEPESCHE – 1870
WIE WORTE EINEN KRIEG AUSLÖSTEN

Heute sind wir Gerüchte und Falschmeldungen in der Öffentlichkeit gewöhnt – leider. Trotzdem können bewusst gestreute oder auch ausgelassene Informationen zu Streit und internationalen Konflikten führen. 1870 führte eine Pressemitteilung aber sogar zu einem Krieg, an dessen Ende das Deutsche Reich entstehen sollte.

Das Kurörtchen Bad-Ems an der Lahn im Jahr 1870: Der preußische König Wilhelm I. macht Urlaub. Jedes Jahr kommt er hierher. Leider muss er sich aber sogar im Urlaub mit politischen Angelegenheiten herumschlagen, denn es kommt der französische Botschafter Vincent Benedetti zu Besuch. Der Grund: Dessen Vorgesetzter, der französische Kaiser Napoleon III., ist sauer. Und die Ursache dafür ist in Spanien zu finden.

In Spanien wurde 1868 die amtierende Königin Isabella II. vom Hof gejagt. Seitdem saß niemand mehr auf dem spanischen Thron. Die großen europäischen Staaten und Herrscherhäuser diskutierten untereinander, wer in Frage käme, den Thron zu besteigen, und recht schnell kristallisierte sich ein Favorit heraus: Leopold von Hohenzollern. Als dieser Name fällt, wird der französische Kaiser Napoleon III. sauer. Denn die Familie Hohenzollern regiert schon nebenan beim ärgsten Konkurrenten! Das ist Preußen, das im Laufe des 19. Jahrhunderts endgültig zur europäischen Supermacht aufgestiegen ist. Und in Preußen herrscht König Wilhelm I., und der kommt genau wie Leopold aus dem Hause Hohenzollern. Würde nun nicht nur in Preußen, sondern auch noch in Spanien ein Spross des Hauses Hohenzollern auf dem Thron sitzen, wäre Frankreich eingekesselt – so die Sorge von Napoleon III. und auch von vielen anderen französischen Politikern, die anti-preußische Stimmung im Land verbreiten.

Also schickte Napoleon III. seinen Botschafter nach Bad-Ems, um dem preußischen König die Bedenken wegen der Kandidatur Leopolds von Hohenzollern vorzutragen. Der trägt aber nicht nur die Bedenken vor, sondern fordert sehr eindeutig, dass Leopold die spanische Krone abzulehnen hat. Wilhelm I. gewährt dem Botschafter wohl mehrfach Audienz und scheint lange mit sich zu ringen. Am 12. Juli 1870 verkündet Leopolds Familie schließlich, auf den spanischen Thron zu verzichten. Wilhelm I. hatte seinen Einfluss geltend gemacht.

Aber dem erwähnten französischen Außenminister reicht das noch nicht. Nur einen Tag später schickt er seinen Botschafter erneut zu Wilhelm I. Dieses Mal soll der preußische König erklären und garantieren, dass niemals – niemals! – ein Hohenzollern Ansprüche auf den spanischen Thron erheben wird. Allerdings hat der Botschafter Pech, denn Wilhelm I. ist nicht zugegen. Der König spaziert gerade entlang der Emser Kurpromenade am Fluss. Ohne weiteres diplomatisches Geplänkel macht sich der Botschafter auf, sucht Wilhelm I. und spricht den preußischen König direkt beim Spaziergang an. Was anschließend passiert, ist Auslöser für einen Krieg. Oder vielleicht nicht das, was passiert, sondern das, was anschließend erzählt wird.

In der Darstellung des französischen Botschafters heißt es, Wilhelm I. habe den Forderungen gelauscht und dann das Gespräch abgebrochen, indem er nachdrücklich abgelehnt habe. Aber auch der König ließ einen Bericht schreiben, der als Telegramm nach Berlin ging – die Emser Depesche. Darin heißt es:

> *„Ich wies ihn zuletzt, etwas ernst, zurück, da man à tout jamais dergleichen Engagements nicht nehmen dürfe noch könne."*

Jetzt wird's spannend: Adressat des königlichen Schreibens aus Bad Ems war der preußische Ministerpräsident Otto von Bismarck. Er streicht die Emser Depesche ordentlich zusammen, kürzt hier und da und veröffentlicht das Ganze als Pressemitteilung. In dieser gekürzten Fassung entsteht nun der Eindruck, der König habe den französischen Botschafter nicht wirklich anhören wollen und dass „seine Majestät dem Botschafter nichts weiter mitzuteilen habe". Der Text ging so an die Öffentlichkeit. Die französischen Nachrichtenagenturen und Zeitungen taten ihr Übriges, bauten noch zwei kleine, aber mächtige Übersetzungsfehler ein, und das Fass lief über: Frankreich fühlte sich in die Ecke gedrängt und provoziert. Napoleon III. erklärte am 19. Juli 1870 den Kriegszustand.

Natürlich reicht aber ein missratenes diplomatisches Date nicht aus, um einen Krieg anzuzetteln. In Frankreich gab es anti-preußische Stimmen, die um Frankreichs Vormachtstellung in Europa bangten und sich Preußen militärisch überlegen fühlten. Für Otto von Bismarck war Frankreich der größte Brocken, den es auf Weg zu einem Deutschen Kaiserreich auszuräumen galt. Unter preußischer Ägide war der Deutsch-Dänische Krieg 1864 und der Deutsche Krieg 1866 gegen Österreich gewonnen worden. Das Ergebnis war der Norddeutsche Bund, in dem die vielen kleinen deutschen Herzogtümer und Grafschaften nun nach der preußischen Pfeife tanzten – Österreich war ausgeschieden und konzentrierte sich auf den südosteuropäischen Raum. Aus Bismarcks Sicht musste nun „nur noch" ein Krieg gegen Frankreich geführt werden, ohne den „wir nie ein Deutsches Reich mitten in Europa errichten" können, wie er später in seinen Memoiren schrieb. Es war der dritte der sogenannten Einigungskriege, an dessen Ende Frankreich gedemütigt wurde. Im Januar 1871 proklamierten deutsche Fürsten im Spiegelsaal des Schlosses von Versailles, Symbolort der französischen Macht, das deutsche Kaiserreich und machten den Spaziergänger aus Bad-Ems, König Wilhelm I. von Preußen, zum gleichnamigen deutschen Kaiser.

Mehr als 170 000 Tote, die politische Destabilisierung, ein als Kampf der Pariser Kommune bekannt gewordener Bürgerkrieg in Frankreich und der tiefe Hass zwischen zwei „Erbfeinden" waren der Preis dieser Reichsgründung; eine Erbfeindschaft die auch noch in den beiden Weltkriegen des 20. Jahrhunderts beschworen werden sollte. Umso schöner, dass wir heute zwischen Bordeaux und Berlin wieder im Gespräch miteinander sind. Selbst eine gekürzte Depesche könnte das nicht gefährden.

LITERATURHINWEISE:

Heinrich August Winkler: Der lange Weg nach Westen. Band 1: Deutsche Geschichte vom Ende des Alten Reiches bis zum Untergang der Weimarer Republik. München 2000

Johannes Willms: Napoleon III. Frankreichs letzter Kaiser. München 2008

Hans-Christof Kraus: Bismarck. Größe – Grenzen – Leistungen. Stuttgart 2015

Hermann Pölking-Eiken und Linn Sackarnd: Der Bruderkrieg. Deutsche und Franzosen 1870/71. Freiburg 2020

Ulrich Wickert: Frankreich muss man lieben, um es zu verstehen. Hamburg 2017.

DIE GEBURT CAESARS – 100 V. CHR.

WIE ZUM ERSTEN MAL DER RUBIKON ÜBERSCHRITTEN WURDE

Wenn wir heute „den Rubikon überschreiten", dann lassen wir uns unwiderruflich auf eine riskante Handlung ein. Wir nutzen das nur als Redewendung – der römische Konsul und spätere Diktator Gaius Julius Caesar hat jedoch tatsächlich den Rubikon überschritten und damit einen Bürgerkrieg im Römischen Reich ausgelöst.

Caesar wurde 100 v. Chr. in Rom geboren. Er gehörte zur Familie der Julier, einem angesehenen altrömischen Patriziergeschlecht. Allerdings war die Familie nicht besonders reich oder mächtig, nur wenige seiner Verwandten waren politisch aktiv. Am meisten geprägt wurde Caesar durch seinen angeheirateten Onkel Gaius Marius, der insgesamt sieben Mal Konsul war, so oft wie keiner vor ihm. Als junger Mann erlebte er, wie Marius von dessen Widersacher Sulla zum Staatsfeind erklärt wurde und fliehen musste. Kurz darauf ereilte den jungen Caesar das gleiche Schicksal, er musste wegen Sulla vorübergehend das Land verlassen.

Mit Anfang zwanzig begann er die in der Römischen Republik übliche Ämterlaufbahn: Zunächst wurde er in das Priesterkollegium der pontifices aufgenommen, wenige Jahre später bekleidete er die Quästur, die unterste Stufe der politisch bedeutenden Ämter. Danach wurde er in den Senat aufgenommen, später war er kurulischer Ädil und dann Pontifex Maximus. Diese Wahl zum „obersten Wächter des altrömischen Götterkults" war ein außergewöhnlicher Karrieresprung Caesars, später ging das Amt auf den römischen Kaiser und schließlich auf den Bischof von Rom über. Heute ist der Papst in Rom der Pontifex Maximus. Aber Caesars Ambitionen reichten weiter, sein

Ziel war das Amt des Konsuls. Um das zu erreichen, musste er allerdings seine Finanzen aufbessern. Das gelang ihm, als er Statthalter im heutigen Spanien wurde und erfolgreich gegen iberische Stämme kämpfte. Durch die Ausbeutung der Provinz konnte er sich bereichern und anschließend seine Schulden bezahlen. Nun bewarb er sich um das Amt Konsuls.

Aber das war nicht so leicht, denn viele Senatoren in Rom waren gegen Caesar. Sie hielten ihm seine durch prunkvolle Spiele erkaufte Popularität beim römischen Volk ebenso vor wie eine mögliche Verwicklung in die Verschwörung des Catilina, der 63 v. Chr. versucht hatte, durch einen Putsch die Macht in Rom an sich zu reißen. Also blieb Caesar nichts anderes übrig, als 60 v. Chr. eine strategische Allianz mit Marcus Licinius Crassus und Gnaeus Pompeius Magnus einzugehen: das Triumvirat. Die drei Triumvirn hatten sich vorher abgesprochen und politische Ziele festgesetzt, die sie gegen den römischen Senat durchsetzen wollten. Das entsprach natürlich nicht dem Sinn und der Verfassung des Römischen Reichs, weswegen dieses erste Triumvirat von manchen mit dem Untergang der Republik gleichgesetzt wurde.

Die Amtszeit Caesars war von zahlreichen Rechtsbrüchen überschattet, sodass die Zahl seiner Gegner im römischen Senat wuchs. 59 v. Chr. ging Caesar als Prokonsul für fünf Jahre nach Illyrien und Gallien, auch, um einer möglichen Anklage zu entkommen. Zwar hoffte Caesar, durch militärische Erfolge den Senat umstimmen zu können – aber die Skepsis gegen den aufstrebenden Julier blieb. Zwischen 58 und 51 v. Chr. führte Caesar den Krieg gegen die Gallier, den er in seinem achtbändigen Werk „De bello Gallico" festgehalten hat. Dieses Buch hatte er größtenteils selbst geschrieben, erklärt der Historiker Markus Schauer, allerdings erst nach dem Ende der Kampfhandlungen. Während seines Aufenthaltes musste Caesar demnach regelmäßig Berichte über den Verlauf des

Krieges nach Rom schicken, die er dann später als Grundlage für die Bücher nutzte.

51 v. Chr. war Gallien vollständig und dauerhaft unterworfen, der Rhein diente als Grenze zu Germania magna. Während seiner Eroberungen hatte Caesar nahezu ein Viertel der gallischen Bevölkerung getötet und etwa eine Million versklavt. In Rom hatten sich in der Zwischenzeit die politischen Verhältnisse grundlegend verändert: Crassus war 53 v. Chr. im Kampf gegen die Parther, einem zentralasiatischen Volk, getötet worden. Pompeius, der dritte Mann des Triumvirats, hatte sich zum alleinigen Konsul wählen lassen und auf diese Weise dafür gesorgt, dass das Triumvirat auseinanderbrach. Im Senat wurde derweil so kontrovers über Caesars militärische Aktivitäten in Gallien diskutiert, dass er schließlich aufgefordert wurde, seinen militärischen Oberbefehl abzugeben und sich dafür vor Gericht zu verantworten, bevor er erneut für das Amt des Konsuls kandidieren dürfe.

Nun stand Caesar vor der Wahl: seine politische Karriere aufgeben und sich der Gerichtsverhandlung stellen oder es auf eine militärische Konfrontation ankommen lassen. Er entschied sich für Letzteres und marschierte 49 v. Chr. mit einem Teil seiner Truppen Richtung Rom. Dabei überschritt er den Rubikon, einen Fluss im Norden Italiens, der damals die Grenze zwischen dem italienischen Kernland und der Provinz Gallia cisalpina darstellte. Das Überqueren des Rubikon mit bewaffneten Truppen galt in Rom als gleichbedeutend mit einer Kriegserklärung an die Römische Republik. Caesar wusste, was er tat, denn beim Überqueren des Flusses soll er gesagt haben: „alea iacta est“, was bis heute zur Metapher einer Handlung geworden ist, die unwiderrufliche Konsequenzen nach sich zieht. Nachdem also „der Würfel gefallen“ war, zog Caesar durch Norditalien nach Rom, wo er im August 48 v. Chr. eine militärisch geräumte Stadt vorfand, denn Pompeius konnte in der Kürze der Zeit nicht genügend Soldaten aufstellen, um Caesar etwas entgegenzuhalten. Mit jenen Senatoren, die Caesar feindlich gesonnen waren, hatte er die Stadt kurz vorher verlassen und war in die apulische Hafenstadt Brindisi geflohen.

Caesar verfolgte Pompeius bis nach Ägypten, wo er sich nicht nur den Kopf des Widersachers bringen ließ, sondern auch die Bekanntschaft mit der Pharaonin Kleopatra machte. In zwei weiteren Kriegen in Afrika und Kleinasien festigte Caesar seinen Ruf als erfolgreicher Feldherr. Anschließend zog er in Rom eine Alleinherrschaft auf. Er versprach, das Staatswesen zu reformierten, ließ entsprechende Gesetze verabschieden, ordnete die Trockenlegung der Pontinischen Sümpfe an und führte den Julianischen Kalender ein, dem wir den Monat Juli verdanken. Aber die Zahl seiner Feinde wuchs, einige von ihnen verabredeten sich zum Komplott. Am 15. März 44 v. Chr. ermordete eine Gruppe Senatoren den Diktator, dessen letzte Worte „Auch du, mein Sohn!" darauf hindeuteten, sein Vertrauter Brutus sei der alleinige Mörder.

Caesar ist bis heute eine historische Figur, um die sich Legenden und Mythen gebildet haben. Auf seinen Namen gehen die „Zaren" und „Kaiser" der folgenden Jahrhunderte zurück. Zahlreiche Künstler und Schriftsteller haben Caesar, seinem Leben und vor allem seiner Ermordung in Bildern, Romanen und Dramen ein Denkmal gesetzt. Selbst die Comicverfasser Albert Uderzo und René Goscinny kamen in den inzwischen fast vierzig Bänden der Geschichten von Asterix und Obelix nicht an ihm vorbei.

LITERATURHINWEISE:

Martin Jehne: Die römische Republik. Von der Gründung bis Caesar. München 2008

Wolfgang Will: Caesar. Darmstadt 2009

Martin Jehne: Caesar. München 2015

Markus Schauer: Der Gallische Krieg. Geschichte und Täuschung in Caesars Meisterwerk. München 2017

Tom Holland: Rubikon. Triumph und Tragödie der Römischen Republik. Stuttgart 2018

QR – CODE:

DIE KSZE-SCHLUSSAKTE VON HELSINKI – 1975

WIE DIPLOMATIE ÜBER IDEOLOGIE SIEGTE

Es gibt kaum ein europäisches Dokument, das nachhaltiger und wirksamer war als die Schlussakte der Konferenz über Sicherheit und Zusammenarbeit in Helsinki, die am 1. August 1975 von 35 Staaten unterschrieben wurde: die Vertreter der USA, Kanadas, der Sowjetunion sowie aller europäischen Staaten mit Ausnahme Albaniens und Andorras setzten ihre Unterschriften unter den Vertrag. Von diesem Tag an galten auf dem gesamten Kontinent die Menschen- und Bürgerrechte sowie die Grundfreiheiten einschließlich der Gewissens- und Religionsfreiheit, das Selbstbestimmungsrecht von Menschen und Völkern und die territoriale Integrität der Staaten des europäischen Kontinents. Dieses Dokument war der Ausgangspunkt der friedlichen Revolutionen in Osteuropa, von denen die Deutschen fünfzehn Jahre später durch die Wiedervereinigung am 3. Oktober 1990 am meisten profitierten.

Die ursprüngliche Idee eines gesamteuropäischen Sicherheitsvertrages stammt aus den Fünfzigerjahren, Anfang Juli 1966 wurde sie durch das östliche Militärbündnis Warschauer Pakt wiederbelebt. Deren Militärstrategen wollten die NATO und den Warschauer Pakt auflösen und durch eine gemeinsame Sicherheitspolitik ohne die USA ersetzen. Am 26. April 1967 folgte die Karlsbader Erklärung, mit der die Staaten des Warschauer Pakts die Schaffung eines kollektiven Sicherheitssystems für Europa anboten. Als aber am 21. August 1967 ihre Truppen in die damalige ČSSR einmarschierten und den Prager Frühling militärisch unterdrückten, war der Gesprächsfaden mit dem Westen für die kommenden beiden Jahre gerissen.

Am 17. März 1969 folgte mit dem Budapester Appell der zweite Versuch des Warschauer Pakts, eine „gesamteuropäische Konferenz" einzuberufen. Jetzt reagierten die Außen- und Verteidigungsminister der NATO. Sie erklärten sich zu Verhandlungen bereit und schlugen die finnische Hauptstadt Helsinki als Ort der Treffen vor. Im Herbst 1969 gewann die SPD die Bundestagswahl und bildete mit der FDP die erste sozial-liberale Koalition in der Geschichte der Bundesrepublik Deutschland. Eines der Hauptziele der neuen Regierung war die Aussöhnung mit den ehemaligen Gegnern des Zweiten Weltkriegs im Osten Europas. Diese Entspannungspolitik sollte nach der Westintegration der Bundesrepublik durch die Regierung des ersten Bundeskanzlers Konrad Adenauer der zweite Baustein einer europäischen Friedenspolitik sein.

Zwischen 1969 und 1972 schloss die westdeutsche Regierung Aussöhnungsverträge mit der UdSSR, Polen, der ČSSR und der DDR und brachte ein Viermächteabkommen der alliierten Sieger des Zweiten Weltkriegs auf den Weg, das den Status West-Berlins regelte, ein verbessertes Transitabkommen und Reiseerleichterungen für die Menschen in West-Berlin festschrieb. Der Erfolg der Entspannungspolitik war eine der Voraussetzungen dafür, dass nun auch im gesamteuropäischen Kontext Verhandlungen zwischen den beiden Seiten des Kalten Kriegs starten konnten.

Die erste von insgesamt vier Vorbereitungskonferenzen fand im November 1972 statt. Die Delegationen verhandelten in Helsinki die Grundstruktur des späteren Vertrages, der die Unveränderlichkeit der europäischen Grenzen und die Geltung der Grund- und Menschenrechte festschreiben sollte. Das Besondere an diesen Verhandlungen war, dass zum ersten Mal die Regierung der Deutschen Demokratischen Republik als gleichberechtigter Verhandlungspartner neben der Bundesrepublik Deutschland auftreten konnte. Für die DDR-Regierung war das ein wichtiger Schritt auf dem Weg einer internationalen Anerkennung des „ersten Arbeiter- und Bauernstaates auf deutschem Boden".

Die vier Vorbereitungskonferenzen und die Unterzeichnung der Schlussakte des KSZE-Prozesses waren ein Höhepunkt der europäischen Diplomatie, dessen Wirkung erst später deutlich wurde. Alle Beteiligten haben mit dem Dokument erhalten, was sie anstrebten. Die Staaten des Ostblocks erreichten die Anerkennung und die Unverletzlichkeit ihrer Grenzen – einschließlich der in der Bundesrepublik heftig umstrittenen Oder-Neiße-Grenze zwischen der DDR und Polen. Und die Staaten des Westens konnten durchsetzen, dass Gedanken-, Gewissens- und Religionsfreiheit überall in Europa galten – auch im Osten des Kontinents, wo diese Grundrechte bis dahin zugunsten eines sozialistischen Gemeinwohls verwehrt worden waren. Zudem galt fortan das Selbstbestimmungsrecht der Völker auf dem europäischen Kontinent.

Was erst wie ein Erfolg des Ostblocks aussah, der sichere Grenzen, den Gewaltverzicht und die Nichteinmischung in die „inneren Angelegenheiten" durchsetzen konnte, erwies sich schnell als das Gegenteil. Denn die Garantie der Grundrechte wurde zu einem hochexplosiven Sprengsatz für die sozialistischen Gesellschaftssysteme: Die Friedens- und Bürgerrechtsbewegung in der DDR, die freie Gewerkschaft Solidarność in Polen oder die tschechoslowakische Bürgerrechtsbewegung Charta 77 beriefen sich auf die in Helsinki von ihren Staatschefs unterzeichneten Grundfreiheiten und konnten nicht mehr ohne Weiteres unterdrückt und weggesperrt werden. Es dauerte nur vierzehn Jahre bis die immer stärker werdenden Bürgerrechtsbewegungen in einer friedlichen Revolution 1989 den Kalten Krieg beendeten.

LITERATURHINWEISE:

Wilfried Loth: Helsinki, 1. August 1975. Entspannung und Abrüstung. München 1998

Andreas Grau: Gegen den Strom. Die Reaktion der CDU/CSU-Opposition auf die Ost- und Deutschlandpolitik der sozial-liberalen Koalition 1969–1973. Düsseldorf 2005

Gottfried Niedhart: Entspannung in Europa. Die Bundesrepublik Deutschland und der Warschauer Pakt. Berlin 2014

Walter Süß, Douglas Selvage: Staatssicherheit und KSZE-Prozess. MfS zwischen SED und KGB (1972–1989). Göttingen 2019

QR – CODE:

PERSONEN- UND SACHREGISTER